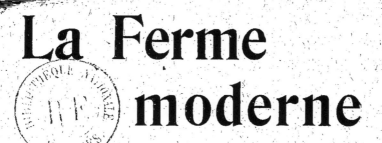

La Ferme moderne

TRAITÉ DES CONSTRUCTIONS RURALES, PAR Mars ABADIE

LA FERME MODERNE

QUATRIÈME ÉDITION

LIBRAIRIE LAROUSSE, 13-17, rue Montparnasse, PARIS (6º)

BIBLIOTHÈQUE RURALE

L'Agriculture moderne, encyclopédie de l'agriculteur, par V. Sébastian. 671 gravures. Broché, 12 fr. 50. Relié toile . . . . 16 fr.

La Ferme moderne, traité des constructions rurales, par Abadie. 390 gravures et plans. Broché . . . . 5 fr. 50

Prairies et pâturages, par Compain. 181 gravures . . . . . . *(En réimpression)*.

La Culture profonde et les améliorations foncières, par R. Dumont. 33 gravures. Broché, 3 fr. Relié toile . . . . 6 fr.

Rotations et assolements, par F. Parisot. Broché, 4 fr. Relié toile . . . 7 fr.

La Fumure raisonnée, par R. Dumont. Trois volumes illustrés : I. *Légumes et cultures maraîchères.* — II. *Arbres fruitiers et vigne.* — III. *Fleurs et plantes ornementales.* Chaque volume, broché, 4 fr. Relié toile . . . . 7 fr.

Les Sols humides, par R. Dumont. 52 gravures. Broché, 4 fr. Relié toile. 7 fr.

La Médecine vétérinaire à la ferme, par le Dr G. Moussu. 85 gravures. Broché . . . . 5 fr. 50

Le Bétail, par Troncet et Tainturier. 100 gravures . . . . *(En réimpression)*.

Toute la Basse-Cour, par H. Voitellier. 59 gravures. Broché . . . . . . 4 fr.

L'Élevage en grand de la volaille, par W. Palmer, traduit de l'anglais par L. Jacot. 15 gravures. Broché . . . . 2 fr. 50

Arboriculture pratique, par Troncet et Deliège. 190 gravures. *(En réimpression)*.

L'Arboriculture fruitière en images, par Vercier. 101 planches. Br. 5 fr. 50

Le Pommier à cidre et les meilleurs fruits de pressoir, par Eug. Fau. 30 gravures et 32 planches photographiques hors texte. Broché, 4 fr. Relié toile . . . . . . 7 fr.

Viticulture moderne, par G. de Dubor. 100 gravures. Broché . . . . . . 4 fr.

Viticulture en images, par Vercier. 27 planches. Broché . . . . 3 fr.

Apiculture moderne, par A.-L. Clément. 153 gravures. . . . . *(En réimpression)*.

Les Industries de la Ferme, par Larbalétrier. 160 gravures. Broché. 4 fr.

La Laiterie moderne, par P. Wauters et Mme Haentjens. 75 grav. Broché. 4 fr. Relié toile. . . . . 7 fr.

Le Jardin moderne, par P. Bertrand. 103 gravures. Broché. . . . . 3 fr. 50

Le Jardin potager, par L.-J. Troncet. 190 gravures. . . . . *(En réimpression)*.

Le Jardin d'agrément, par L.-J. Troncet. 150 gravures. . . . *(En réimpression)*.

Comptabilité agricole, par H. Barillot. Broché, 4 fr. Relié toile. . . . 7 fr.

Le Secrétaire rural, par Jullien et Lépée. Broché. . . . . 4 fr.

L'Eau pure, par R. et J. Lécointre-Patin. 119 gravures. Broché. . . . 6 fr. 50

Pisciculture pratique, par A. Humbert. 125 gravures. Broché . . . . 5 fr. 50 Relié toile. . . . . 8 fr. 50

L'Élevage pratique du gibier, par A. Blanchon. 176 gravures. Br. 5 fr. 50 Relié toile. . . . . 8 fr. 50

Destruction des insectes et autres animaux nuisibles, par A.-L. Clément. 400 gravures. Broché, 4 fr. Relié toile . . . . 7 fr.

Écoles et cours d'agriculture, par Duguay. 39 gravures. Broché . . . . 2 fr.

Ferrouillat et Charvet, Les Celliers (Montpellier, Coulet et fils, 1896, et Paris, Masson, in-8º; avec planches et figures hors texte).

G. Lavergne, Étude des divers systèmes de construction en ciment armé (Paris, Béranger, 1899, in-8º).

(Les tableaux et citations des pages 19, 123 et suivantes de *La Ferme moderne* ont été empruntés aux deux ouvrages ci-dessus, avec l'autorisation des auteurs et des éditeurs.)

LA FERME MODERNE

Traité des Constructions rurales

Par Mars ABADIE

Ingénieur Agronome, Professeur de génie rural
à l'École nationale d'agriculture de Rennes

388 GRAVURES ET PLANS

Librairie Larousse

Paris. — 13-17, rue Montparnasse

INTRODUCTION

La construction d'un bâtiment d'exploitation rurale nécessite certaines connaissances spéciales qui seules permettent de réaliser des habitations pratiques et à bon marché.

Le but que nous nous sommes proposé en écrivant La Ferme moderne est :

1º D'indiquer les règles que l'on doit observer dans le choix des matériaux et dans leur emploi;

2º De faire connaître les principes d'hygiène et de salubrité qui doivent présider à toute modification ou construction de bâtiments;

3º De permettre au chef d'exploitation de surveiller ou de diriger les travaux qu'il fait exécuter, et de vérifier ou de contrôler les travaux à forfait confiés à des entrepreneurs.

Ce qui différencie le plus nettement l'architecture rurale de l'architecture urbaine, c'est la libre disposition du terrain et l'usage des matériaux indigènes. A la campagne, la surface n'est pas parcimonieusement mesurée comme à la ville, on peut s'étendre en longueur et en largeur; il est naturel également de chercher à employer les matériaux que l'on a sous la main, au lieu d'en faire venir à grands frais d'autres offrant plus de ressources pour la décoration.

Bien souvent les fermes ne sont qu'un amas incohérent de bâtisses informes adaptées tant bien que mal aux usages les plus divers. Si l'on fait appel au savoir des architectes, il semble que ceux-ci, pendant longtemps, se soient plutôt préoccupés du décor que de l'utilité et aient pris à tâche d'édifier des constructions d'un aspect harmonieux et symétrique, au lieu de s'attacher à étudier d'abord un plan rationnel et bien approprié au but de l'édifice à construire.

Dans toute construction, si simple qu'elle soit, trois conditions sont essentielles à remplir : solidité, convenance, beauté. La dernière résulte logiquement de la réalisation des deux autres. Les matériaux mêmes de la construction disposés convenablement et mis en évidence constituent le véritable élément de beauté. En un mot, affirmer au dehors la logique de la construction, c'est à la fois satisfaire le bon sens et le bon goût, c'est réaliser la beauté, sans avoir besoin de recourir à des matériaux rares et dispendieux.

Nous avons donné à l'ouvrage une forme aussi concise que possible ; les dessins, dont les croquis sont dus à M. Esnault, complètent le texte et aident à sa compréhension. Nous avons jugé utile de donner quelques renseignements sur l'établissement des clôtures, des chemins ruraux et sur l'aménagement de l'eau dans la ferme, car ces sujets, quoique un peu en dehors des constructions rurales, sont d'importance capitale pour le fonctionnement normal d'une exploitation.

                                                    M. A.

LA FERME MODERNE

PREMIÈRE PARTIE

TRAVAUX PRÉPARATOIRES

I. — PLAN

Lorsque l'on veut construire, il importe de choisir et de déterminer avec soin l'emplacement des bâtiments futurs. S'il s'agit d'une ferme entière, les conditions essentielles à observer sont les suivantes : proximité des routes — facilité d'accès — terrain dominant légèrement les terres avoisinantes — moyens de se procurer l'eau sans que celle-ci puisse jamais devenir nuisible — position assez centrale par rapport aux divers champs constituant le domaine.

Pour un bâtiment séparé, on cherche à le placer le plus commodément possible, d'après sa destination. On peut, par exemple, l'appuyer à une construction déjà existante, le placer symétriquement, parallèlement ou à angle droit par rapport à un autre bâtiment, l'abriter du vent par des plantations, etc.; toutes ces conditions étant subordonnées à l'orientation la plus favorable, à l'hygiène et à la plus grande facilité d'accès à l'édifice projeté.

Le *plan* d'une construction quelconque indique à une échelle déterminée les dimensions et la disposition qu'on se propose de lui donner. Le plan se compose d'une série de dessins qui peuvent se ramener à trois types :

1° Les *plans* proprement dits ou projections horizontales ;

2° Les *coupes* ou sections du bâtiment ;

3° Les *élévations* des différentes faces.

On complète souvent par des dessins annexes qui donnent, à une échelle plus grande, les détails de quelques points particuliers.

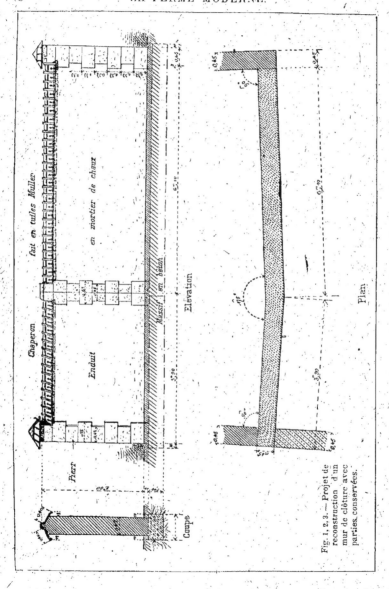

Fig. 1, 2, 3. — Projet de reconstruction d'un mur de clôture avec parties conservées.

EXEMPLE. — Projet d'un mur de clôture de 10 mètres de long, 0^m,45 d'épaisseur, 2 mètres de hauteur, recouvert en tuiles (*fig.* 1, 2, 3).

Pour rendre les plans compréhensibles à tout le monde, il a été établi certaines conventions sur la manière de représenter les différentes parties d'un édifice (*fig.* 4).

On admet que la projection horizontale ou plan figure une sec-

Fig. 4. — Conventions pour l'établissement des plans.

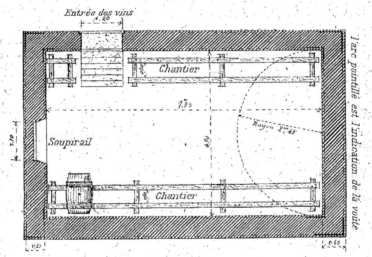

Fig. 5. — Plan de cave.

tion au-dessus de l'appui des croisées ; toute la partie supérieure est enlevée. Les *murs* sont représentés par deux lignes parallèles : l'intervalle est rempli par une teinte très foncée pour les caves et de plus en plus claire pour chaque plan pris au-dessus. La teinte est noire pour les constructions existantes, jaune pour les parties à démolir et rose pour les parties à construire.

Dans le plan d'une cave (*fig.* 5), on marque la place des chantiers.

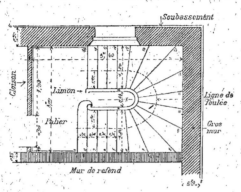

Fig. 6. — Figuration des murs et des escaliers.

Les *voûtes* sont figurées par des lignes pointillées qui indiquent leur courbure (*plein cintre*, *surbaissée*, etc.) ; — les *voûtes d'arête*, par des diagonales qui se croisent. Les *soupiraux* sont représentés par une figure qui a la forme d'un trapèze ; les côtés parallèles donnent la largeur de l'*embrasure*.

L'épaisseur des murs — *gros murs, murs de refend, cloisons* — est indiquée par la distance entre les lignes parallèles qui les figurent. Une ligne qui règne extérieu-

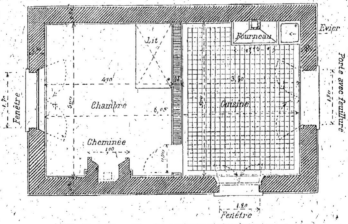

Fig. 7. — Figuration des ouvertures, cheminées, etc.

rement autour du gros mur représente le *soubassement* ou *socle* (*fig.* 6.) Les *portes* sont figurées par une interruption dans la continuité

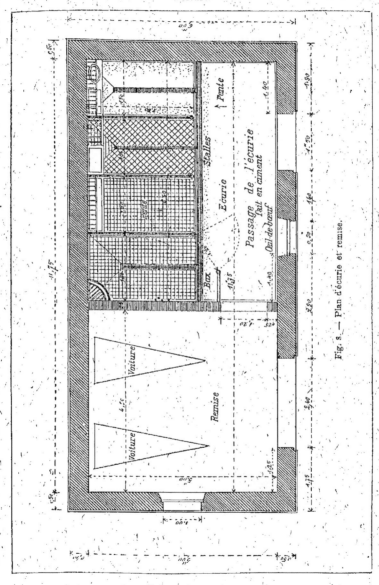

Fig. 8. — Plan d'écurie et remise.

des murs et par deux lignes à la partie interrompue; lorsqu'elles ont une feuillure, il y a une ligne de plus (*fig.* 7).

Les *croisées* sont marquées dans le mur comme les portes; on les indique par trois lignes : la première à l'extérieur, la seconde double, dans l'épaisseur du mur, figurant l'épaisseur de la croisée et la troisième à l'intérieur. Il est absolument nécessaire de tracer un arc de cercle qui indique le développement des portes et des fenêtres. On évite ainsi des erreurs très graves soit dans la position de ces baies d'ouverture, soit dans le placement ultérieur du mobilier dans l'appartement (*fig.* 7).

Les *cheminées* sont exprimées par un renfoncement dans l'épaisseur de la muraille et par un petit mur à droite et à gauche de ce renfoncement (*fig.* 7).

Un *lit* est figuré par un rectangle dans lequel on mène deux diagonales; l'*évier* est représenté par un rectangle à double trait; dans un angle on fait un petit cercle noir pour indiquer le trou par où s'écoulent les eaux (*fig.* 7).

Les *escaliers* sont indiqués par des lignes aboutissant aux murs et à la cage. Jusqu'à la première moitié de la hauteur de l'étage les marches sont tracées en lignes pleines, la seconde moitié supérieure n'est indiquée qu'en lignes pointillées; on peut aussi numéroter les marches. Aux escaliers à rampe on marque le limon (*fig.* 6).

Les *étables, écuries*, etc., se reconnaissent par l'indication des mangeoires et par des lignes terminées avec de petits cercles désignant la séparation des chevaux. On figure dans les remises des triangles isocèles qui indiquent la place des véhicules (*fig.* 8).

Les *coupes* sont toujours perpendiculaires aux axes du bâtiment; on les fait aux endroits qui sont le plus susceptibles de bien faire comprendre la disposition intérieure.

L'*élévation* désigne les vues extérieures verticales. On ne représente ordinairement en élévation que la façade principale, en y faisant figurer les baies d'ouverture et leur encadrement, les chaînes de pierre, etc.; cependant, si on le juge nécessaire, on peut dresser des élévations latérales et postérieures.

II. — DEVIS

Le *devis* est un état destiné à déterminer les quantités et les prix des matériaux à employer. Ces prix s'entendent d'ordinaire pour les matériaux mis en place.

Le devis s'établit au moyen d'une série de prix. On désigne ainsi un ensemble de tableaux qui indiquent pour chaque corps de métier le prix de l'exécution d'un travail dans des conditions déterminées. Ces prix sont susceptibles de rabais.

EXAMPLE. — **Devis d'un mur de clôture** (fig. 1, 2, 3) de **10 mètres de long**, **2m,60 de hauteur** et **0m,45 de large** (les plan, coupe et élévation servent à évaluer les surfaces et cubes nécessaires).

NUMÉRO DE LA SÉRIE	NATURE DES TRAVAUX	QUANTITÉS	PRIX DE L'UNITÉ	PRIX	TOTAUX	OBSERVATIONS
		m. cub.	fr. c.	fr. c.	fr. c.	
	1° FOUILLES					
13	Terre fouillée et chargée en tombereaux (0,5×0,5×10).	2,50	1 »	2,50		
15	Transport à 30m	2,50	0,20	0,50		
					3 »	
	2° MAÇONNERIES					Le propriétaire s'engage à fournir le manœuvre pour apporter l'eau.
	En fondations :					
25	Maçonnerie en libages	2,50	25 »	62,50		
	En élévation :					
28	Maçonnerie en cahot de Saint-Germain-sur-Ille . . .	8	16,50	132 »		
74	Rejointement, mortier de sable passé au crible, chaux grasse.	40	0,80	32 »		
					226,50	
	3° COUVERTURES					
36	Tuiles Montchanin	80	0,35	28 »		
40	Tuiles faîtières.	20	0,80	16 »		
					44 »	
	RÉCAPITULATION					
	1° Fouilles			3 »		
	2° Maçonneries.			226,50		
	3° Couvertures.			44 »		
	TOTAL GÉNÉRAL.				273,50	

REMARQUE. — Il est très important, dans la rédaction des devis, de bien connaître le sens des termes employés pour la désignation des matériaux, de leur qualité et de leur provenance. Les procédés de cubage et de métrage doivent être exactement convenus entre les parties.

DEUXIÈME PARTIE

CONSTRUCTION

PREMIÈRE SECTION : GROS ŒUVRE

I. — TERRASSEMENTS

Les constructions sont établies sur un terrain horizontal et il est fort rare qu'un déplacement de terre ne soit pas nécessaire avant de procéder au *piquetage*. Si le terrain ne présente pas trop de difficultés, on se contente de le déblayer rapidement; le nivellement se termine à mesure que l'on pratique les fouilles pour les fondations.

Les travaux de *terrassement* comprennent les *déblais*, les *transports de terre* d'un point à un autre et les *remblais*.

Déblais. — La fouille se fait, suivant la ténacité du terrain, au moyen de *tournées*, de *bêches* et de *pioches*. Pour les sols particulièrement durs, on a recours au pic ou à la *pointerolle*. On ameublit les terres par couches de 0m,20 à 0m,30 (plumées) et on les enlève au fur et à mesure, à la pelle.

Si la fouille doit rester un certain temps à découvert, il faut donner aux parois une pente convenable pour éviter les éboulements (*fig.* 9 à 13); l'inclinaison varie suivant la nature du sol, comme le montre le tableau suivant (Ch. Goschler).

NATURE DU SOL	HAUTEUR	BASE
Roches non gélives	quelconque	0
Roches tendres.	3	1
Sables et graviers	1,5	1
Terres franches et légères . . .	1	1
Argiles	0,5	1

Lorsqu'il s'agit de tranchées peu profondes qui doivent être rapidement remplies de maçonnerie, pour des fondations par exemple, on peut tailler les parois verticalement ou inclinées de 80° environ. Si le manque de compacité du sol fait craindre des éboulements, on *étrésillonne* au moyen de *madriers* que l'on main-

Roches non gélives.   Roches tendres.

Sables et graviers.   Terres franches et légères.   Argiles.

Fig. 9 à 13. — Inclinaison des pentes de la fouille suivant la nature des terrains.

tient en place par des *étais* en bois. Ces arcs-boutants sont forcés à coups de maillet; on peut parfois augmenter leur serrage au moyen de *coins* (fig. 14).

La terre enlevée à la pelle est jetée sur la berge, ou directement dans les brouettes. Il est avantageux de charger immédiatement les véhicules afin d'éviter la nécessité d'un repiochage sur berge au moment du transport.

On met à part le sable et le gravier qui pourront servir à la fabri-

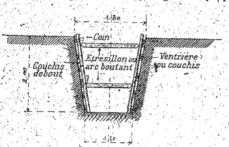

Fig. 14. — Emploi des étrésillons.

cation du mortier. S'ils ne sont pas convenables pour cet emploi, on en fera des tas qui serviront à la confection ou à l'entretien des chemins.

Un ouvrier terrassier peut jeter à la pelle à une hauteur de 1m,60 à 2 mètres. Lorsque la fouille dépasse cette profondeur, ou lorsqu'elle est embarrassée d'étrésillons, on établit des *banquettes* (fig. 15). De la banquette, un ouvrier reprend la terre que jette son camarade placé au-dessous. On peut

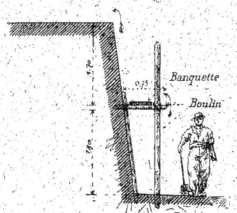

Fig. 15. — Emploi de la banquette.

encore, si les dimensions de l'excavation le permettent, établir des *rampes en terre* de 1m,65 de hauteur pour 20 mètres de base (fig. 16) et élever les déblais à l'aide de brouettes.

Il peut arriver, dans l'exécution de la fouille, que l'on rencontre des bancs de roches très dures; on les extrait par *abatage*, ou à l'aide de la poudre de mine. Le procédé par abatage consiste à pratiquer une petite saignée, de 0ᵐ,05 à 0ᵐ,08 de large, en profitant, autant que possible, des fendillements qu'on rencontre dans la roche.

Fig. 16. — Rampe.

On enfonce ensuite des coins dans cette saignée et on détache des blocs plus ou moins gros au moyen de *leviers* (*fig.* 17).

Quand on veut se servir de la poudre de mine on commence par forer dans la roche un trou de 0ᵐ,03 à 0ᵐ,05 de diamètre, et de 0ᵐ,50 à 0ᵐ,75 de profondeur, selon la grosseur du bloc à détacher.

Fig. 17. — Procédé par abatage.

On verse alors la quantité convenable de poudre dans la partie inférieure de ces trous; on achève de les remplir avec du sable et des débris de roches tassés à l'aide d'un bourroir en bois, au fur et à mesure du remplissage. Il faut avoir soin de ménager un passage pour la mèche. La charge de poudre varie de 600 grammes à 2 kilogrammes, suivant la dureté du roc et le volume des blocs à détacher.

Foisonnement. — La terre fouillée a toujours un volume supérieur à celui de la tranchée d'où on l'a extraite; cet accroissement de volume porte le nom de *foisonnement*. Le cube des terres à transporter sera donc toujours supérieur au cube de l'excavation creusée; c'est ce qu'indique le tableau suivant :

	NATURE DES TERRES	Sans compression 5 jours après	Comprimée au pilon ou avec de l'eau
Pour un mètre cube	Terre végétale.	1,10	1,05
	— franche grasse.	1,20	1,07
	— argileuse moyennement compacte	1,50	1,30
	— argileuse très compacte . . .	1,70	1,40
	— crayeuse.	1,20	1,10
	Tuf dur	1,55	1,30
	Roc à la mine	1,65	1,40

Données numériques relatives aux fouilles. — Il est évident que la nature des terrains est un facteur qui fait varier entre des limites assez éloignées les chiffres que l'on a pu réunir sur la durée des travaux de fouilles. Voici, à titre de renseignement, les indications de plusieurs auteurs.

Temps employé dans les différents travaux de terrassement
(d'après CLAUDEL).

POUR 1 MÈTRE CUBE	HEURES des TERRASSIERS
Fouilles en grandes tranchées ayant au moins 2 mètres de largeur au fond, sans étais.	0,80
Fouilles en tranchées ayant moins de 2 mètres de largeur au fond, avec embarras d'étais.	0,90
Jet à la pelle à une distance horizontale de 3 mètres ou à une hauteur de 1m,60 — En tranchées de 2 mètres et au-dessus, libres.	0,50
Jet à la pelle à une distance horizontale de 3 mètres ou à une hauteur de 1m,60 — En tranchées étroites et embarrassées. . . .	0,60
Jet à la pelle en véhicule n'excédant pas 1m,20 de hauteur, dans un tombereau ou à 2 mètres de hauteur.	0,40 0,60
Fouilles en sable coulant	0,95
— dans argile ou glaise	1,4h
— en graviers compacts. . . .	1,60

Tableau des quantités moyennes de déblai qu'un terrassier de force ordinaire peut piocher et jeter à une hauteur de 1m,60 ou charger à la brouette dans une journée de 10 heures de travail en grandes tranchées (d'après CLAUDEL).

NATURE DU TERRAIN	CUBE FOUILLÉ et jeté à 1m,60 en 10 h.	RÉPARTITION DES HEURES EMPLOYÉES	
		à la fouille	au jet ou à la charge
	Mètres cubes.	Heures.	Heures.
Terre végétale de diverses espèces (alluvions, sables, etc.).	7,70	6,25	3,75
— marneuse, argileuse, moyennement compacte.	6,00	6,70	3,30
— compacte dure.	5,25	7,10	2,90
— crayeuse	4,90	7 »	3 »
—, fortement imbibée d'eau.	4,25	7,24	2,76
Tuf moyennement dur.	2,85	8,40	1,60
.très dur.	2,38	8,70	1,30
Roc tendre, gypse enlevé au pic et au coin.	2,00	8,80	1,20

Tableau établi par MM. FERROUILLAT et CHARVET
(Les Celliers, MASSON, édit.).

NATURE DES TERRES	POIDS DU MÈTRE CUBE	FOUILLE	REPIOCHAGE SUR BERGE	JET A LA PELLE		TALUS NATUREL	FOISONNEMENT
				sur berge ou brouette	sur banquette ou tombereau.		
	Kilogr.	Heures	Heures	Heures	Heures		
Sable sec	1 410	0,40	»	0,50	0,55	30°	1/20
Terre de prairie humide, marais.	1 400	0,55	0,30	0,55	0,60	33°	1/10
Vase desséchée.	»	0,50	0,30	0,52	0,55	»	»
Terre végétale très légère.	1 250	0,50	0,20	0,50	0,55	33°	1/10
— légère . . .	1 310	0,60	0,22	0,51	0,56	36°	1/10
— ordinaire . .	1 400	0,65	0,29	0,55	0,60	40°	1/10
— pierreuse. .	1 500	0,90	0,30	0,60	0,65	43°	»
Terre argileuse.	1 600	1 »	0,50	0,70	0,77	56°	1/6
— glaiseuse.	1 900	1,25	0,60	0,72	0,78	63°	1/4
— argileuse et pierres.	1 910	1,50	0,65	0,80	0,85	56°	»

Pour un mètre cube

Transport des terres. — Le transport des déblais se fait :
1° Au *jet de pelle;*
2° A la *brouette;*
3° Par *tombereau traîné par les animaux;*
4° Au moyen de *wagonnets sur voie étroite.*

Jet de pelle. — Ce procédé est employé pour un déplacement maximum de 9 mètres. Un ouvrier pouvant jeter à la pelle à 3 mètres de distance, on établit trois relais correspondant à cette longueur. On admet que le temps nécessaire pour le transport de 1 mètre cube par un seul homme est: à 3 mètres, $0^h,80$; à 6 mètres, $1^h,60$; à 9 mètres, $2^h,40$.

Brouette. — Pour les distances inférieures à 150 mètres on emploie des brouettes traînées par des hommes parcourant des relais de 30 mètres en terrain horizontal; le relais n'est que de 20 mètres en rampe inférieure à 1/12. La division en relais est nécessaire pour éviter les entre-croisements et la gêne dans l'exécution du travail; chaque rouleur échange sa brouette à l'extrémité du relais. Dans les terres peu consistantes, ou encore dans l'établissement de plans inclinés, on installe des chemins de roulement avec des madriers. On doit s'arranger de façon que le chargeur ait constamment une brouette devant lui pendant que le rouleur marche.

Toutes les brouettes sont bonnes pour le transport des terres; cependant on doit employer de préférence celles qui ont des brancards courts et écartés, les parois inclinées et une roue suffisamment grande. La charge d'une brouette varie de 65 à 80 kilogrammes; un rouleur peut faire 30 kilomètres en dix heures.

Tombereau. — On emploie le tombereau attelé de un ou plusieurs chevaux, selon sa capacité, lorsque la distance à parcourir dépasse 120 à 150 mètres. Le nombre des chargeurs est de trois, y compris le charretier. Chacun peut charger, en une heure, $1^{mc},200$. On admet que pour parcourir un relais de 100 mètres, aller et retour, un cheval emploie $0^h.067$ et que la vidange du tombereau exige $0^h.033$.

Pour effectuer le transport sans perte de temps, on emploie deux tombereaux, l'un étant en charge pendant le voyage de l'autre.

Wagonnets. — Pour les transports considérables, à grandes distances, l'emploi des wagonnets (genre Decauville) présente de grands avantages. Les bennes peuvent contenir jusqu'à 1 mètre cube de terre. Le nombre de chevaux nécessaires varie avec leur force et la pente de la voie. Il faut éviter d'avoir des rampes trop inclinées, car il peut arriver que les freins soient impuissants à modérer l'allure pendant la descente et des accidents seraient à craindre.

On préfère parfois les wagonnets aux tombereaux pour des distances inférieures à 1 000 mètres, parce que les chemins de terre sont généralement impraticables pendant les temps humides, surtout aux environs des chantiers. Cet inconvénient disparaît avec les voies ferrées.

Transports verticaux. — Nous avons vu précédemment que les terres étaient élevées par jets de pelle ou par plans inclinés ; elles le sont parfois au moyen d'un *treuil* et de *paniers* (*fig.* 18). Les données suivantes permettront de calculer le prix de revient de ce dernier mode de transport. La capacité des paniers varie de 0^{mc},033 à 0^{mc},055. Pour s'élever de 5 mètres, le panier exige 20 secondes ou 0^h.00556 ; pour redescendre à vide de cette même hauteur, il exige 0^h.00417. La manœuvre demande trois hommes au minimum : un pour remplir le panier et deux autres pour actionner les manivelles du treuil, décrocher le panier et le vider. Le tambour du treuil a ordinairement 0^m,15 à

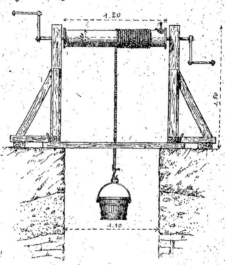

Fig. 18. — Treuil.

0^m,20 de diamètre, 1 mètre à 1^m,20 de longueur ; les manivelles de 0^m,40 l'actionnent directement sans aucun engrenage.

Remblais. — Exécuter un *remblai*, c'est rapporter des terres pour relever le niveau du sol où le besoin s'en fait sentir. On se sert autant que possible des déblais provenant des fouilles, la terre végétale étant mise de côté, et ce n'est que dans des cas exceptionnels que l'on a recours à des emprunts sur le territoire avoisinant.

Les véhicules qui ont servi au transport déchargent les terres en tas. Le *régalage* consiste à étendre ces tas en couches horizontales, d'épaisseur uniforme, en extrayant les grosses pierres et les débris végétaux. Il faut, autant que possible, si les matériaux rapportés sont de natures différentes, étendre la même terre uniformément sur toute la surface du remblai pour éviter les affaissements ultérieurs.

Le *pilonnage* ou *damage* est employé pour donner plus de consistance au sol en détruisant l'effet du foisonnement. Cette opération s'exécute au moyen de pilons, dames, hies, etc..., en bois ou en fonte. On peut se servir très utilement du rouleau brise-mottes et du rouleau plombeur.

Fig. 19. — Remblai comblant une excavation.

L'arrosage des couches successives accélère leur tassement. On peut aussi faire rouler les brouettes et les tombereaux qui amènent la nouvelle terre sur celle qui est déjà en place.

L'épaisseur à donner aux couches successives de remblai ne doit pas excéder 0ᵐ,50. Si le remblai ne sert qu'à combler une excavation (*fig.* 19), le régalage et le pilonnage suffisent. Mais dans le cas où le remblai doit rester en talus (*fig.* 20), il est nécessaire de le consolider soit par un gazonnement qui empêche

Fig. 20. — Remblai en talus.

les eaux pluviales de raviner la surface, soit par un mur de *revêtement*, soit par un mur de *soutènement* (Voir Maçonneries, p. 25.)

Implantation des travaux. — Avant de commencer les fouilles nécessaires aux fondations des murs, il a fallu les tracer sur le sol. L'opération du *piquetage* consiste à rapporter sur le terrain, en vraie grandeur, les côtés du plan. On se sert dans ce but de jalons, de piquets, de cordeaux, etc. Les longueurs sont mesurées à la chaîne ou au décamètre à ruban, les angles soit à l'équerre, soit au moyen du cercle divisé.

La figure 21 montre la marche à suivre pour piqueter les fondations d'un bâtiment rectangulaire avec avant-corps en saillie.

On commence par indiquer, au moyen de pieux solides, les axes des bâtiments, axes auxquels on doit toujours se rapporter pendant la construction; on passe ensuite à l'indication des grands alignements, puis aux détails de chaque bâtiment.

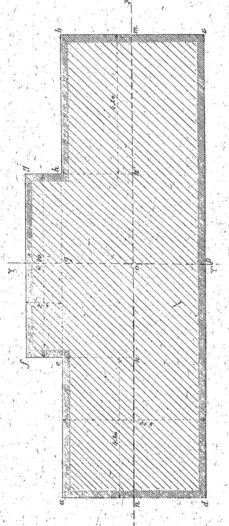

Fig. 21. — Piquetage.

EXEMPLE. — 1° Tracer les axes rectangulaires XX′YY;
2° Prendre sur ces axes les longueurs om, on, op, oq,
égales aux dimensions des façades ;
3° Élever perpendiculairement en m, n, p, q, les lignes
dont les intersections donnent a, b, c, d ;

4° Vérifier si a, b, c, d, sont d'équerre et corriger ;
5° Prendre sur XX′, de part et d'autre de o, les longueurs ok $ok′$ et élever les perpendiculaires qui donneront le tracé de l'avant-corps $e f g h$.
6° Vérifier la rectitude des angles e, f, g, h.

Le tracé des fouilles se résume à l'indication des parties rectilignes pour les murs et à celle des angles que forment ces lignes entre elles. Les courbes ne sont que très rarement employées dans les constructions rurales : on ne rencontre que la circonférence et seulement

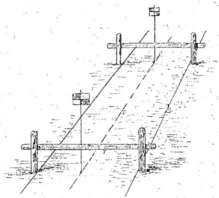

Fig. 22. — Tracé des fondations.

dans le tracé des tours qui servent de pigeonniers ou de supports aux réservoirs d'eau.

Pour tracer les fondations d'un mur, on jalonne la direction de

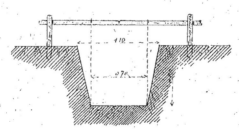

Fig. 23. — Fouille des fondations (parois inclinées).

son axe (fig. 22). A chaque extrémité, on place au-dessus une traverse en bois horizontale, fixée à deux piquets, sur laquelle on marque par un clou ou une encoche la position de l'axe ; on prend de part et d'autre de l'encoche une longueur égale à la demi-épais-

seur du mur et on tend des cordeaux qui servent de guide aux ter-
rassiers. Dans le cas
où les parois de la
fouille sont inclinées,
le plafond de cette der-
nière doit être à l'a-
plomb des encoches in-
diquant l'épaisseur des
murs (*fig.* 23). Les an-
gles sont tracés à l'é-
querre d'arpenteur; ils
sont vérifiés ultérieure-
ment par les maçons,
lorsqu'ils établissent les
fondations (*fig.* 24).

En traçant la fouille,
il faut tenir compte de
l'empattement que l'on

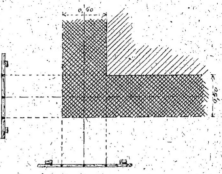

Fig. 24. — Angles de fondations.

veut donner au mur, ainsi que d'un petit excès de largeur nécessaire aux maçons pour construire commodément (*fig.* 25).

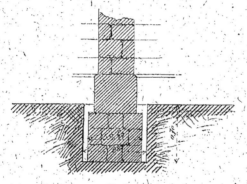

Fig. 25. — Fondations (coupe).

II. — MAÇONNERIES

La *maçonnerie* comprend les travaux relatifs à l'exécution des fondations, des voûtes des caves, des murs de façade et des murs de
refend. Les cloisons intérieures en briques sont faites par les plâtriers.
Les matériaux employés peuvent se diviser en deux grandes catégories : les pierres et les mortiers

PIERRES

On désigne sous le nom de *pierres* les matériaux constituant les murs, le mortier ne servant qu'à les lier.

Les pierres peuvent être classées, au point de vue des constructions, comme l'indique le tableau suivant :

Pierres
- naturelles.
  - *Calcaires.* Effervescence avec acide.
  - *Siliceuses ou quartzeuses.* Feu au briquet.
  - *Volcaniques.* Texture particulière.
- artificielles.
  - *Sans préparation industrielle.*
    - Briques crues. Pisé et torchis.
  - *Ayant subi une préparation industrielle.*
    - Briques cuites. Carreaux de plâtre. Béton et agglomérés de désignations diverses.

Pierres naturelles. — Ces pierres s'emploient chacune dans leur endroit d'origine ; ce n'est que dans des cas tout à fait exceptionnels que l'on doit se résoudre à faire venir d'un pays voisin de la pierre pour une construction rurale.

Les *pierres calcaires* sont les plus répandues. Elles constituent la généralité des pierres à bâtir ordinaires, depuis le *marbre* ou le *liais* qui sont très durs jusqu'aux *travertins* et aux *tufs.* Les espèces en sont très nombreuses et portent des noms spéciaux qui varient avec les différentes contrées.

Les *pierres siliceuses* ou *quartzeuses* comprennent les *granits,* les *porphyres,* les *grès,* les *meulières,* etc., subdivisés également en un grand nombre de variétés suivant leurs caractères ou leur provenance.

Les *pierres volcaniques* renferment les *trachytes,* les *basaltes,* les *trapps,* les *laves.*

On distingue dans les pierres à bâtir deux qualités différentes : les *pierres dures* et les *pierres tendres.* Les pierres dures ne peuvent être débitées qu'au moyen de la scie à eau, sans dents; tels sont le marbre, le granit. Les pierres tendres, comme la mollasse, le tuf, l'ardoise, se laissent travailler à la scie à dents et à la hachette.

Désignation des pierres. — Les pierres sont tirées de carrières, où elles étaient disposées par couches horizontales ou inclinées. On doit, dans leur emploi, toujours placer les pierres suivant leur *lit de* *carrière*. Si on les pose *en délit* elles sont sujettes à s'effeuiller, à s'écraser sous une certaine charge.

Suivant leur grosseur, les pierres portent des noms différents ; ainsi, on désigne sous le nom de *libages* des pierres de grandes dimensions et grossièrement taillées que l'on emploie pour les fondations.

Les *pierres de taille* sont aussi de grandes dimensions, mais avec six faces à peu près dressées.

Les *moellons* sont de petites pierres qu'un homme peut facilement remuer. On distingue des *moellons ébousinés*, c'est-à-dire simplement dépouillés du *bousin* de carrière, des *moellons smillés* et des *moellons piqués* ou *d'appareil*.

Les *moellons smillés* sont des moellons bruts dont on a régularisé les formes en les taillant de façon que leurs joints soient plus ou moins pleins, leurs lits à peu près parallèles aux faces et leur parement assez bien dressé. On les emploie à la confection des murs dont les parements sont rejointoyés.

Les *moellons piqués* ou d'appareil sont taillés régulièrement avec leur parement bien dressé, les autres faces sont à arêtes droites et vives. On leur donne aussi des tailles spéciales suivant leur destination : voussoirs, sommiers, etc.

La taille des pierres se fait soit en chantier avant leur pose (moellons smillés et pierres d'appareil), soit après la pose ; on dit alors que l'on procède au *ravalement*. Cette dernière opération a pour but de régulariser les surfaces ou de corriger les erreurs de pose.

Défauts des pierres. — Les *pierres gélives* sont celles qui s'écaillent à la surface, qui se fendent sous l'action de la gelée. Les pierres poreuses sont, en général, gélives. On ne peut reconnaître ce défaut que par expérience directe. Cependant, un procédé dû à M. Brard peut donner de bonnes indications : il consiste à plonger un morceau du bloc à essayer dans une solution saturée et bouillante de sulfate de soude. Après imbibition parfaite, on le place dans un courant d'air ; il y a évaporation et le sel vient effleurir. On lave alors soigneusement la pierre, et si on retrouve de petits fragments calcaires mêlés aux cristaux, c'est qu'il y a eu désagrégation.

Les *pierres filandreuses* présentent des solutions de continuité, suivant des surfaces plus ou moins régulières ; elles sont sujettes à éclater ou à se fendre.

Les *pierres pouffes* sont graveleuses ; elles s'égrènent à l'humidité.

Une *moye* est une partie terreuse qui occupe un trou ou une fissure d'une pierre. On peut utiliser une *pierre moyée* si la fissure est peu profonde.

Caractères d'une bonne pierre. — Le grain doit être fin et serré. La pierre doit résister à la gelée, à l'humidité, au feu, ne présenter ni fils, ni moyes; au choc elle doit donner un son plein. Enfin, une bonne pierre doit encore résister à l'écrasement, se laisser travailler avec facilité et faire prise solide avec le mortier.

On admet comme indice de bonne qualité l'odeur sulfureuse que dégagent certaines pierres sous le choc des outils. Il faut éviter d'employer les pierres traversées par des veines de minerais métalliques; elles se délitent, s'oxydent à l'air, se fendent ou produisent des taches.

La cassure d'une bonne pierre doit présenter des arêtes, des facettes ou des aspérités; les pierres les plus dures et de couleur foncée sont considérées comme meilleures.

Emploi des différentes qualités de pierres. — Les pierres dures sont réservées pour les parties de la construction qui sont le plus sujettes à s'user, à se dégrader, ou qui supportent de grands efforts. Exemples : les appuis, les seuils, les linteaux, les soubassements, etc.

Les pierres tendres serviront pour le gros des maçonneries, en réservant celles de qualité inférieure pour les remplissages, les murs intérieurs; les pierres gélives, en particulier, **ne** doivent s'employer que dans ces dernières conditions.

Le tableau suivant donne les charges d'écrasement des différentes catégories de pierres :

NATURE DES PIERRES	CHARGE par cent. carré DE SECTION
	Kilogr.
I. — PIERRES VOLCANIQUES ET SILICEUSES	
Basalte d'Auvergne.	2 000
Lave dure du Vésuve.	590
Porphyre	2 470
Granit — vert des Vosges	620
Granit — gris de Bretagne	650
Granit — de Normandie	700
Grès — très dur	870
Grès — tendre	4
Grès — de Fontainebleau	895
II. — PIERRES CALCAIRES	
Marbre noir de Flandre	790
Roche d'Arcueil	250
Pierre de Pontoise	130
Calcaire dur de Givry	310
Calcaire tendre de Givry	120
Pierres d'Angoulême	65 à 110

Remarque. — Dans la pratique, la charge à faire supporter aux pierres n'est que 1/10 de la charge de rupture.

Pour les voûtes, qui offrent plus de difficultés dans la construction, et que l'on décintre souvent avant la prise totale du mortier, on adopte les charges pratiques suivantes (Dejardin) :

		kgr. gr.
Maçonneries en moellons informes, en bétons...		0,500 par cent. carré.
— en moellons pendants..............		1,000 —
— en moellons équarris, bien posés...		2,000 —
— en moellons appareillés....,.......		3,000 —
— en pierre de taille....		5,000 —

Pierres artificielles. — **Briques crues**. — Les *briques crues* sont employées plus spécialement dans les pays méridionaux, dans les endroits qui ne sont pas sujets à l'humidité. On les fabrique dans des moules avec de l'argile rouge ou blanche mêlée de sable. On utilise aussi pour cet usage la boue des routes, qui est composée d'argile, de craie et de silex pulvérisé. On les façonne au printemps et on les laisse sécher lentement, pendant cinq ou six mois, en évitant le fendillement.

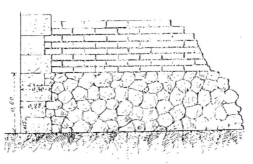

Fig. 26. — Construction en briques crues.

Ce genre de matériaux peut s'employer dans les constructions rurales en prenant soin de placer les briques crues sur un soubassement de 0ᵐ,60 à 1 mètre (*fig.* 26). La surface des murs sera enduite de plusieurs couches de peinture à la chaux, ou d'un crépi de mortier.

Pisé. — Nous indiquerons, au moment de l'étude de la construction des murs, comment on confectionne le pisé, qui doit être employé au moment de sa préparation.

Briques cuites. — Les *briques cuites* sont fabriquées avec de l'argile dont on a extrait les morceaux de craie et de pyrite. Cette argile est corroyée et additionnée d'une proportion convenable de sable. On en fabrique des briques de différents échantillons que l'on fait sécher à l'air. Après dessiccation on cuit dans des fours spéciaux.

Caractères des bonnes briques. — Une bonne brique doit être régulière, sans cavités ni ébréchures, avoir les faces bien dressées et les arêtes vives, d'une couleur rouge brun foncé. On classe comme briques de qualité supérieure celles qui présentent une surface vitrifiée, mais souvent cette vitrification est obtenue artificiellement. Au choc une bonne brique doit rendre un son clair. La cassure doit présenter un grain fin et serré. Il faut éviter d'employer les briques gélives.

Pour reconnaître ces qualités, il suffit de laisser la brique dans l'eau pendant douze heures environ. Elle ne doit pas se désagréger ni absorber plus de 1/5 de son propre poids d'eau. Si elle n'absorbait pas d'eau, c'est qu'elle serait trop cuite et le mortier ne ferait pas

 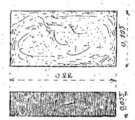

Fig. 27, 28. — Brique ordinaire.   Fig. 29, 30. — Brique façon Bourgogne.

prise. Enfin, si après avoir été retirée de l'eau, la brique se gonfle et se brise, c'est qu'elle contenait du calcaire ou des pyrites.

Une brique de mauvaise qualité se reconnaît facilement aux caractères inverses : couleur jaune rougeâtre, son sourd et fêlé, texture grenue, affinité considérable pour l'eau.

Différentes espèces de briques. — On trouve dans le commerce une variété considérable de briques. Les plus employées sont les suivantes : *briques pleines ordinaires* (fig. 27, 28) et *Bourgogne* (fig. 29, 30.)

On trouve encore des briques pleines dites *briques à coin, briques à couteau, closoir,* qu'indiquent les figures suivantes (fig. 31 à 33) :

Briques creuses. — Plus légères que les précédentes, elles conduisent mal la chaleur et le son ; elles garantissent de l'humidité par le matelas d'air qu'elles contiennent.

On admet qu'il faut employer des briques à plusieurs petites perforations de préférence à celles qui présentent de grandes cavités. Les premières sont mieux cuites et plus résistantes ; de plus, leur emploi exige moins de mortier qui pénètre toujours à chaque bout des vides (fig. 34 à 38).

Briques réfractaires. — Ces briques ont la propriété de résister à l'action du feu le plus violent. On les faisait autrefois avec l'argile plastique ou *figuline*. Aujourd'hui on emploie des quartz en farine et des grains de quartz agglomérés par une petite quantité de chaux.

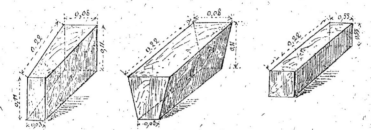

Fig. 31. — Brique à coin.   Fig. 32. — Brique à couteau.   Fig. 33. — Closoir.

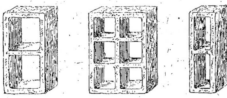

Fig. 34 à 36. — Briques-prismes rectangulaires creuses (coupes).

Fig. 37, 38. — Briques spéciales creuses (coupes).

Emploi des briques. — Les briques sont utilisées dans la confection de toutes les parties des murs : parements, pieds-droits, voûtes, etc. Les briques creuses servent à la construction des cloisons; on les emploie pour faire les hourdis de planchers, les parties hautes des murs, etc. Les briques réfractaires sont réservées à la construction des âtres et des fours.

On fait des briques vernissées de couleurs variées; mais elles ne peuvent servir qu'à la décoration; on peut les utiliser néanmoins pour construire des citernes, des conduites d'eau et les soubassements intérieurs des laiteries.

Tableau de la résistance des briques.

ESPÈCES DE BRIQUES	CHARGE D'ÉCRASEMENT par cent. carré
Brique dure très cuite.	150 kilogr.
— rouge.	56 —
— rouge pâle.	36 —
— jaune.	39 —
— jaune vitrifiée	99 —
— crue	33 —

REMARQUE. — La charge pratique n'est que le dixième des chiffres du tableau ci-dessus. Pour un pilier isolé et un peu long, il est prudent de ne prendre que le vingtième.

Agglomérés divers. — Dans certaines localités où les matériaux font défaut, ou encore dans des cas particuliers, on pourra employer utilement les produits ci-après :

Pierres Coignet. — On mélange à sec : 1/2 volume de ciment de Portland, 1 à 2 volumes de chaux, 7 à 10 volumes de sable, on ajoute de l'eau et on pilonne la pâte dans des moules de formes et de dimensions appropriées.

Briques en laitier. — On mélange au mortier ordinaire du laitier de haut fourneau réduit en fragments, on soumet à une forte compression et on laisse sécher. On estime que ces briques donnent une économie de 50 pour 100 sur les briques ordinaires (RÉSAL).

Ciment armé. — On fabrique en ciment armé des murs d'épaisseurs diverses, comme nous l'indiquerons dans un chapitre spécial.

Pour les cloisons intérieures, on emploie, dans les pays où la matière première est abondante, des carreaux de plâtre pleins ou creux. Ces carreaux sont constitués de plâtras que l'on noie dans du mortier de plâtre. Les dimensions courantes sont : 0^m,48 de longueur, 0^m,32 de largeur et 0^m,08 d'épaisseur.

Briques de liège. — Avec du liège réduit en menus morceaux, on fabrique par un procédé spécial des briques et des panneaux que l'on emploie avantageusement à cause de leur légèreté et de leur mauvaise conductibilité. On se sert même de briques de liège pour faire des hourdis de planchers, des voûtins, etc.

MORTIERS

Nous avons défini *mortiers* l'intermédiaire qui relie entre elles les pierres constituant un mur. Ils sont constitués par un mélange de chaux et de sable.

Les mortiers peuvent se classer de la manière suivante :

Mortiers aériens. Constructions où l'on ne craint pas l'humidité.	Mortier ordinaire. Mortier de plâtre. Mortier bâtard. Mortier de terre.
Mortiers hydrauliques. Constructions exposées à l'humidité.	Mortier à la chaux hydraulique. Ciments.

La partie essentielle des mortiers est la chaux ; le sable ne joue qu'un rôle secondaire ; il est parfois supprimé (mortier de ciment pur ou de plâtre).

Chaux. — La *chaux* provient de la calcination des calcaires naturels. Ces calcaires sont rarement purs, et suivant la proportion des matières étrangères qui s'y rencontrent on obtient toute une série de chaux différentes employées dans la construction.

La calcination des calcaires a lieu dans des fours spéciaux de divers modèles ; elle a pour but de débarrasser le carbonate de chaux de son acide carbonique. On obtient de la *chaux vive.* Si on met de la chaux vive en contact avec de l'eau, elle s'*éteint,* c'est-à-dire qu'elle s'hydrate en dégageant de la chaleur et se réduit en poudre ou constitue une pâte.

Chaux grasse. — Si le carbonate de chaux est à peu près pur, il fournit de la *chaux grasse.* Celle-ci s'échauffe beaucoup au contact de l'eau, se délite, foisonne dans le rapport de 2/1 ou même 3/1, et, si la quantité d'eau est suffisante, forme une pâte liante et forte qui durcit à l'air.

Chaux maigre. — Lorsque les matières étrangères entrent dans le calcaire dans une proportion de 10 à 20 pour 100, on obtient de la *chaux maigre ;* elle s'échauffe lentement et foisonne peu quand on la met en contact avec l'eau. La nature de ces matières étrangères donne les qualités de chaux maigre suivante :

MATIÈRES ÉTRANGÈRES		CHAUX
Oxyde de fer, de manganèse, sable quartzeux.		Chaux maigre non hydraulique.
Uniquement de l'argile.	12 à 15 %	Chaux faiblement hydraulique (prise en 9 à 15 jours).
	15 à 17 %	Chaux moyennement hydraulique (prise en 6 à 9 jours).
	17 à 20 %	Chaux hydraulique (prise en 1 à 6 jours).

Ciments. — La proportion d'argile mélangée au calcaire dépassant 20 pour 100, la cuisson donne des ciments. Avec 20 à 25 pour 100, d'argile, on obtient du ciment à prise lente (de 1 heure à 18 heures environ). Exemple : ciment de Portland. Avec 25 à 30 pour 100 d'argile les calcaires calcinés fournissent du ciment à prise rapide qui fait prise en 5 ou 10 minutes. Exemples : ciments de Vassy, de Pouilly, de Bourgogne.

Caractères d'une bonne chaux. — Une chaux de bonne qualité ne doit contenir aucune matière étrangère, ni de « biscuits » ni de « durillons ». Les bonnes chaux hydrauliques font effervescence avec d'eau, sont légères, ont une consistance analogue à celle de la craie. Si, après l'immersion, la chaux ne fuse pas, c'est qu'elle a été trop calcinée; si elle fuse incomplètement en laissant un noyau, c'est que la cuisson a été insuffisante.

Détermination de l'hydraulicité de la chaux. — On éteint une petite quantité de la chaux à essayer, et aussitôt après son extinction on la place dans un vase plein d'eau. Si la chaux est de bonne qualité, elle doit faire prise huit à dix jours après son immersion et supporter, sans dépression, une aiguille d'acier de 0m,0022 de diamètre, limée nettement à son extrémité et chargée de 300 grammes.

Conservation de la chaux. — La chaux vive s'évente rapidement; il faut prendre des précautions pour la conserver quelque temps si on ne peut procéder à son extinction immédiate. Le mieux est de la tenir dans des tonneaux ou des caisses hermétiquement fermés et placés à l'abri de la pluie sous un hangar.

Caractères d'un bon ciment. — Le ciment doit être tenu à l'abri de toute humidité sous peine de le voir s'avarier rapidement. Il s'agglomère en masses plus ou moins fortes ; celles-ci doivent s'écraser à la pression des doigts, sinon le ciment est à rejeter. Parfois on falsifie le ciment, celui de Portland en particulier, en ajoutant des matières bon marché, des scories, par exemple, qui communiquent au Portland une teinte verte, signe d'une bonne cuisson. L'analyse permet de déceler cette fraude.

Sable. — **Action du sable dans les mortiers.** — Les rôles remplis par le sable sont très divers : il empêche le mortier de diminuer de volume, au moment de la dessiccation, en modérant le retrait de la chaux ; il diminue la dureté de la chaux grasse, augmente celle de la chaux hydraulique ; il divise la masse de la chaux et facilite les réactions chimiques qui assurent la solidification du mortier.

L'action du sable dans les ciments varie suivant la nature de ceux-ci.

Origine et propriétés. — Les *sables* se trouvent dans le lit des rivières, sur le bord de la mer et dans des gisements au milieu des terres. Le sable provient de la décomposition des roches par des phénomènes mécaniques ou chimiques ; de là résulte une grande variété dans la forme, la dimension et la composition des grains. A ce dernier point de vue, on divise les sables en sables calcaires et en sables siliceux ; ceux-ci sont les meilleurs. Les grains peuvent être ronds ou anguleux ; ces derniers sont préférables. Le sable dont les grains n'ont pas plus de 1 millimètre de diamètre est dit sable fin ; il est gros si le diamètre s'élève à 3 ou 4 millimètres ; au-dessus, c'est du gravier.

Le *sable de mer* est à rejeter, à cause de l'humidité qui résulterait de son emploi dans la construction. Cependant, si on est obligé de s'en servir, il faudra le laver à l'eau douce ou le laisser exposé à la pluie jusqu'à ce que toute trace saline ait disparu.

Les *sables de rivière* sont à grains ronds ; cependant on les emploie très souvent pour la fabrication du mortier ; ils sont d'ordinaire propres, car le courant les débarrasse des boues ou des argiles qui pourraient s'y trouver mêlées.

Les *sables de carrière* sont les meilleurs, à cause de leurs aspérités qui donnent plus de cohésion au mortier ; on doit les rendre propres avant de s'en servir.

On reconnaît la propreté des sables en les agitant dans un verre plein d'eau. La limpidité de l'eau et les dépôts qui se forment au fond du verre donnent des indications sur la nécessité des nettoyages à faire subir.

Caractères d'un bon sable. — Le sable utilisé pour la fabrication des mortiers doit être dépourvu de toute matière organique ; il doit être débarrassé de terre ou d'argile, être rude au toucher et crier lorsqu'on le comprime dans la main; les grains doivent être petits et anguleux.

Plâtre. — Le *plâtre* provient de la calcination du sulfate de chaux ou gypse. Le gypse calciné perd son eau de cristallisation; on le réduit en poudre fine, qui est susceptible de se solidifier quand on la gâche avec de l'eau.

Diverses qualités de plâtre. — Le commerce livre quatre qualités de plâtre, qui sont :

1° Le *plâtre au panier;* c'est le plus commun; il a été simplement tamisé dans un panier d'osier; il sert pour les travaux grossiers, les crépis, etc.;

2° Le *plâtre au sas;* c'est celui qui a été passé dans un tamis de crin; il est plus fin et plus blanc que le précédent; on l'emploie pour faire des enduits;

3° Le *plâtre au tamis de soie;*

4° La *fleur de plâtre.*

Ces deux dernières qualités sont réservées pour les enduits et les moulures d'appartement.

Caractères d'un bon plâtre. — Le degré de bonne cuisson du plâtre s'apprécie au toucher, qui doit être doux. Une pâte peu résistante indique que le plâtre n'est pas assez cuit; si la pâte reste sèche, si le plâtre n'est pas gras, c'est qu'il a été trop cuit. Les plâtres de mauvaise qualité sont de couleur jaunâtre; ils sont longs à prendre, le toucher est rude.

Conservation du plâtre. — Il est absolument nécessaire de préserver le plâtre de l'humidité et même du contact de l'air. Faute de cette précaution, le plâtre absorbe peu à peu l'humidité atmosphérique et s'évente.

Fabrication des mortiers. — Le *mortier* est composé de chaux éteinte et de sable.

Extinction de la chaux. — On peut employer un des quatre procédés suivants pour éteindre la chaux :

1° *Extinction ordinaire.* — Elle consiste à placer la chaux dans une fosse et à y ajouter l'eau nécessaire (*fig.* 39). Il faut prendre le soin de ne pas « noyer » la chaux par un excès d'eau, ni de la laisser « fuser à sec » par manque d'eau. On reconnaît que l'extinction se fait bien en plongeant un bâton dans les divers points de la masse; si on le retire enduit d'une couche gluante, l'extinction est bonne; si le bâton sort presque sec et s'il s'élève de la fumée par le trou, c'est que la chaux fuse à sec. Dans ce cas, on s'empresse d'amener l'eau à cet endroit par une rigole.

2° *Extinction par immersion.* — On remplit un panier de morceaux de chaux vive et on le plonge dans l'eau pendant quelques secondes.

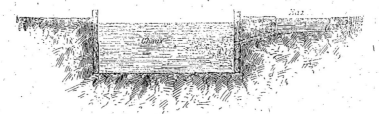

Fig. 39. — Extinction de la chaux.

Ce procédé exige certaines précautions pour donner de bons résultats, surtout quand on opère avec de la chaux hydraulique.

3° *Extinction par aspersion.* — C'est une méthode employée surtout pour la chaux grasse et lorsqu'on veut faire immédiatement le mortier. On forme un bassin circulaire avec du sable, et on place la chaux à l'intérieur; on l'arrose avec une quantité d'eau suffisante pour la réduire en pâte et on couvre immédiatement avec le sable.

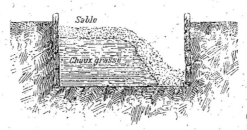

Fig. 40. — Conservation de la chaux éteinte.

Au bout de deux ou trois heures l'extinction est complète et on peut procéder au mélange.

4° *Extinction spontanée.* — Ce procédé est le moins usité à cause de ses mauvais résultats : il consiste à abandonner la chaux au contact de l'air dont elle absorbera l'humidité. Les chaux ainsi traitées fixent aussi de l'acide carbonique et perdent la plupart de leurs qualités.

Conservation de la chaux éteinte. — Ordinairement on éteint une grande quantité de chaux à la fois et on prend dans la masse au fur et à mesure des besoins. La chaux grasse se conserve dans la fosse même où on l'a éteinte en prenant la précaution de couvrir de terre ou de sable (0m,50 d'épaisseur environ) [*fig.* 40]. Ce moyen ne réussit pas

pour la chaux hydraulique, qui durcit très vite; il est préférable de
se procurer de la chaux hydraulique en poudre éteinte; le commerce en livre en sacs ou en barriques prête à être utilisée.

Fabrication du mortier.

Fabrication du mortier. — On dispose sur le sol une aire bien
propre, parfois faite avec des madriers; on y répand en couche le

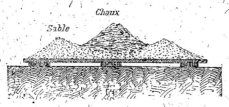

Fig. 41. — Fabrication du mortier.

sable nécessaire et on
en forme un bourrelet
circulaire. Dans l'inté-
rieur on place la chaux
en pâte (*fig.* 41). Les ouvriers munis de *rabots*
et de *griffes* se placent
autour du bassin et mé-
langent bien intime-
ment la chaux et le sa-
ble ; le tas est recoupé
plusieurs fois et le brassage ou corroyage doit se continuer jusqu'à ce que le mortier ait une consistance convenable.

REMARQUES. — Ne pas ajouter d'eau pour rendre la fabrication moins
pénible ; c'est le cor-
royage qui fait le mor-
tier. On n'ajoute de l'eau
que lorsque le sable est
trop sec.

Employer la chaux
grasse quatre jours au
moins après son extinc-
tion; elle est alors bien
homogène.

Fabriquer le mortier
au fur et à mesure des
besoins ; mais si on le
fabrique d'avance on peut
l'empêcher de durcir en
le recouvrant de sable.
Pour le ramollir avant
son emploi, on le rebat,
mais sans addition d'eau.

Quand on a besoin
de grandes quantités
de mortier, on le fa-
brique au moyen d'une
turbine actionnée par
un moteur (*fig.* 42).

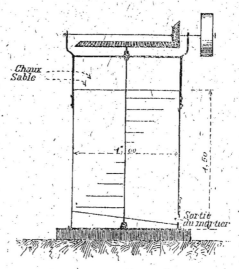

Fig. 42. — Turbine à mortier (schéma).

Mortiers aériens. — **Composition des mortiers.** — En faisant varier les proportions de chaux et de sable, on obtient des qualités différentes de mortier suivant l'usage auquel on le destine. On mesure les volumes employés par le nombre de brouettes qui apportent chacun des éléments.

Composition et emploi des divers mortiers.

MORTIERS	CHAUX	SABLE	EMPLOI
Mortier ordinaire.	1	2	Corps des gros murs.
— fin à poser.	2	3 (passé à la claie)	Pose des pierres de taille, rejointoiements, enduits.
— fin.	1	2 (très fin)	Cheminées de briques, cloisons.

Le **mortier bâtard** se compose de parties égales de mortier ordinaire et de plâtre en poudre. On ne doit pas l'employer pour les maçonneries extérieures. On désigne aussi sous ce nom du mortier ordinaire additionné d'une certaine quantité de ciment.

Le **mortier dit blanc en bourre** se fabrique avec du mortier très fin auquel on ajoute de la bourre ou du poil provenant des peaux tannées. Parfois ce mortier se fait avec de l'argile et de la chaux. On l'emploie pour faire les enduits et les plafonds à défaut de plâtre.

Fig. 43. — Auget (coupe).

Le **mortier d'argile** sert à la construction des fours où la haute température désagrégerait les mortiers ordinaires. On fabrique du mortier d'argile avec 1/5 de sable, 2/5 d'argile bien liante, 2/5 de terre calcaire et on passe au tamis.

Mortier de plâtre. — Le plâtre faisant prise très rapidement, on ne le « gâche » que par petites quantités, à l'instant même où on doit l'employer. On verse de l'eau dans l'auget (fig. 43) et on ajoute ensuite le plâtre. On agite alors le mélange jusqu'à ce que l'on obtienne une pâte bien homogène. Suivant la proportion d'eau et de plâtre, on obtient un plâtre « gâché serré », « gâché clair » ou un « coulis ».

Le mortier de plâtre ne convient qu'à l'intérieur; il gonfle après son emploi et subit ensuite du retrait. Mis en contact avec du fer, il l'oxyde très rapidement; aussi les plâtriers se servent, pour les enduits, de truelles en cuivre ou de *taloches* en bois. Le mortier de plâtre arrive à sa cohésion finale un mois après son emploi. Il perd sa dureté en vieillissant.

Mortiers hydrauliques. — Mortiers de sable et de chaux hydraulique. — Pour une maçonnerie simplement exposée à l'humidité, on emploie 1^{vol},80 de sable pour 1 volume de chaux en pâte; on pousse parfois, dans le cas de fondations, la proportion de sable jusqu'à 2. Pour les mortiers immergés, on prend des quantités égales de chaque élément ou 1,30 à 1,50 de sable pour 1 de chaux.

Mortiers de ciment. — Le ciment peut être employé soit pur, soit mêlé avec du sable dans différentes proportions. Le mortier de

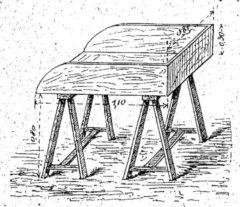

Fig. 44. — Gâchoir.

ciment pur ne s'emploie que pour les rejointoiements ou les enduits. Dans tous les autres cas, on y incorpore du sable. Il est à noter que les matériaux destinés à être reliés par le mortier de ciment doivent être propres et humectés d'eau.

Ciment à prise rapide. — On ne l'utilise que lorsqu'on a besoin d'une solidification presque immédiate de la construction. La rapidité de la prise est un obstacle pour la facilité de l'emploi. La préparation du ciment à prise rapide se fait dans une caisse spéciale dite « gâchoir », posée sur des tréteaux et légèrement inclinée (*fig.* 44). Le sable et le ciment sont mélangés *à sec* au moment de la fabrication, dans les proportions convenables; l'eau est versée ensuite d'un seul coup; on triture alors jusqu'à ce que le mortier ait la consistance d'une pâte ferme.

REMARQUES. — Il ne faut pas mélanger à l'avance le sable et le ciment sous peine de voir l'humidité du sable « tuer » le ciment.

Il faut éviter de noyer le ciment par un excès d'eau, car on obtient alors un mortier lâche et poreux.

Il faut aussi éviter de regâcher le ciment qui a commencé à faire prise, en ajoutant de l'eau.

La surface du ciment ne doit jamais être lissée.

Quantités de ciment et de sable à employer.

NATURE DES TRAVAUX	CIMENT	SABLE
Enduits, rejointoiements	1	0 ou 1
Massifs de fondation	1	4
Maçonnerie extérieure	1	3

Le volume d'eau nécessaire est sensiblement la moitié du volume du ciment en poudre; il faut triturer ensuite vigoureusement le mélange.

Ciment à prise lente. — Le mortier de ciment à prise lente se fabrique comme le mortier ordinaire, au rabot où à la turbine, puisqu'il ne commence à durcir que quelques heures après sa fabrication. Le sable et le ciment sont mélangés à sec et on triture ensuite en présence de l'eau. « Le mortier de Portland peut, sans inconvénient, être regâché douze, dix-huit ou même vingt-quatre heures après sa première préparation; son durcissement final n'est que très légèrement altéré par cette opération. » (OSLET.)

REMARQUES GÉNÉRALES SUR LES MORTIERS. — Les mortiers doivent sécher lentement. Si l'eau est enlevée rapidement par la porosité des pierres ou par évaporation, le mortier se réduit en poudre. On prévient ces deux inconvénients

Tableau de la résistance des mortiers.

DÉSIGNATION DES MORTIERS	RÉSISTANCE PAR CENTIMÈTRE CARRÉ		POIDS de 1 MÈT. CUBE
	à la traction	à l'écrasement	
	kilogr.	kilogr.	kilogr.
Chaux grasse et sable.	1,25 à 3	20 à 40	1 600
— hydraulique ordinaire. . .	7 à 9	74	1 600
Ciment Vassy et sable en parties égales	7 à 9	136	1 600
— Vassy pur { après 1 mois.	6,50	»	»
{ — 6 mois.	15 à 20	»	»
{ — 1 an . .	17 à 20	»	»
— Portland { après 8 jours.	41	»	»
{ — 1 mois.	80	»	»
Plâtre.	12 à 16	50	»

Prendre comme résistance pratique le 1/10 de ces chiffres.

en mouillant les matériaux au moment de leur emploi et en abritant du soleil les constructions.

La gelée peut également détruire les mortiers : ils ne sont complètement inattaquables que six mois environ après leur emploi. Les mortiers hydrauliques sont les moins sensibles.

Le prix de revient des mortiers s'établit quand on connaît le prix de chacun de ses éléments rendus sur place. Le temps employé pour la fabrication est aussi variable. On compte en moyenne :

Au rabot, petits travaux......	14 mètres cubes en 10 heures.		
— grands travaux......	56	—	—
Au tonneau mû par manivelle..	17	—	—
— un cheval..	24	—	—
— locomobile.	100	—	—

(E.-O. Lami.)

Béton. — Le *béton* est un mélange intime de mortier hydraulique et de cailloux ou de pierres de petites dimensions.

Fabrication. — On prépare au préalable le mortier et on y ajoute ensuite les cailloux. Il faut repousser le mode de fabrication de cer-

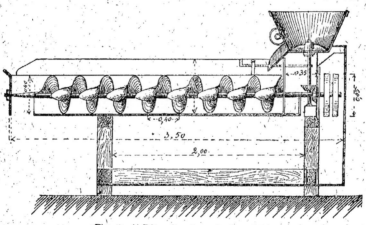

Fig. 45. — Bétonnière à axe horizontal.

tains entrepreneurs qui mélangent d'un seul coup les éléments du mortier et les pierres. Les cailloux ont un diamètre de 4 à 5 centimètres au maximum ; on doit préférer les pierres anguleuses, qui s'incorporent mieux à la masse du mortier ; elles doivent être lavées pour être débarrassées de toute gangue terreuse et séchées pendant une demi-heure environ.

BÉTONS	CAILLOUX	MORTIERS	USAGES
	mètres cubes.	mètres cubes.	
Béton très gras. .	1	0,800	Réservoirs, radiers, maçonneries sous l'eau.
— gras	1	0,650	Égouts, fondations très humides, maies de pressoirs.
— moyen. . .	1	0,570	Fondations en terres humides.
— maigre. . .	1	0,500	— en terres mouvantes, blocages.
— très maigre.	1	0,380	Fondations en terrains secs.

Le mélange se fait à bras au moyen de rabots et de griffes. Pour les grandes quantités, on emploie des *bétonnières* analogues à la turbine à mortier, mais à axe horizontal (*fig.* 45), ou un couloir à béton (*fig.* 46).

On peut obtenir de nombreuses variétés de béton suivant la qualité et la proportion du mortier employé. Le tableau ci-dessus donne quelques exemples de composition.

Emploi du béton. — Le béton s'utilise dans toute espèce de travaux pour obtenir de bons résultats; voici les règles générales à observer : étaler le béton par couches horizontales de 10 à

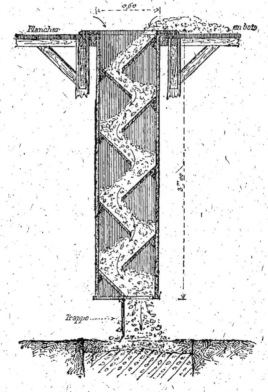

Fig. 46. — Bétonnière verticale.

15 centimètres d'épaisseur et pilonner avec des masses en fonte ou en bois. Ne pas appliquer directement du béton frais sur du béton déjà sec, mais interposer une couche de mortier. Employer du béton bien homogène et bien fabriqué.

La résistance du béton varie avec les conditions de sa préparation; en moyenne, on admet que le béton peut supporter 4 à 5 kilogrammes par centimètre carré.

EXÉCUTION DES MAÇONNERIES

Règles générales. — L'époque la plus convenable pour l'exécution des maçonneries est celle où l'on n'a pas à craindre la gelée avant la solidification du mortier; elle varie donc dans des limites assez étendues, suivant les climats. Si on se voit forcé d'abandonner les travaux par l'hiver, on protège le sommet des constructions au moyen de planches ou de paillassons; avant de reprendre les travaux, il faut enlever le mortier détérioré, nettoyer les surfaces de reprise et les rafraîchir.

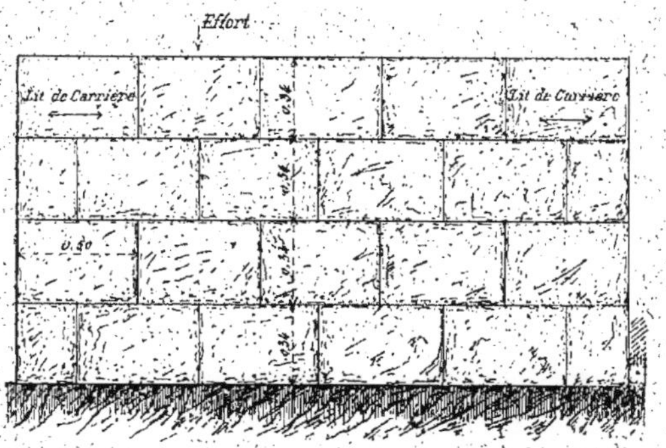

Fig. 47. — Disposition des pierres dans la maçonnerie d'un mur.

Dans toute construction, les pierres doivent être placées de manière que le plus grand effort qu'elles ont à supporter soit normal au « lit de carrière » (*fig.* 47 et 48). Dans aucun cas une pierre ne doit être posée en délit.

Les faces d'une pierre qui constituent la surface visible d'un mur se nomment *parements*; les autres faces sont les *joints*. Les joints doivent toujours alterner, quelle que soit la régularité des matériaux (*fig.* 47 et 49). La *découpe*, c'est-à-dire la distance horizontale qui sépare un joint du joint le plus voisin doit être au moins de 0m,15.

Les pierres suivant leur position dans le mur portent les noms de parpaings, de boutisses et de carreaux.

Une pierre est dite *parpaing* lorsqu'elle traverse le mur dans toute son épaisseur. Une pierre *boutisse* a la queue plus grande que le parement; c'est l'inverse dans les *carreaux* (*fig.* 50).

Les parpaings sont nécessaires partout où la construction supporte un effort considérable, ou est sujette à être détériorée, par exemple les soubassements, les encoignures, les jambages, etc. Les *corbeaux* (*fig.* 51) doivent toujours être formés par un parpaing.

Si un mur présente des retraites, celles-ci ne doivent pas coïncider avec un joint;

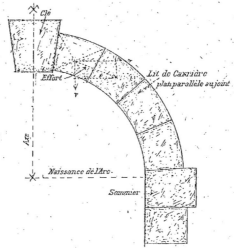

Fig. 48. — Disposition des pierres dans la maçonnerie d'une voûte.

elles doivent se trouver dans l'épaisseur d'une pierre. Cette règle ne souffre d'exception que pour le cas des parements inté-

Fig. 49. — Joints incertains.

rieurs (*fig.* 52). Toutefois, si on était obligé de faire une retraite sur le parement extérieur juste au niveau d'un joint, on devrait garantir ce dernier par un glacis en ciment.

On appelle *assise* la distance verticale qui sépare deux joints superposés. Les hauteurs d'assise sont variables, mais une hauteur

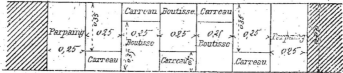

Fig. 50. — Détermination des pierres à bâtir suivant leurs dimensions et leurs dispositions.

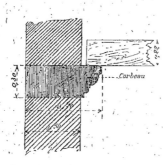

Fig. 51 — Corbeau.

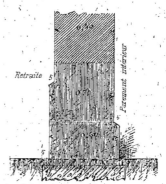

Fig. 52. — Disposition des retraites
par rapport aux joints.

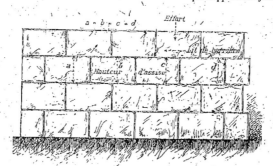

Fig. 53. — Disposition horizontale des assises.

d'assise doit avoir la même épaisseur dans toute son étendue. Aussi
doit-on s'attacher à avoir les assises bien horizontales (*fig.* 53).

Différentes espèces de maçonnerie. — **Maçonneries en pierres de taille.** — La maçonnerie en pierres de taille est la plus commode à exécuter sous le rapport de la main-d'œuvre et de la solidité; mais, la pierre de taille étant peu répandue, on ne devra l'employer, dans les constructions rurales, que pour les parties essentielles de l'édifice, chaînes, jambages, encoignures, soubassements, clefs de voûte, etc. (*fig.* 54). Quand les assises de maçonnerie de pierres de taille sont

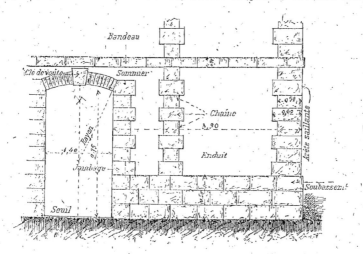

Fig. 54 — Disposition des parties principales d'une maçonnerie.

toutes de même hauteur, on les dit « réglées ». La pose des pierres de taille exige certaines précautions. Une fois la pierre amenée à pied d'œuvre, on la présente à la place qu'elle doit occuper en la faisant reposer sur quatre petites cales aussi épaisses que le joint de mortier; le maçon s'assure alors de l'exactitude des dimensions de la pierre au moyen du niveau, du fil à plomb et de l'équerre. Ensuite, il lui fait faire quartier, arrose les faces qui vont être en contact et étend une couche de mortier fin un peu plus épaisse que les cales; il remet la pierre en place et frappe avec un maillet jusqu'à ce que le mortier « souffle » et que la pierre repose bien sur les cales; celles-ci seront retirées lorsque le mortier aura pris assez de consistance pour pouvoir supporter le poids de la maçonnerie placée au-dessus. Les joints latéraux sont faits avec la *fiche à dents*, sorte de truelle à bords dentelés, qui peut avoir différentes formes (*fig.* 55, 56).

On peut aussi placer directement les pierres sur bain de mortier, sans l'aide de cales ; ce procédé est plus expéditif, mais moins certain que le précédent. Il faut employer un mortier assez ferme et débarrassé des cailloux qui seraient plus gros que l'épaisseur des joints.

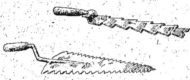

Fig. 55, 56. — Fiches à dents.

Si on veut employer le mortier de plâtre, on place la pierre sur cales, on bouche l'épaisseur des joints et on glisse un coulis de plâtre à l'intérieur. Le coulis doit être assez fluide pour remplir tous les vides et chasser l'air contenu dans l'intervalle des pierres.

Pour ajouter à la décoration des parements dans les édifices importants, on reprend souvent les joints après coup, pour les accuser fortement au moyen de dispositions spéciales nommées *refends* ou *bossages*.

Temps employé par une équipe de quatre hommes
pour poser 1 mètre cube de maçonnerie en pierre de taille (CLAUDEL).

NATURE DES TRAVAUX	TEMPS
	Heures.
Ouvrages ordinaires : parements de murs, chaînes, parapets, cordons, etc.	4
Assises en reprises, plates-bandes	5
Voûtes en arc de cloître, voûtes d'arête.	10
Morceaux posés par incrustement	15

Temps employé par un maçon et son aide
pour poser 1 mètre cube de maçonnerie en pierre de taille.

NATURE DES TRAVAUX	TEMPS
	Heures.
Libages, auges, bornes	11
Seuils, marches, appuis, caniveaux.	27
Dalles de 0m,08 à 0m,10 d'épaisseur (par mètre superficiel)	1,75

Volume du mortier ou du plâtre
employé par mètre cube de différentes maçonneries de pierre de taille.

NATURE DE LA MAÇONNERIE	VOLUME DU MORTIER
	Mètres cubes.
Libages ordinaires	0,090
Assises ordinaires de 0ᵐ,30 à 0ᵐ,50 de hauteur	0,075
— de 0ᵐ,50 à 0ᵐ,80 —	0,065
Parpaings et assises de 0ᵐ,25 à 0ᵐ,30	0,080
Claveaux de plates-bandes droites	0,085
Marches, seuils, appuis	0,175
Dalles de 0ᵐ,06 à 0ᵐ,10 d'épaisseur (par mètre superficiel) . . .	0,023

Maçonnerie de moellons. — Les moellons sont, de beaucoup, les matériaux les plus répandus. Ils servent à l'édification des bâtiments ruraux de toute espèce; on peut même en construire des voûtes. Employés avec la brique ou la pierre de taille, ils permettent de résoudre toutes les questions relatives à la maçonnerie.

On distingue trois espèces principales de maçonneries de moellons:

1° Par *assises régulières* faites avec des moellons smillés, ou des moellons piqués (*fig.* 57);

2° Par *relevées :* au lieu d'arrêter les assises à chaque hauteur du moellon, on les règle à des hauteurs de 0ᵐ,40 ordinairement et que l'on nomme « relevées » (*fig.* 58); la maçonnerie est faite avec des moellons de toute grosseurs, et les lits ne sont régulièrement dressés qu'à chaque relevée :

Fig. 57. — Maçonnerie de moellons disposés par assises régulières.

3° A *joints incertains* ou maçonnerie irrégulière, on emploie

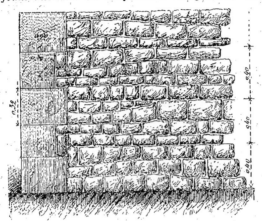

Fig. 58. — Maçonnerie en moellons, disposés par relevées.

des moellons bruts dont on ne dresse que les parements (*fig.* 59). Les moellons peuvent aussi s'employer pour faire du *blocage* dans

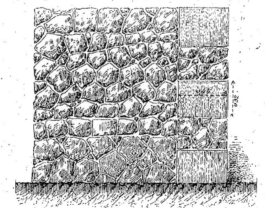

Fig. 59. — Maçonnerie irrégulière ou à joints incertains.

des murs dont les parements sont formés par des moellons piqués disposés alternativement en boutisses et en carreaux (*fig.* 60, 61).

Les moellons se posent sur mortier; on les place convenablement
en frappant dessus avec un maillet et en les calant, si c'est nécessaire, avec des *garnis* (déchets). Il faut avoir le soin, dans une même assise, de placer un moellon court à côté d'un long et de ne jamais faire correspondre les joints de deux assises consécutives. En employant le plus grand nombre de moellons possible en parpaings on augmente beaucoup la solidité de la construction.

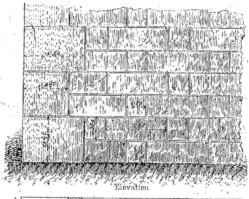

Elévation

Plan

Fig. 60, 61. — Emploi des moellons pour blocage.

REMARQUE. — Il faut absolument proscrire le procédé qui consiste à placer à sec les moellons formant une assise et à verser dessus le mortier plus ou moins fluide qui est censé devoir remplir les vides. On n'obtient jamais que de très mauvais résultats.

Volume du mortier nécessaire pour 1 mètre cube de maçonnerie de moellons (CLAUDEL).

NATURE DE LA MAÇONNERIE	MORTIER	PLÂTRE en POUDRE
	mètr. cubes.	mètr. cubes.
Maçonnerie de blocage en moellons de forme irrégulière et dont le volume n'excède pas 3 décim. cubes.	0,400	0,320
Maçonnerie ordinaire en moellons bruts ou smillés, les lits et joints ébousinés et équarris.	0,320	0,250
Maçonnerie de moellons smillés ou d'appareil pour murs, voûtes	0,250	0,200

Temps employé (chiffres moyens).

NATURE DE LA MAÇONNERIE	HEURES DE L'OUVRIER par mètre cube
	heures.
Massifs, blocage et remplissage de reins de voûtes, sans aucun ébousinage de moellons	3,00
Murs de fondation, sans parements, moellons ébousinés et bloqués le long des terres : épaisseur inférieure à 0m,30. .	5,00
épaisseur supérieure à 0m,30. .	4,00
Murs en élévation, moellons ébousinés, les parements devant être enduits, épaisseur de 0m,40 : jusqu'à 3 mètres.	6,00
de 3 à 8 mètres . .	8,50
Maçonnerie de moellons piqués, faite avec soin, pour parement de murs de caves, de clôtures ou de terrasses, les moellons étant servis tout piqués au maçon	11,00

Maçonnerie de briques. — Cette maçonnerie est très fréquente dans les constructions rurales ; elle est, du reste, la plus facile à

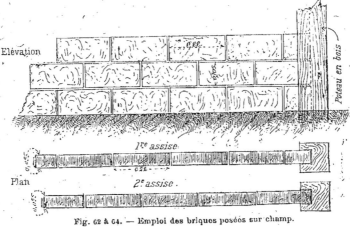

Fig. 62 à 64. — Emploi des briques posées sur champ.

exécuter puisque les éléments sont réguliers, tous de même dimension, et qu'ils ont des propriétés identiques.

La brique peut, dans beaucoup de cas, se substituer à la pierre de taille, et même la remplacer avantageusement (soubassements, baies d'ouverture, angles, cheminées, etc.).

La pose des briques se fait à bain de mortier assez fluide, en prenant soin d'arrêter la couche de mortier, pour en prévenir la chute et la perte, à 1 centimètre au moins de la face du mur. L'épaisseur du joint ne doit pas dépasser 7 à 8 millimètres ; les briques sont simplement affermies à leur place, il est inutile de frapper dessus. Si on se sert de mortier de plâtre pour les murs extérieurs, il faudra refouiller les joints à 1 centimètre environ et les garnir à nouveau avec du mortier hydraulique ou du ciment. Les briques peuvent être placées de différentes façons, de manière à obtenir des murs d'épaisseurs variables.

Briques posées sur champ. — Le mortier est placé sur l'épaisseur des briques pendant que l'ouvrier la tient dans sa main ; il la met en place ensuite. A cause de la faible épaisseur on maintient ces « galandages » ou ces « cloisons » par des montants en bois munis de nervures (*fig.* 62 à 64). Dans certaines constructions les poteaux de bois sont remplacés par des fers en U ou en T.

Briques à plat. — En plaçant les briques à plat, on peut, par des combinaisons diverses, obtenir des murs d'épaisseur de $0^m,11$ (briques panneresses), de $0^m,22$, de $0^m,33$, de $0^m,44$.

Les briques creuses s'emploient de la même façon que les briques pleines.

Temps et matériaux employés pour l'exécution des différents ouvrages en briques.

NATURE DES OUVRAGES	HEURES de un maçon et un aide	CUBE de mortier ou de plâtre	BRIQUES de BOURGOGNE
		m. c.	
Pour 1 mèt. carré de cloison de 0,055	0,8	0,016	38
— — de 0,11	1,8	0,030	75
— — de 0,22	3,8	0,050	140
Pour 1 mètre cube de maçonnerie au-dessus de $0^m,22$ pour murs de face, de refend, y compris échafaudage et montage des matériaux à 7 à 8 mètres de hauteur	15,00	0,200	635
Pour 1 mètre cube de même maçonnerie pour voûter	16,00	0,220	640

Maçonnerie de pisé. — La maçonnerie de *pisé* ou de terre comprimée a été longtemps la maçonnerie classique des constructions rurales; les seuls avantages qu'on ne puisse lui discuter sont le bon marché et la facilité d'exécution. Mais aujourd'hui le prix de revient des matériaux a sensiblement baissé, grâce aux progrès de l'industrie et à la facilité des communications; le nombre des bons ouvriers s'est accru grâce à la diffusion de l'instruction; de sorte qu'il ne faut plus guère considérer le pisé que comme une maçonnerie très secondaire, fort difficile, du reste, à accommoder aux conditions de l'hygiène moderne et à l'importance de l'industrie agricole actuelle.

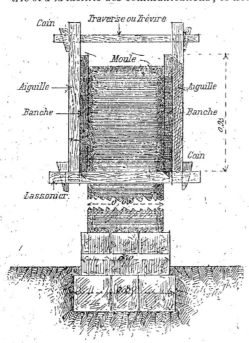

Fig. 65. — Édification d'un mur en pisé par banchées (coupe).

Toutes les terres franches sont bonnes pour piser; la seule préparation à leur faire subir consiste à les passer à la claie. On retient ainsi les cailloux et les mottes; en outre, on débarrasse la terre des éléments organiques qui en pourrissant formeraient des vides.

Pour mettre le pisé en œuvre, il faut, au préalable, construire un soubassement en matériaux plus résistants, préparer les encadrements des baies d'ouverture ainsi que les coins du bâtiment. On peut alors procéder à l'exécution de la maçonnerie par deux procédés différents: le premier consiste à poser la terre à l'emplacement du mur et à dresser ensuite, le mieux possible, les parements, avec une pelle ou une truelle. Le second système, le seul à employer pour des maçonneries importantes, exige le concours de châssis pour la préparation d'un moule où on pilonnera la terre. Ce moule est un assemblage de planches (banches) que l'on monte de différentes manières, de façon à obtenir une caisse plus ou moins longue et haute, mais

aussi large que l'épaisseur du mur (*fig.* 65, 66). On étend la terre
dans l'intérieur du moule par couches de 0^m,10 d'épaisseur, on la

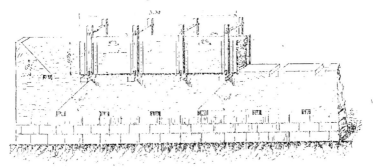

Fig. 66. — Édification d'un mur en pisé par banchées (face).

tasse en la piétinant, puis en la pilonnant. Quand le moule est
plein, la « banchée » est **terminée; on démonte et on procède à**
une nouvelle banchée à côté
de la première.

REMARQUES. — Il faut avoir soin
de croiser les joints des différentes
banchées superposées et même de
les incliner plutôt que de les tenir
verticaux (*fig.* 66).

On augmente considérablement
la solidité en délayant la terre avec
un peu de chaux et en réunissant
les assises horizontales avec un
lait de chaux assez épais.

Les murs doivent être protégés
par un enduit au mortier hydraulique et par un prolongement des
toitures formant auvent (*fig.* 67).
L'enduit ne doit être appliqué que
lorsque le mur est complètement
sec; le temps nécessaire pour la
dessiccation complète varie avec
l'épaisseur du mur et les conditions
climatériques.

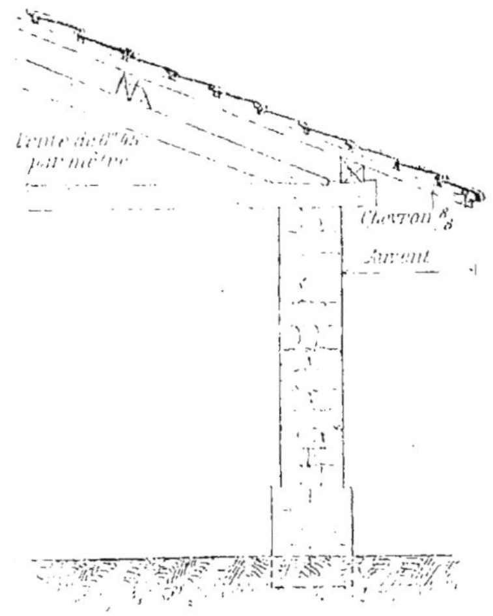

On estime que deux ouvriers

Fig. 67. — Auvent.

peuvent exécuter 8 à 9 mètres cubes de maçonnerie de pisé en 12 heures, la
terre leur étant apportée toute préparée à pied d'œuvre.

Murs. — **Murs de fondations.** — Les *murs de fondations* doivent

être établis sur un terrain solide, capable de supporter non seulement le poids de la maçonnerie, mais aussi celui des matières que
l'on doit loger ultérieurement dans l'édifice.

Dans les constructions urbaines, on est souvent obligé de bâtir
dans un endroit déter-
miné, d'où il est im-
possible de sortir ; aussi
a-t-on divisé les terres
en différentes classes et
chacune comporte son
mode distinct d'établis-
sement de fondations.
A la campagne, rien
n'empêche de déplacer
le lieu de construction
d'un bâtiment si on re-
connaît la résistance du
sol insuffisante ; aussi
nous bornerons-nous à des indications très brèves sur les fondations.

Fig. 68. — Expérimentation de la résistance du sol.

Une étude simple du terrain est nécessaire ; il est facile de connaître, soit par des sondages directs, soit par inspection des tranchées
de routes, des excavations voi-
sines, ou par renseignements,
la nature du sol et du sous-
sol. On peut confirmer l'idée
que l'on a pu se faire de la résistance du sol par l'expérimentation. On charge d'un
poids connu une surface déterminée du sol et on constate
son degré de résistance (*fig.* 68).
On admet qu'une résistance de
12 à 15 kilogrammes par centimètre carré est suffisante pour
la généralité des bâtiments
ruraux.

Si on construit directement
sur du roc, on doit creuser
des fondations pour éviter le

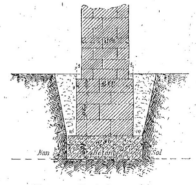

Fig. 69. — Fondations sur béton.

glissement et pour prévenir les corrosions de la base des bâtiments.
On descend la première assise à 25 ou 30 centimètres. Sur un terrain suffisamment résistant, on établit des fondations à 0m,50 ou
0m,60 au-dessous du niveau du sol. Il est bon de placer au fond
de la fondation une couche de béton ou de sable, suivant la qualité du terrain (*fig.* 69). Avec un terrain de résistance inférieure à

la limite, on tourne la difficulté en donnant au mur un empattement qui diminue la pression totale par centimètre carré (*fig.* 70).

Sur le même terrain, dans des cas exceptionnels (fondations pour moteur pour machine pesante soumise à des trépidations, etc.), on fait un plateau de béton qui répartit la charge sur la plus grande surface de terrain possible. Ce plateau doit déborder au moins de 1 mètre la verticale des saillies.

Enfin, on peut se trouver obligé de construire sur un terrain défectueux, par exemple pour établir un récepteur hydraulique

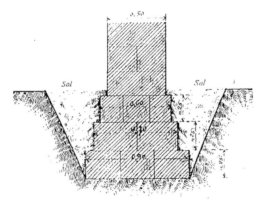

Fig. 70. — Fondations avec empattement.

sur les bords d'un cours d'eau ou pour toute autre cause. On établit, suivant les cas, les fondations sur racinaux, sur pilotis ou sur piliers.

Les *racinaux* sont des pièces de charpente dont on forme un grillage destiné à augmenter l'empattement du mur (*fig.* 71, 72). Ce procédé est mauvais, malgré le béton que l'on coule dans le réseau, car les boiseries finissent toujours par pourrir. Il est plus avantageux de remplacer le solivage en bois par des pièces métalliques et de constituer ainsi des dalles de béton armé d'une solidité et d'une durée bien supérieures.

Les *pilotis* sont des pieux en bois, ferrés à leur extrémité, que l'on enfonce dans le sol au moyen d'une « sonnette à tiraudes » (*fig.* 73). Ces pieux peuvent supporter une pression de 0^{kg},600 par millimètre carré. On réunit les têtes par des pièces de bois et on forme encore un lit de béton avant de poser la première assise.

On peut aussi retirer le pieu après l'avoir enfoncé et remplir l'al-véole de sable pilonné, ou mieux, de béton.

Les *piliers* en maçonnerie ou en béton se recommandent lorsque

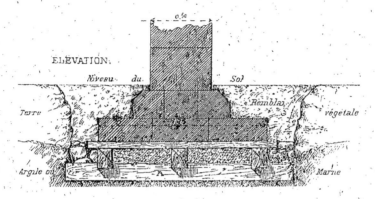

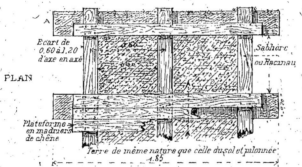

Fig. 71, 72. — Fondations sur racinaux.

le terrain solide est à une distance du sol trop faible pour y battre des pieux et trop grande pour y descendre des fondations (*fig.* 74).

REMARQUES. — Les maçonneries de fondations doivent être exécutées avec des matériaux de choix, tant pour les pierres que pour le mortier. L'ouvrier doit apporter tous ses soins à la pose des pierres, car c'est des fondations que dépend la solidité de tout l'édifice.

Les fouilles des fondations dans les pentes doivent avoir leur plafond horizontal (*fig.* 75).

Les lits des pierres doivent être faits avec des matériaux de même hauteur

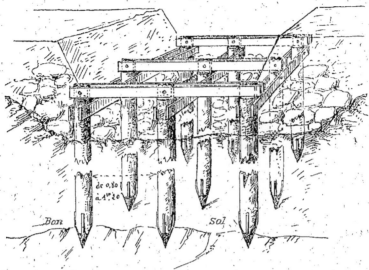

Fig. 73. — Pilotis.

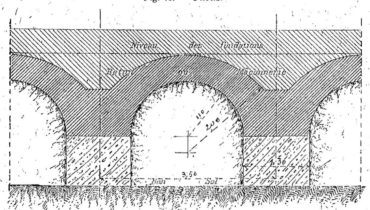

Fig. 74. — Piliers en béton pour l'établissement des fondations.

et de même dureté; les plus résistants sont placés dans les assises inférieures.

On devra, autant que possible, placer les pierres en parpaings. Si l'épaisseur du mur ne le permet pas, on les mettra en boutisses et on réservera les parpaings pour former des chaînes aux endroits qui supporteront les plus fortes charges.

Les *fondations sous l'eau* sont l'exception dans les constructions rurales, et comme elles exigent des précautions particulières et un

Fig. 75. — Fouilles des fondations dans un terrain en pente.

matériel spécial, il vaudra mieux, pour un cultivateur, s'en rapporter à un homme du métier.

PROBLÈMES. — 1° *Un terrain commence à céder sous la pression d'une pièce de fer carrée de 0m,10 de côté, chargée de 600 kilogrammes. Quelle est la résistance par centimètre carré?*

La surface qui presse le sol est de 0,10 × 0,10 = 0mq,0100.

La pression par centimètre carré est donc $\frac{600}{100}$ = 6 kilogrammes.

2° *Quelle est la surface à donner à un dé de maçonnerie carré qui doit servir de base à une colonne de fonte pesant 500 kilogrammes et qui doit supporter une charge de 1 000 kilogrammes (dans le cas du terrain ci-dessus)?*

Le terrain commençant à céder sous une pression de 6 kilogrammes, nous adopterons comme charge pratique la moitié de ce chiffre, soit 3 kilogrammes.

Si on désigne par x la surface cherchée, en centimètres carrés,

$$3x = 1000 + 500$$
$$x = 500$$

Le côté du dé sera $\sqrt{x} = \sqrt{500} = 0m,223$.

3° *Calculer l'empattement à donner à un mur (fig. 76) de 0m,80 d'épaisseur devant supporter une charge de 4 600 kilogrammes par mètre de longueur. La hauteur du mur est de 9 mètres; le poids du mètre cube de la maçonnerie est de 2 000 kilogrammes et la charge pratique du sol 2 kilogrammes par centimètre carré.*

Cherchons à déterminer la pression par mètre courant à la base du mur. Cette charge se compose du poids de la maçonnerie p et de la surcharge p_1.

Mais
$$p = (1 \times 9 \times 0,8) \times 2000 = 15400$$
$$p_1 = 4600.$$

Donc la charge par mètre courant est de 20 000 kilogrammes.

Cette pression s'exerce sur une surface de

$$80 \times 100 = 8\,000 \text{ centimètres carrés.}$$

La pression par centimètre carré est alors

$$\frac{20\,000}{8000} = 2^{kg},5.$$

Mais le sol ne peut supporter que 2 kilogrammes. Il faut donc que la surface de contact par mètre courant soit telle que

$$x \times 2 = 20\,000$$
$$x = 10.000 \text{ centimètres carrés.}$$

Comme la partie que nous considérons est de 1 mètre, la largeur sera

$$\frac{10000}{100} = 100^{cm} = 1 \text{ mètre.}$$

La largeur du mur sera de 1 mètre et l'empattement symétrique par rapport à l'axe du mur sera de 0^m,10 de chaque côté, puisque le mur a 0^m,80 de large.

3° *Quelle charge pourra-t-on faire supporter à un pieu rond de 0^m,20 de diamètre?*

La section du pieu en millimètres carrés est

$$S = \frac{\pi \times 200^2}{4} = 31416 \text{ millimètres carrés.}$$

Comme on peut charger 0^{kg},600 par millimètre carré, le pieu pourra soutenir

$$0^{kg},6 \times 31416 = 20049 \text{ kilogrammes.}$$

4° *Quel diamètre doit avoir un pieu de 6 mètres de longueur?*

En employant la formule de Perronnet
$D = 0,24 + (L - 4,00)\,0,015$, on a

$$D = 0,24 + (6 - 4)\,0,015 = 0^m,27.$$

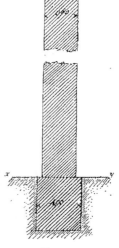

Fig. 76.
Calcul de l'empattement
d'un mur.

Murs en élévation. — La construction des *murs en élévation* s'exécute suivant les règles déjà énoncées. Le parement intérieur est vertical; le parement extérieur a un fruit de 0^m,002 destiné à contre-balancer la poussée des planchers.

Épaisseur. — L'épaisseur à donner aux murs dépend de la charge qu'ils ont à supporter et des poussées latérales qu'ils peuvent recevoir. Pour le calcul de l'épaisseur des murs, on se sert des formules établies par Rondelet. On peut aussi comparer l'édifice proposé à d'autres ouvrages similaires, bien construits, existant déjà.

Formules de Rondelet. — 1° *Mur d'une enceinte non couverte.* — Considérons un mur d'une hauteur h et de longueur l, et construisons un triangle rectangle ABC ayant ces deux dimensions pour côtés de l'angle droit (*fig. 77*).

De C comme centre, avec un rayon égal à $\frac{h}{8}$, $\frac{h}{10}$, $\frac{h}{12}$, (suivant que l'on veut donner au mur une stabilité forte, moyenne, ou faible), on décrit un arc de

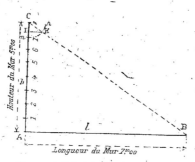

Fig. 77. — Calcul de l'épaisseur d'un mur d'une enceinte non couverte.

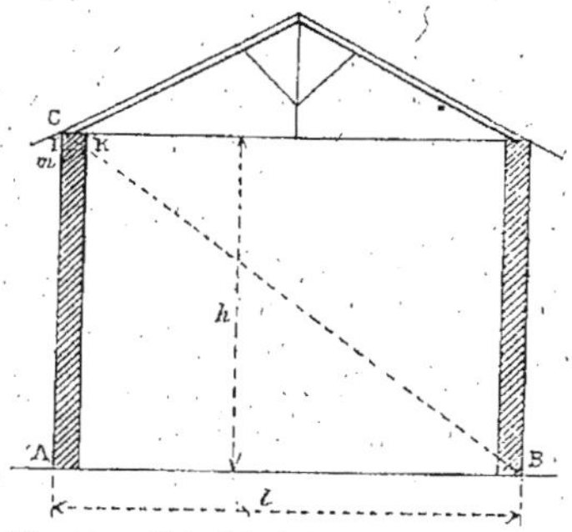

Fig. 78. — Calcul de l'épaisseur des murs dans les bâtiments recouverts d'un simple toit.

cercle qui coupe CB en K. La perpendiculaire IK donne l'épaisseur du mur. Dans le triangle rectangle ABC

$$\overline{BC}^2 = \overline{AC}^2 + \overline{AB}^2.$$

Les triangles semblables CIK, CAB donnent $\dfrac{IK}{KC} = \dfrac{AB}{BC}$.

Mais, $BC = \sqrt{h^2 + l^2}$ et $KC = \dfrac{h}{8}$, par exemple.

Donc $IK = \dfrac{h}{8} \times \dfrac{l}{\sqrt{h^2 + l^2}}$ (1)

2° *Murs circulaires.* — On suppose que la circonférence de base est remplacée par un dodécagone où on considère la longueur d'une face sensiblement égale à la moitié du rayon. La formule (1) devient

$$e = \frac{h}{8} \times \frac{\frac{r}{2}}{\sqrt{h^2 + \frac{r^2}{4}}}.$$

3° *Murs des bâtiments recouverts d'un simple toit.* — Soient l la largeur du bâtiment et h la hauteur des murs (*fig.* 78) : l'arc décrit de C comme centre a un rayon constant et égal à $\dfrac{h}{12}$.

La formule donnant l'épaisseur est donc

$$e = \frac{h}{12} \times \frac{l}{\sqrt{l^2 + h^2}}.$$

Cas particulier. — L'un des murs doit supporter un appentis (*fig.* 79).

Dans ce cas, le côté AC est égal à la somme $(h + h')$, h' désignant la distance qui sépare le faîte de l'appentis de la partie supérieure du mur d'appui ;

le rayon CK est toujours égal à $\dfrac{h + h'}{24}$.

La formule donnant l'épaisseur sera

$$e = \frac{h + h'}{24} \times \frac{l}{\sqrt{(h + h')^2 + l^2}}.$$

Les règles de Rondelet donnent des chiffres qui sont sensiblement ceux usités dans la pratique. Il vaut cependant mieux adopter l'épais-

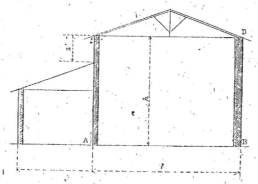

Fig. 79. — Calcul de l'épaisseur des murs dont l'un supporte un appentis.

seur que les matériaux commandent par leurs dimensions plutôt que de créer des frais supplémentaires pour leur taille. Bien entendu, l'épaisseur obtenue devra toujours être supérieure à celle qui est fixée par le calcul.

Dans le même but économique, il est bon, lorsque le bâtiment à construire présente une certaine longueur, de faire supporter la charge des planchers et des combles par des piliers ménagés dans l'épaisseur des murs, le mur proprement dit ne servant qu'à boucher les intervalles existant entre ces piliers.

L'épaisseur des murs de face diminue à mesure qu'on s'élève des fondations aux différents étages. Dans les constructions rurales, les épaisseurs à adopter seraient : de 0^m,75 à 0^m,50 pour les fondations ; — 0^m,50 à 0^m,40 pour le rez-de-chaussée ; — 0^m,30 à 0^m,25 ou 0^m,22 pour le premier étage. Ces chiffres peuvent varier avec les circon-

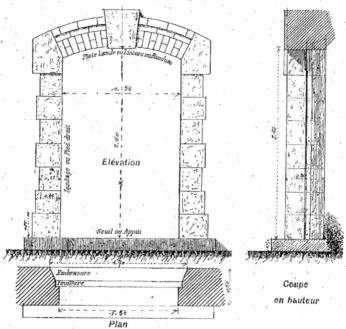

Fig. 80 à 82. — Principales parties d'une baie d'ouverture.

stances locales telles que : intensité du vent, du froid, ébranlements ou trépidations, etc.

Baies d'ouverture. — Les baies d'ouverture ont des dimensions spéciales pour chaque espèce de bâtiment ; nous allons indiquer seulement la manière de les construire dans l'édification d'un mur.

On distingue, dans une baie d'ouverture : le *seuil* ou l'*appui* à la partie inférieure, les *jambages* ou *pieds-droits* de chaque côté, le *bandeau*, la *plate-bande* ou le *linteau* à la partie supérieure (*fig.* 80 à 82).

Les seuils des portes se font avec des matériaux très résistants et, le plus souvent possible, d'une seule pièce. En coupe, le seuil est légèrement incliné vers l'extérieur, pour faciliter l'écoulement de l'eau.

L'appui d'une fenêtre n'a pas besoin d'être aussi résistant que le seuil d'une porte; néanmoins, pour conserver la stabilité du mur, il est nécessaire d'y placer des matériaux de bonne qualité. En coupe, l'appui est incliné pour la même raison que les seuils et il doit, en plus, déborder de la façade de 2 ou 3 centimètres, pour que l'eau puisse tomber directement sur le sol sans ruisseler sur le mur.

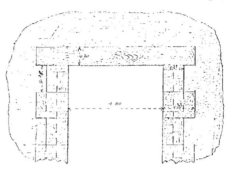

Fig. 83. — Linteau en bois.

Les jambages doivent être bien verticaux et construits avec des matériaux dans lesquels on puisse faire, avec sécurité, les scellements nécessaires pour établir la menuiserie. On les fait en pierre de taille, en moellons d'appareil ou en briques. Les jambages sont toujours munis d'une *feuillure* destinée à recevoir le *dormant* des boiseries.

La partie supérieure des baies se fait de différentes façons. La plus simple consiste à placer une pièce de bois (*linteau*) sur les deux jambages (*fig.* 83). Le bois étant sujet à pourrir, la durée de l'édifice peut se trouver compromise.

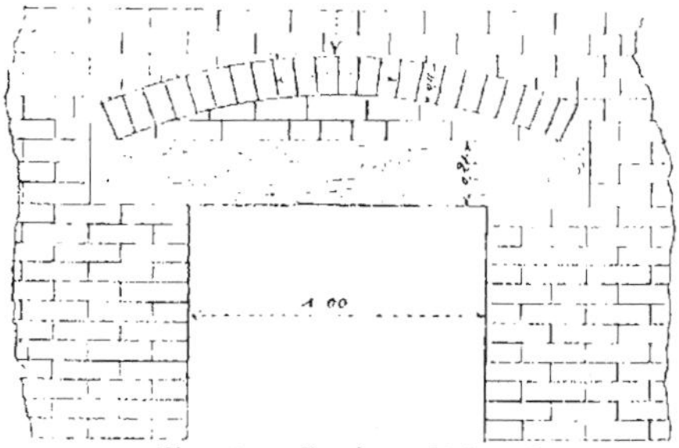

On remplace quelquefois la pièce de bois par une pierre. Ce procédé n'est pratique que dans les endroits où on trouve des pierres de dimensions suffisantes et de qualité convenable pour résister à l'effort de flexion qu'elles auront à subir. On peut diminuer la charge en construisant une voûte grossière au-dessus de la baie d'ouverture et on a alors un *bandeau déchargé* (*fig.* 84). L'effort vertical est renvoyé dans la maçonnerie latérale.

Fig. 84. — Bandeau déchargé.

Dans les constructions actuelles, les linteaux des portes larges sont exclusivement faits avec deux poutres métalliques (*fig.* 85, 86), dont l'ensemble porte le nom de *poitrail*. Les deux poutres en fer à I placées de champ sont entretoisées par des tringles boulonnées (*fig.* 86).

On peut enfin former les plates-bandes par des pierres ou des

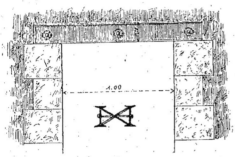

moellons taillés spécialement dans ce but. Pour tracer l'appareil d'une plate-bande simple (*fig.* 87), on détermine le point O qui est le sommet d'un triangle ayant 45° d'ouverture d'angle; on partage ensuite la largeur *mn* en un nombre impair de parties égales; en joignant O aux points de division, on obtient les coupes de la *clef* A, des cla-

Fig. 85, 86. — Linteau formé d'un poitrail avec coupe de la partie métallique.

veaux B, C, et des sommiers D. On ménage quelquefois, sur les

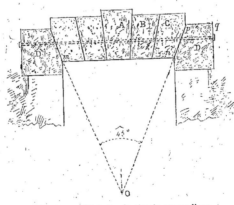

Fig. 87. — Plate-bande simple on moellons.

sommiers, une coupe brisée, dite *crossette*, destinée à empêcher le glissement du dernier claveau sur le sommier. On peut aussi, pour obtenir plus de solidité, tailler tous les claveaux à crossette (*fig.* 88).

La partie supérieure d'une baie d'ouverture est souvent une voûte à un ou plusieurs centres. La courbe la plus fréquemment employée est un arc de circonférence ayant son centre en I, milieu du seuil ou

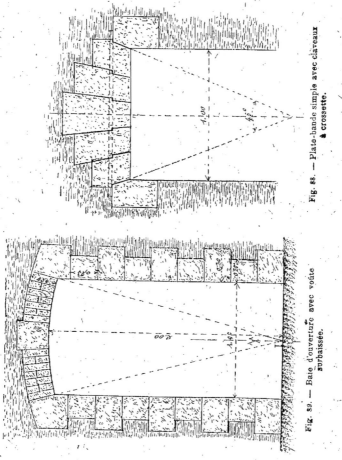

Fig. 88. — Plate-bande simple avec claveaux à crossette.

Fig. 89. — Baie d'ouverture avec voûte surbaissée.

de l'appui (*fig.* 89), ou encore une demi-circonférence ayant son centre sur l'axe de l'ouverture à hauteur du jambage (*fig.* 90).

Les maçons emploient, pour la construction des voûtes formant la partie supérieure des baies d'ouverture, un appareil de charpente

nommé *cintre* qui a pour but de maintenir la maçonnerie pendant
la prise du mortier (*fig.* 91).

Le cintre se compose de pièces courbes V'V appelées *veaux*, assem-

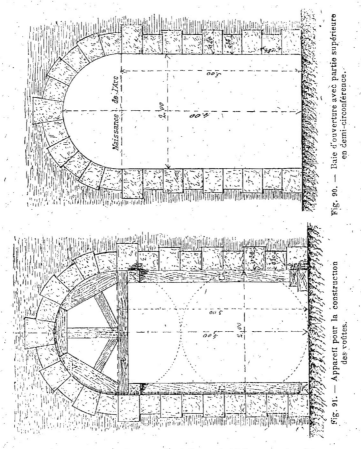

Fig. 90. — Baie d'ouverture avec partie supérieure en demi-circonférence.

Fig. 91. — Appareil pour la construction des voûtes.

blées et réunies par un tirant *t*. Les faces intérieures et extérieures
sont reliées par de petites planches (couchis) qui supporteront la
maçonnerie.

Le cintre repose sur les *chandelles* C'C, appliquées le long des jambages par l'intermédiaire de coins de décintrement. Ces coins (*fig.* 92) servent à détacher peu à peu le cintre lorsque l'on juge que la prise du mortier est terminée.

PROBLÈMES. — 1° *Calculer la section d'une poutre en bois destinée à former un palâtre, chargée d'un poids de 380 kilogrammes par mètre de longueur. La distance entre les jambages est de 3m,50.*

La formule connue $\dfrac{P l^2}{8} = R \dfrac{I}{N}$ donne

$$\frac{380 \times 3,5^2}{8} = \frac{RI}{N}.$$

La résistance R est égale à 600 000

$$\frac{I}{N} = \frac{380 \times 12,25}{8 \times 600000} = 0,00096.$$

La poutre devant avoir une section rectangulaire, on calculera ses dimensions par les formules

$$\begin{cases} \dfrac{I}{N} = \dfrac{1}{6}\, b h^2 \\ \dfrac{h}{b} = \dfrac{m}{n}. \end{cases}$$

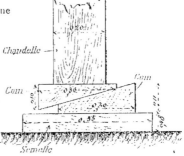

Chandelle

Coin

Coin

Semelle

Fig. 92. — Manière de placer les coins de décintrement.

La valeur $\dfrac{I}{N}$ est connue 0,00096.

Le rapport $\dfrac{m}{n}$ dépend seulement des dimensions adoptées pour le débit des bois dans la localité où on se trouve.

2° *Calculer la section des fers à I (fig. 85) formant poitrail dans les mêmes conditions.*

Chacun des fers à I ne supporterait dans ce cas que la demi-charge, c'est-à-dire 190 kilogrammes par mètre courant.

Nous aurions encore $\dfrac{P l^2}{8} = R \dfrac{I}{N}$

d'où $\dfrac{I}{N} = \dfrac{P l^2}{8R}$

R étant égal à 7 000 000,

$$\frac{I}{N} = \frac{190 \times 12,25}{56000000} = 0,0000416.$$

En cherchant dans les albums de marchands de fers le profil correspondant de $\dfrac{I}{N}$ on trouve les dimensions des fers qui satisfont aux conditions proposées.

3° *Calculer l'épaisseur à donner à une voûte appareillée en plate-bande de 0m,90 de largeur* (fig: 93).

De la formule donnant l'épaisseur

$$e = \frac{L + 5}{14}$$

on tire

$$e = \frac{0,90 + 5}{14} = \frac{5,90}{14} = 0^m,42.$$

Murs de refend. — Les *murs de refend (fig. 94).* servent à diviser les différents services réunis dans un même bâtiment. Ils concourent, dans la construction, à supporter une partie des planchers et des combles. Ils doivent donc être construits avec le même soin que les murs de façade. On peut néanmoins

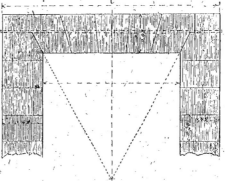

Fig. 93. — Calcul de l'épaisseur d'une plate-bande.

utiliser pour eux des matériaux de qualité inférieure, puisqu'ils seront moins affectés par les phénomènes météorologiques.

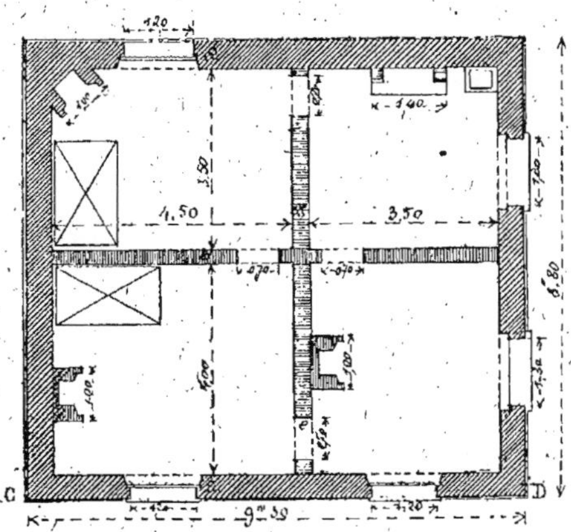

Les deux parements d'un mur de refend sont verticaux ; les épaisseurs sont diminuées par des retraites ménagées à chaque étage.

Épaisseur des murs de refend. — On ajoute à la longueur $l = CD$, que le mur doit partager, la hauteur h de l'étage, et on divise par 36, de sorte que $e = \dfrac{l + h}{36}$.

Fig. 94. — Plan d'une petite habitation avec murs de refend.

On augmente l'épaisseur de 0m,02 à mesure qu'on descend d'un étage.

Les baies d'ouverture pratiquées dans les murs de refend se construisent suivant les règles indiquées précédemment.

Les murs de refend servent souvent d'appui aux cheminées. Les conduits sont ménagés dans l'épaisseur du mur; on les fait d'ordinaire en briques. On peut aussi construire les tuyaux à fumée en se servant d'un mandrin cylindrique en bois de 1 mètre de long; l'ouvrier place ce moule dans l'épaisseur du mur, l'entoure d'une couche de mortier et dispose les pierres autour; il retire ensuite le mandrin et passe à la construction d'une nouvelle assise.

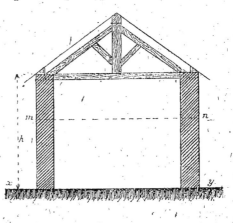

REMARQUES SUR LE CALCUL DE L'ÉPAISSEUR DES MURS EN ÉLÉVATION. — Les murs en élévation, de façade ou de refend doivent avoir une épaisseur telle que la charge, par unité de surface, soit inférieure à la charge pratique des matériaux qui composent le mur. Nous allons donner deux exemples de calcul de vérification d'épaisseur des murs.

1° *Cas d'un mur de face.* — Considérons le local ABCD (*fig.* 95, 96) et supposons que le premier étage soit un grenier dont le plancher supporte un poids p par unité de surface, y compris son propre poids.

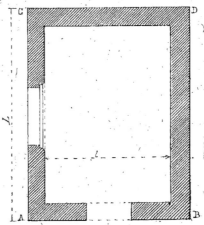

Fig. 95, 96. — Calcul de l'épaisseur des murs en élévation.

Au niveau des fondations, xy, le mur doit supporter :

1° Son propre poids ;

2° La composante verticale de la charge du plancher;

3° La composante verticale de la toiture, les matériaux ne devant pas s'écraser.

Le poids du mur p_1 est représenté par

$$p_1 = (e \times L \times h)d$$

e étant l'épaisseur du mur, L la longueur, h la hauteur et d la densité de la maçonnerie.

La composante verticale du plancher p_2 est représentée par

$$p_2 = \frac{p \times l}{2} \times L$$

et la composante verticale de la toiture p_3 par

$$p_3 = \frac{p' \times l}{2} \times L$$

p' désignant le poids du mètre carré de la toiture.

La charge Q sur toute la surface de la base du mur sera

$$Q = p_1 + p_2 + p_3$$

ou

$$Q = (e.L.h)d + \frac{p.l}{2} \times L + \frac{p'.l}{2} \times L.$$

La charge par unité de surface sera

$$\frac{Q}{L \times e} = hd + \frac{pl}{2e} + \frac{p'l}{2e}$$
$$= \frac{l}{2e}(p + p') + hd.$$

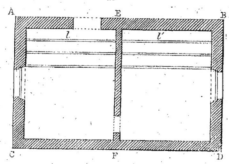

Fig. 97. — Calcul de l'épaisseur des murs de refend.

Cette charge devant être égale à la charge pratique R, on aura l'égalité.

$$R = \frac{l}{2e}(p + p') + hd$$

d'où

$$e = \frac{l(p + p')}{2(R - dh)}.$$

2° *Cas d'un mur de refend.* — Soit p le poids par unité de surface du plancher ABCD supporté par les solives l et l' reposant par une de leurs extrémités sur le mur EF (*fig.* 97).

Chacune de ces solives renvoie sur EF la moitié des poids p_1 et p_2, tels que

$$p_1 = \frac{pl}{2} \times L$$

$$p_2 = \frac{pl'}{2} \times L.$$

Les matériaux situés à la base reçoivent donc une pression égale à

$$Q = \left(\frac{pl}{2} \times L\right) + \left(\frac{pl'}{2} \times L\right) + (L.h.e)d.$$

La charge par unité de surface est donc

$$\frac{Q}{L \times e} = \frac{p(l + l')}{2e} + dh;$$

en égalant à la charge pratique R, on tire

$$R = \frac{p(l + l')}{2e} + dh;$$

d'où $$e = \frac{p(l + l')}{2(R - dh)}.$$

Murs de clôture. — L'épaisseur de ces murs se calcule par la formule

$$e = \sqrt{\frac{qh}{d}}$$

e représente l'épaisseur cherchée,
q, la pression du vent par mètre carré,
h, la hauteur du mur,
d, la densité de la maçonnerie.

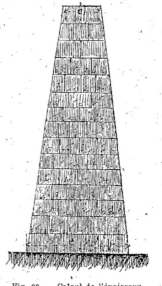

Fig. 98. — Calcul de l'épaisseur des murs de clôture.

Pour économiser la maçonnerie, on construit des murs de clôture ayant une section trapézoïdale (*fig.* 98); l'épaisseur à la base c se calcule par la formule

$$c = \sqrt{\frac{qh}{d}}.$$

L'épaisseur au sommet $e = \frac{c}{3}$.

Les murs de clôture doivent être couverts de manière à empêcher l'humidité de pénétrer à l'intérieur. Le crépissage doit également être renouvelé chaque fois que le besoin s'en fait sentir.

Murs de soutènement. — Les murs de soutènement sont destinés à maintenir les talus de terre dont la pente est supérieure à l'inclinaison naturelle du terrain considéré (*fig.* 99).

L'angle α se détermine par l'expérience, et nous en avons déjà donné les valeurs pour les diverses espèces de terre (p. 19 et *fig.* 9 à 13).

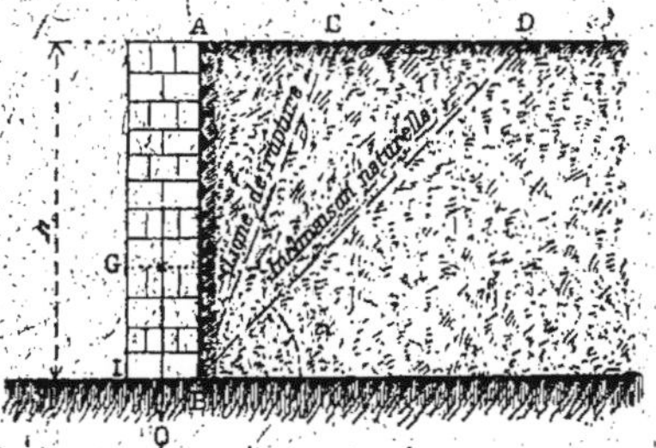

L'expérience montre également que la *ligne de rupture* BC est sensiblement dirigée suivant la bissectrice de l'angle ABD. Le centre de la poussée est situé en G aux 2/3 de la hauteur du mur.

Pour calculer l'épaisseur du mur, nous allons écrire que le moment du poids du mur par rapport à l'axe de rotation projeté en I est égal au moment de la poussée de la terre par rapport au même axe.

Fig. 99. — Calcul de l'épaisseur des murs de soutènement.

On démontre, en ne tenant compte ni du frottement de la terre sur le mur, ni de la cohésion de la terre, que la poussée est égale au poids du prisme ABC multiplié par la tangente de l'angle $ABC = \dfrac{90 - \alpha}{2}$, c'est-à-dire que poussée $= p \operatorname{tg}\left(\dfrac{90 - \alpha}{2}\right)$.

Le poids p est égal à $\dfrac{AC \times BA}{2} \times l \times d$, en désignant par l la longueur du prisme et par d la densité de la terre.

Mais $AB = h$ et $AC = h \operatorname{tg}\left(\dfrac{90 - \alpha}{2}\right)$;

donc, poussée $F = \dfrac{h^2 \, l d}{2} \times \operatorname{tg}^2\left(\dfrac{90 - \alpha}{2}\right)$.

Le bras de levier de F est égal à $\dfrac{h}{3}$, le moment de cette force est

$$\frac{h^2 \, l d}{2} \times \operatorname{tg}^2\left(\frac{90 - \alpha}{2}\right) \times \frac{h}{3}. \tag{1}$$

Le poids Q du mur est représenté par l'égalité $Q = p(h.l.e)$, p étant le poids de 1 mètre cube de maçonnerie et e l'épaisseur du mur; le bras du levier de Q par rapport à l'axe I est $\dfrac{e}{2}$; le moment de Q est donc

$$(p \times h.l.e)\frac{e}{2}. \tag{2}$$

En égalant (1) et (2), on tire

$$e = h \operatorname{tg} \tfrac{1}{2}(90 - \alpha)\sqrt{\frac{d}{3p}}.$$

Fig. 100. — Mur de soutènement
incliné.

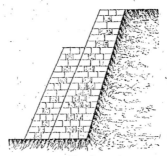

Fig. 101. — Mur de soutènement
incliné, avec contrefort.

On augmente considérablement
la résistance du mur au renversement en lui donnant une inclinaison en dedans du talus (*fig.* 100).
La résistance se trouve encore ac-
crue si on ménage des contreforts
de distance en distance (*fig.* 101).

On peut encore calculer l'épaisseur des murs de soutènement par
la formule de Grandvoinet :

$e = Kh$, où h représente la hauteur du mur et K un coefficient pris dans
le tableau suivant :

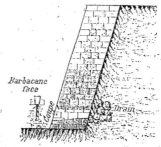

Fig. 102. — Mur de soutènement
avec barbacane et drain en pierres.

NATURE DES TERRES	VALEUR DE α	K
Sable sec	30°	0,267
Terre ordinaire.	40°	0,235
— sèche.	43°	0,199
— très forte.	56°	0,155

REMARQUE. — Il faut avoir soin de pratiquer des ouvertures dans la partie
inférieure des murs de soutènement (barbacanes) pour assurer l'écoulement des
eaux d'infiltration. Un drainage en pierres derrière la barbacane doit même être
établi pour faciliter cet écoulement (*fig.* 102).

Voûtes. — Au moment de l'étude des caves, nous indiquerons les
principes relatifs à la construction des voûtes.

III. — CHARPENTERIE

La *charpenterie* comprend l'exécution des gros travaux en bois, tels que poteaux de hangar, pans de bois pour murs, solivages de planchers, combles. Dans les constructions actuelles, on cherche à substituer, autant que possible, les pièces de charpente métalliques aux pièces de bois. Cette manière de faire rend de grands services. On ne peut songer à proscrire complètement le bois dans la charpenterie des bâtiments ruraux, mais il est possible de combiner le fer et le bois de façon à obtenir des pièces beaucoup plus résistantes, moins encombrantes et meilleur marché. Aussi nous indiquerons dans ce chapitre quelques combinaisons simples du bois et du fer.

Qualité et débit des bois. — Nous ne ferons pas l'étude de la production, de la constitution, du débit et de la préparation des bois, ces matières étant du ressort de la sylviculture.

Au point de vue industriel, les bois peuvent être divisés de la manière suivante :

1° *Bois durs :* chêne, frêne, orme, châtaignier, noyer, hêtre ;

2° *Bois blancs :* peuplier, tremble, aune, bouleau, tilleul, platane, acacia, charme, érable ;

3° *Bois fins :* cormier, poirier, pommier, cerisier, cornouiller, buis ;

4° *Bois résineux :* pin, sapin, mélèze, if ;

5° *Bois exotiques ou de luxe :* gayac, teck, pitchpin, ébène, acajou, palissandre, etc.

Les défauts des bois (roulures, gélivures, gerces, cadranures, etc.) sont aussi l'objet d'une étude spéciale en sylviculture.

Assemblages. — Il est rare qu'un travail de charpente ne comporte qu'une seule pièce de bois isolée ; une pièce principale est toujours en relation avec des pièces secondaires. Les *assemblages* sont les différentes façons de relier entre eux les éléments d'une charpente de manière à former un système solide et invariable. Les figures suivantes indiquent les types les plus usités (*fig.* 103 à 120).

On peut imaginer des assemblages très divers, les consolider par des chevilles ou par des ferrures. Leur solidité dépend beaucoup de l'adresse de l'ouvrier qui les exécute.

PIÈCES DE CHARPENTE SIMPLES

Pièces verticales. Poteaux. — Les *poteaux* sont des pièces de bois destinées à travailler à la compression. Leur usage le plus courant est de soutenir une toiture ou un plancher.

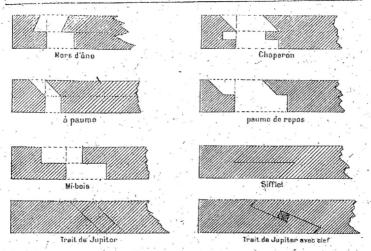

Mors d'âne

Chaperon

à paume

paume de repos

Mi-bois

Sifflet

Trait de Jupiter

Trait de Jupiter avec clef

Fig. 103 à 110. — Assemblages des pièces bout à bout.

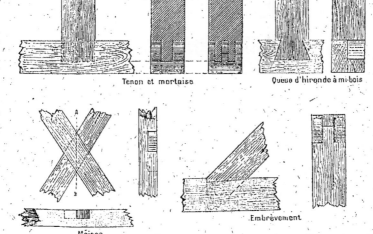

Tenon et mortaise

Queue d'hironde à mi-bois

Môises

Embrèvement

Fig. 111 à 120. — Assemblages d'angle.

La partie inférieure du poteau ne doit jamais reposer sur le sol

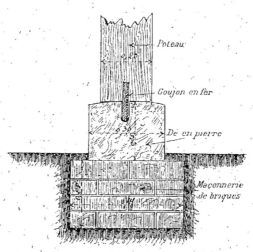

Fig. 121. — Assemblage de la partie inférieure d'un poteau.

naturel ; elle vient s'appuyer sur un dé en maçonnerie qui empêche l'humidité d'arriver jusqu'au poteau (*fig.* 121).

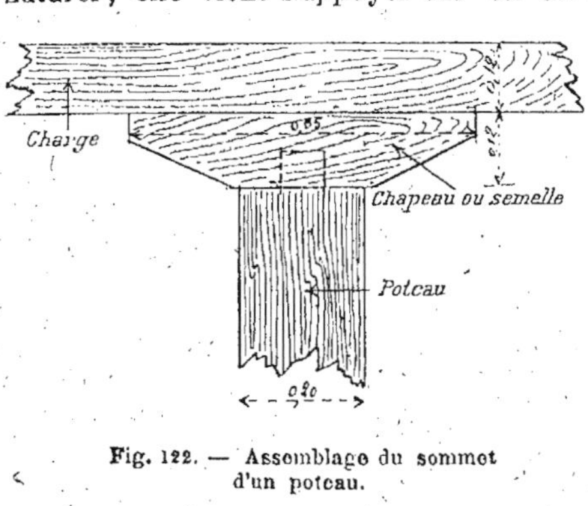

Le sommet du poteau supporte la charge par l'intermédiaire d'une *semelle* ou *chapeau* en bois dur, assemblé par tenon ou mortaise, qui répartit la pression sur une plus grande surface (*fig.* 122).

Calcul de la section d'un poteau. — La section des poteaux en bois peut se calculer au moyen de la formule de Barré $P = \dfrac{Rs}{0,93 + 0,00185 \left(\dfrac{h}{c}\right)^2}$, dans laquelle P = charge totale en kilogrammes, s = section en centimètres carrés,

Fig. 122. — Assemblage du sommet d'un poteau.

$h =$ hauteur du poteau, $c =$ le plus petit côté de la section transversale rectangulaire du poteau, $R = $ *charge de rupture* d'un poteau dont la hauteur ne dépasse pas sept à huit fois le plus petit côté de la section transversale.

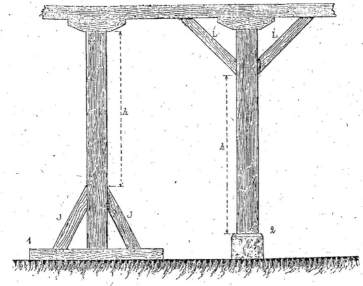

Fig. 123. — Poteau avec jambes de force.   Fig. 124. — Poteau avec liens de faîte.

En pratique, on prendra la valeur de R égale à $\frac{1}{7}$ de la charge de rupture. On peut adopter en toute sécurité les valeurs suivantes :

Bois fort (chêne et sapin) $R = \frac{420}{7} = 60$ kilogr. par cent. carré.

Bois de qualité moyenne $R = \frac{350}{7} = 50$ —   —

Bois médiocre $R = \frac{280}{7} = 40$ —   —

Si le poteau est de section circulaire, on peut compter qu'il supportera la même charge qu'un poteau de section carrée équivalente.

Pour augmenter la résistance des pièces longues, on établit des *jambes de force* ou des *liens de faîte* L (*fig.* 123, 124). La hauteur h de la pièce destinée à figurer dans la formule ne se compte alors qu'à partir des assemblages.

Les jambes de force et les liens de faîte agissent surtout en empêchant la pièce de se courber sous l'effort qu'elle subit.

Pièces horizontales : Poutres. — Les *poutres* sont destinées à supporter des planchers, des couvertures ; elles travaillent à la flexion en

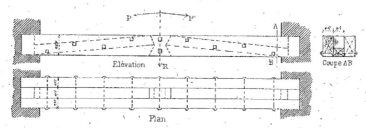

Fig. 125 à 127. — Poutres jumelles armées.

reposant sur des appuis placés soit à leurs extrémités, soit en différents points de leur longueur.

La section se calcule comme nous l'avons indiqué pour les linteaux ; si le calcul indique un équarrissage que les pièces disponibles ne peuvent pas fournir, on tourne la difficulté en armant les poutres.

L'armature des pièces de charpente a pour principe de transfor-

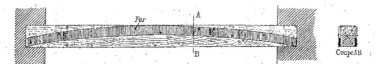

Fig. 128, 129. — Poutre renforcée de deux bandes de fer.

mer en compression l'effort de flexion supporté par la poutre considérée. Les figures 125 à 127 montrent un système d'armature par arbalétriers placés entre deux poutres jumelles. Une simple décomposition des forces indique bien que la charge R va se répartir sur les deux arbalétriers suivant P et P' en comprimant les fibres du bois.

Il existe bien d'autres procédés (endentures, traits de Jupiter, etc.) ; mais on préfère aujourd'hui combiner des poutres mixtes, fer et bois qui sont plus commodes à exécuter et qui donnent plus de sécurité. On peut, par exemple, placer de chaque côté de la poutre deux bandes de fer plat qu'on relie par des boulons; le moment d'inertie considérable de ces bandes de faible épaisseur augmente beaucoup la résistance de la poutre. Une bonne précaution est de cintrer légèrement les bandes avant de les fixer (*fig.* 128, 129). On remplace avantageusement les fers plats par des poutres en fer en I à petites ailes (*fig.* 130).

La résistance des poutres mixtes peut être considérée comme égale à la somme des résistances des parties en bois et en métal.

Enfin, on peut renforcer une pièce de charpente au moyen d'un tendeur métallique ADB passant sur un potelet DC qui est le 1/10 de

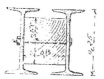

Fig. 130. — Coupe transversale d'une poutre mixte (Fers en I et bois).

Fig. 131. — Poutre munie d'un tendeur métallique.

la longueur AB. En A et B sont des écrous qui permettent de donner au tirant une tension suffisante pour éviter la flexion de la poutre (*fig.* 131).

Les éléments se calculent de la manière suivante :

Désignons par p la charge par mètre courant uniformément répartie sur la longueur $L = AB$.

La poutre travaille à la flexion d'une part, à la compression de l'autre. Si on désigne par R_1 la résistance du bois, la section, par rapport à la compression s'obtient par la formule

$$\frac{5}{16} pL/ga = \frac{R_1 bh}{0,93 + 0,00185 \left(\frac{L}{b}\right)^2}$$

b et h désignant la base et la hauteur de l'équarrissage.

La section par rapport à la flexion aura des dimensions telles que

$$p \frac{L^2}{32} = \frac{R bh^2}{6}.$$

Le potelet travaille à la compression. On déterminera ses dimensions b' et h par la formule $\frac{5}{8} pL = R_1 b'h'$.

Quant à la section *s* du tirant, on l'obtient par l'égalité

$$\frac{5}{16} \frac{p\mathrm{L}}{\cos \alpha} = \mathrm{R}'s$$

R' désignant la résistance du fer par mètre carré (8 000 000).

La résistance d'une poutre armée par tendeur est environ double de celle d'une poutre ordinaire de même équarrissage.

PIÈCES DE CHARPENTE COMPOSÉES

Pièces verticales : Pan de bois. — Un *pan de bois* est un système de charpente destiné à former l'ossature d'un mur. Les parements sont formés par un bardage en bois jointif ou par un lattis recouvert d'un enduit. L'intervalle entre les deux parements intérieur et extérieur est rempli par des corps mauvais conducteurs de la chaleur, tels que du sable, de la sciure de bois, de la mousse. On peut aussi le laisser vide, l'air faisant un matelas suffisamment protecteur.

Il arrive aussi qu'on établisse une maçonnerie de briques entre les boiseries, de façon à obtenir un mur plein dans toute son étendue. Ce genre de construction ne peut guère se recommander que dans les pays où le bois est très commun, car on ne peut jamais en faire que des bâtiments légers et de durée limitée.

Le pan de bois (*fig.* 132) s'établit toujours sur un soubassement en maçonnerie destiné à l'isoler du sol. Toute la charpente repose sur ce soubassement par l'intermédiaire d'une pièce horizontale, la *sablière basse* AB. On assemble verticalement au-dessus les *poteaux corniers* CB, AD et les *poteaux d'huisserie* MN, PQ. Ces pièces sont assemblées à leur extrémité supérieure avec la *sablière haute* DG et contreventées par des poutres inclinées AS, QM, KB qu'on nomme *décharges*, *liernes* ou *guettes*. On garnit les intervalles vides par des *tournisses* et des *potelets* que l'on espace de 0m,20 environ et sur lesquels on cloue le bardage formant les parements.

L'épaisseur à donner à un pan de bois est la demi-épaisseur d'un mur en maçonnerie construit dans les mêmes conditions ; c'est plutôt l'équarrissage du bois dont on dispose qui fixe l'épaisseur à adopter.

Pièces horizontales : Planchers. — Les *planchers* servent à séparer les différents étages d'un local. On en place aussi au rez-de-chaussée des maisons et des magasins pour obtenir une surface unie, propre et sèche.

Les planchers peuvent se faire avec divers matériaux ; nous ne nous occuperons pour l'instant que des parties en bois qui les supportent. La confection du plancher lui-même sera étudiée ultérieurement. Les charpentiers ne font que poser le *solivage* sur lequel

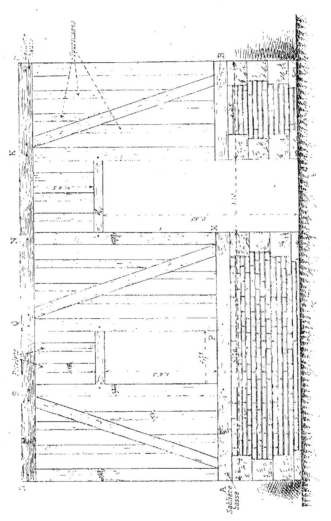

Fig. 132. — Pan de bois.

les menuisiers fixeront les planches. La disposition des solives varie

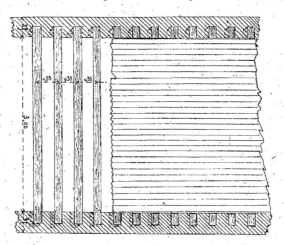

Fig. 133. — Solives encastrées dans les murs.

suivant la longueur et l'équarrissage des bois dont on dispose. Nous allons examiner les cas les plus courants.

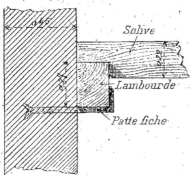

Fig. 134. — Solive posée sur lambourde.

La disposition la plus simple consiste à encastrer les solives dans les murs (*fig*. 133), à condition que ceux-ci aient une épaisseur suffisante pour les recevoir (0m,20 au minimum). Cet encastrement est peu commode à faire pendant la construction de la maçonnerie ; les parties scellées se détériorent rapidement. Il est préférable de fixer deux lambourdes le long des murs (*fig*. 134) et de poser les solives dessus. Ces lambourdes sont retenues par des *corbeaux* en pierre ou scellées par des pattes-fiches. L'écartement des solives devrait varier avec la charge du plancher, mais d'ordinaire il est de 0m,33.

Lorsque la longueur des solives est plus faible que la largeur du bâtiment, on divise celui-ci en travées (*fig.* 135) par des maîtresses

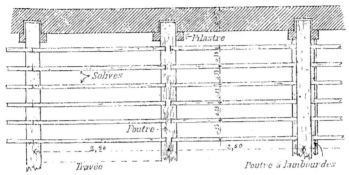

Fig. 135. — Solivage sur poutres.

poutres sur lesquelles on dispose les solives. Les poutres peuvent être encastrées dans le mur, ou bien soutenues par des corbeaux, des *pilastres* ou des lambourdes. Les maîtresses poutres sont placées sur

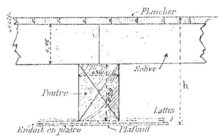

Fig. 136. — Hauteur du plancher au plafond par superposition des poutres et des solives.

les murs de refend chaque fois que ceux-ci existent et que leur disposition s'y prête.

La superposition des solives et des poutres est un dispositif très simple, mais qui augmente notablement la distance du plancher d'un étage au plafond de l'étage inférieur (*fig.* 136). Pour éviter cet inconvénient, on place les solives en *effleurement*; il suffit, pour cela, de boulonner, contre la poutre, des lambourdes, ayant comme hauteur la différence des hauteurs de la poutre et des solives (*fig.* 137).

Cas particuliers. — Il est nécessaire de ménager dans le solivage des espaces libres pour le passage des escaliers, des tuyaux de cheminées ou pour établir le foyer de celles-ci. La figure 138 montre qu'un espace libre est ménagé autour du foyer au moyen d'un *linçoir* ou *chevêtre* et des *solives d'enchevêtrure* AM, BN. Les solives qui viennent s'assembler avec le linçoir CE, DF portent le nom de *solives boiteuses*.

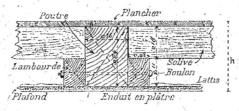

Fig. 137. — Hauteur du plancher au plafond diminuée par la fixation des solives à l'aide de lambourdes.

Dans le cas où les solives seraient placées parallèlement au mur, on aurait la disposition de la figure 139. Il y a ici deux chevêtres A B, A'B' et une seule solive d'enchevêtrure MN.

Calcul des poutres et des solives. — La section à donner aux poutres et aux solives dépend du poids que doit supporter le plancher par mètre carré, de la portée des poutres et des solives, ainsi que de leur écartement.

Le poids du plancher comprend le poids propre des solives et des planches, plus la surcharge des objets qu'il doit supporter. Cette surcharge varie avec la destination des locaux. On compte pour les habitations sur une charge de 300 kilogrammes au mètre carré. Dans un grenier, la charge variera suivant les denrées : pailles, grains, etc., et la hauteur où on les entasse. Le tableau ci-dessous donne le poids de 1 mètre cube des différents produits.

NATURE DES DENRÉES	POIDS du MÈTRE CUBE	NATURE DES DENRÉES	POIDS du MÈTRE CUBE
	kilogr.		kilogr.
Betteraves, raves, ca-		Seigle............	700 à 750
rottes, navets......	500 à 600	Avoine...........	450 à 500
Rutabagas, pommes de		Orge............	600 à 650
terre, topinambours..	600 à 650	Maïs, vesce.......	700 à 800
Pommes	550 à 650	Gerbes de blé, seigle,	
Noix.............	650 à 700	avoine, orge......	110
Châtaignes	800	Paille et foin	60 à 80
Blé	750 à 800	— — comprimés.	200 à 300

La charge par mètre superficiel étant déterminée, on obtient

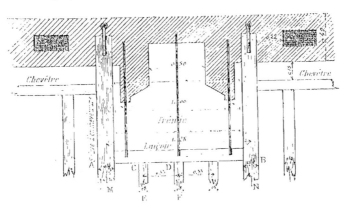

Fig. 138. — Disposition du solivage pour l'aménagement d'une cheminée
(solives perpendiculaires aux murs).

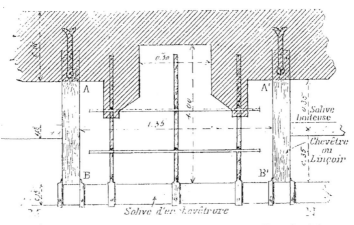

Fig. 139. — Disposition du solivage pour l'aménagement d'une cheminée
(solives parallèles aux murs).

la charge par mètre courant d'une solive en multipliant la charge au
mètre carré par l'écartement.

La formule permettant de calculer la section ou l'écartement sera

$$\frac{P \times e \times l^2}{8} = R \frac{1}{N}$$

comme $\dfrac{1}{N} = \dfrac{bh^2}{6}$ et R = 600 000

$$\frac{P \, e \times l^2}{8} = 100\,000 \; bh^2$$

ou

$$\frac{P \times e \times l^2}{800000} = bh^2 .$$

Le rapport de b à h est déterminé par le mode d'équarrissage du bois usité

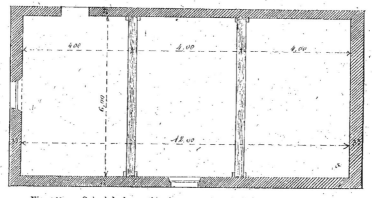

Fig. 140. — Calcul de la section des poutres et de l'écartement des solives.

dans le pays; ordinairement ce rapport est de $\frac{1}{2}$ pour les solives, et $\frac{5}{7}$ pour les poutres.

Si on fixe l'écartement, on pourra calculer la section. Si, au contraire, les pièces doivent être utilisées telles qu'elles sont, on pourra calculer l'écartement à leur donner.

Pour calculer les dimensions d'une maîtresse poutre, on emploie la même formule, mais l'écartement e représente la distance de la maîtresse poutre aux murs qui lui sont parallèles, ou la distance des maîtresses poutres entre elles.

PROBLÈME. — *Calculer la section des poutres nécessaires au plancher de la figure 140, et l'écartement des solives. Leur portée est de 4 mètres et leur équarrissage de* $\frac{0^m,16}{0^m,08}$. *La charge à supporter est de 800 kilogrammes, poids du plancher compris.*

1º *Calcul de l'écartement des solives.* — De la formule

$$\frac{Pel^2}{800\,000} = bh^2$$

on tire

$$e = \frac{800\,000\, bh^2}{P l^2}$$

d'où

$$e = \frac{800\,000 \times 0{,}08 \times 0{,}0256}{300 \times 0{,}16}$$
$$e = 0^m{,}275$$

2º *Calcul de l'équarrissage des poutres.* — La formule $\dfrac{Pel^2}{800\,000} = bh^2$

et la relation

$$\frac{b}{h} = \frac{5}{7}$$

permettent de calculer b et h en faisant $P = 300$ kilogrammes, $e = 4$ mètres, $l = 6$ mètres ; on obtient : $h \times 0^m{,}42$, $b = 0^m{,}30$.

Si le calcul conduisait à des équarrissages impossibles à obtenir, on tourne-

Fig. 141. — Appentis.

rait la difficulté en armant les poutres, ou encore en les soutenant par des poteaux verticaux lorsque la construction le permet.

COMBLES

Les combles d'une construction sont formés par des charpentes destinées à soutenir la toiture. Les combles portent différents noms

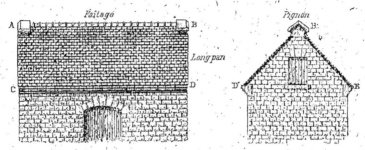

Fig. 142, 143. — Comble à pignon.

suivant leur aspect extérieur. S'il n'existe qu'un seul « égout », la toiture est dite un *appentis* (*fig.* 141). Si le comble comporte deux

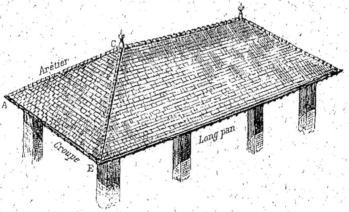

Fig. 144. — Comble à croupes.

égouts, ceux-ci portent le nom de *longs-pans* et leur entre-croisement constitue le *faîtage* (AB, *fig.* 142). Si les longs-pans se terminent par des plans verticaux, ceux-ci sont dits des *pignons* (BDE, *fig.* 143). Si les plans sont inclinés, on les nomme *croupes* (AEC, *fig.* 144). Si

Fig. 145. — Pavillon rustique.

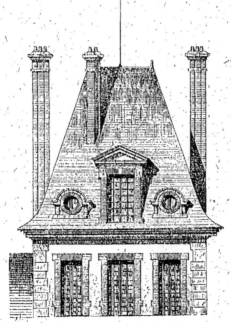

Fig. 146. — Pavillon urbain.

dans une toiture terminée par des croupes on suppose que la ligne de faite AB devienne très petite, ou disparaisse, on obtient un *pavillon* (*fig.* 145, 146).

Enfin, lorsque la partie supérieure de l'édifice est terminée par

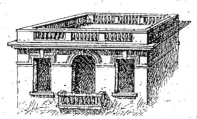

Fig. 147. — Toiture en terrasse.

une surface sensiblement horizontale, sur laquelle on peut accéder, ce genre de toiture porte le nom de *terrasse* (*fig.* 147, 148).

Nomenclature. — La charpente d'un comble se compose, en prin-

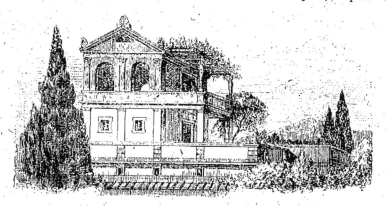

Fig. 148. — Autre terrasse.

cipe, de *fermes* verticales, reliées par des poutres horizontales, les *pannes*, et reposant sur les *sablières* (*fig.* 149, 150). Les fermes comprennent un nombre variable d'éléments, suivant la charge qu'elles supportent de la part de la toiture.

Les fermes les plus simples comportent deux *arbalétriers* AB et BC, un *tirant* ou *entrait* — un *poinçon* — et deux *contre-fiches*. Si les

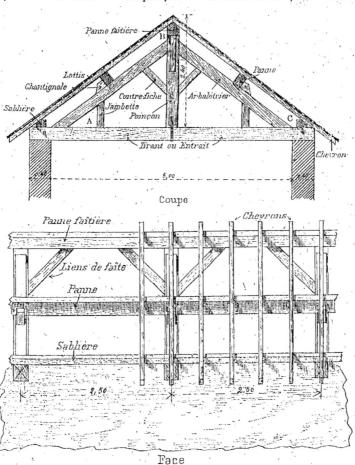

Coupe

Face

Fig. 149, 150. — Dénomination des différentes parties d'un comble.

contre-fiches ne suffisent pas à empêcher la flexion, on ajoute des *jambettes*.

Un deuxième type de ferme, très employé dans les constructions rurales, est présenté par la figure 151. On le dit ferme à *entrait retroussé*.

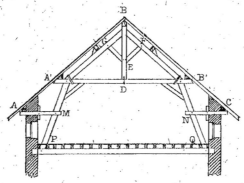

Fig. 151. — Ferme à entrait retroussé.

Ce type, commode à cause de sa capacité considérable, se compose des pièces suivantes : deux arbalétriers A′B et BB′, un *entrait relevé*

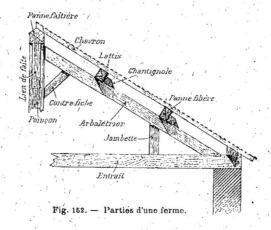

Fig. 152. — Parties d'une ferme.

A′B′ un poinçon et ses contre-fiches, deux *aisseliers* A′P et B′Q, deux *blochets* AM et CN.

Nous indiquerons plus loin d'autres types plus particuliers de fermes.

Toutes les pièces d'une ferme sont assemblées à tenons et à mor-

taises. Le poinçon s'assemble au tirant par un *tenon passant ;* les blochets sont moisés avec les arbalétriers et les aisseliers. Sur les arbalétriers on pose les *pannes,* qui sont maintenues en place par les

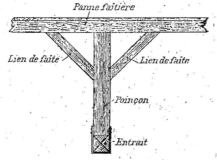

Fig. 153. — Liens de faîte.

chantignoles. Perpendiculairement aux pannes on cloue les *chevrons,*
et sur le chevronnage on place soit un *lattis,* soit des *voliges* pour
y fixer la couverture (*fig.* 152). La panne faîtière est reliée aux

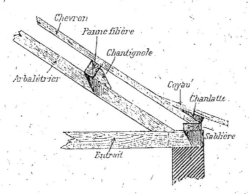

Fig. 154. — Chanlatte et coyau.

poinçons par des *liens de faîte* (*fig.* 153), qui ont pour but d'empêcher le renversement des fermes. Parfois, pour faciliter l'égouttement
des eaux pluviales, on prolonge les chevrons par des *coyaux* placés
sur des *chanlattes* (*fig.* 154).

Dans le cas où la toiture présente une croupe, les différentes
pièces de la charpente ont la disposition indiquée sur la figure 155.
Les *arétiers* AB et AC sont les poutres placées à l'intersection des

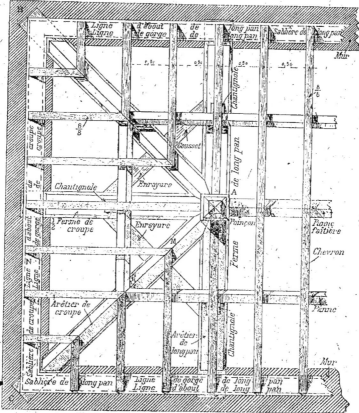

Fig. 155. — Charpente d'une croupe vue en plan.

longs pans et de la croupe. Les chevrons, de longueur variable, portent
le nom d'*empannons*. On distingue les *empannons de croupe* MN et les
empannons de longs-pans MP. Les *goussets* sont de petites pièces qui
relient horizontalement les arbalétriers de la dernière ferme à la
ferme de la croupe.

Fermes. Calcul des charpentes. — Le calcul des charpentes comprend la détermination de l'équarrissage des différentes pièces que nous venons d'énumérer.

L'angle (*fig.* 156) que forme l'égout du toit avec l'horizontale varie suivant les conditions climatériques. Dans le Nord on donne des pentes fortes (α=45°) pour éviter la surcharge due au séjour des neiges. Dans le Midi, où il pleut rarement, la pente est faible, parfois insignifiante (terrasses).

Les pentes les plus usitées sont les suivantes :

NATURE DE LA COUVERTURE	INCLINAISON DU TOIT EN DEGRÉS.
Tuiles plates à crochets.	27 à 45 et 60
— flamandes.	21 à 27
— creuses, à sec.	21 à 27
— — maçonnées	27 à 31
Ardoises	33 à 45
Zinc.	18 à 21

Les dimensions des différentes parties d'un comble en bois se déterminent d'après les charges. La charge comprend : le poids propre de la pièce considérée, le poids des éléments qui sont au-dessus (charpente et couverture), la pression due à la neige et au vent. La surcharge de la neige est estimée à 1/40 du poids du même volume d'eau : une couche de 0ᵐ,25 de neige sur 1 mètre carré donnerait une pression de 25 kilogrammes.

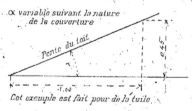

α *variable suivant la nature de la couverture*

Pente du toit

Cet exemple est fait pour de la tuile.

Fig. 156.

La pression exercée par le vent varie avec sa vitesse et l'inclinaison de la toiture. Si on désigne par P l'effort par mètre carré sur une surface normale la charge verticale Q qui en résulte sur une toiture formant un angle α avec l'horizon est :

$$Q = P \frac{\sin^2 (\alpha + 10)}{\cos}$$

Le tableau ci-après donne les valeurs de P correspondant à des vitesses variables du vent.

FERME MODERNE.

7

Vitesse en mètres par seconde...	en mèt. 12	en mèt. 15	en mèt. 20	en mèt. 24	en mèt. 30	en mèt. 36	en mèt. 45
Pression par mètre carré...	en kil. 19,5	en kil. 30,47	en kil. 54,16	en kil. 78	en kil. 122,28	en kil. 177	en kil. 278

Calcul d'une ferme en appentis sans tirant (*fig.* 157). — *Arbalétriers.*
— Soit a là distance des murs, la longueur L des arbalétriers est

$$L = \sqrt{a^2 + h^2}$$

en désignant par h la hauteur de la naissance de l'appentis au-dessus du mur M.
Si P est le poids total de la couverture uniformément réparti, sup-

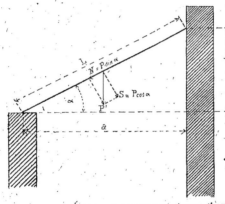

porté par chaque ar-
balétrier, y compris le
poids propre de l'arbalé-
trier, on peut le décom-
poser en deux forces,
l'une S = P cos α, qui
tend à faire fléchir l'arbalétrier, l'autre N = P
sin α, qui le comprime
dans le sens de sa lon-
gueur. On peut donc cal-
culer les sections né-
cessaires pour résister
séparément à ces deux
efforts par les formules
connues. On aura, pour
résister à la compres-
sion, les dimensions b
et h déterminées par les
équations

Fig. 157. — Calcul d'une ferme en appentis sans tirant.

$$\begin{cases} P \sin \alpha = \dfrac{R_1 bh}{0,93 + 0,00185\left(\dfrac{L}{b}\right)^2} \\[2mm] \dfrac{b}{h} = \dfrac{m}{n} \end{cases}$$

R_1 étant la résistance pratique du bois à l'écrasement, et $\dfrac{m}{n}$ le rapport adopté par
l'équarrissage.
Le calcul, par rapport à la flexion, se fera au moyen du système

$$\begin{cases} \dfrac{P \cos \alpha \, L}{8} = \dfrac{R bh^2}{6} \\[2mm] \dfrac{b}{h} = \dfrac{m}{n} \end{cases}$$

Pannes. — Les dimensions des pannes s'obtiennent par un calcul analogue.

Nous désignerons par P' le poids qu'elles supportent sur une portée L' égale à l'écartement des fermes (*fig.* 158). Nous aurons encore

$$\begin{cases} \dfrac{P' \cos_a L'}{8} = \dfrac{Rbh^2}{6} \\ \dfrac{b}{h} = \dfrac{m}{n} \end{cases}$$

La flèche que prendra la panne sous l'influence de P' se calcule par la for-

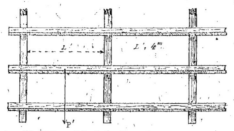

Fig. 158. — Calcul des dimensions des pannes.

mule $f = \dfrac{5P' \cos_a L'^3}{32Ebh^3}$ (*f* est la flèche calculée en mètres, E, le coefficient

d'élasticité du bois : 1 200 000 000 Kg par m²).

Cette flèche doit être assez faible pour que la déformation de la toiture ne soit pas visible.

Chevrons. — Les dimensions des chevrons ne se calculent pas ; l'équarrissage a été fixé aux chiffres de 0m,07 pour la base et 0m,08 pour la hauteur.

Calcul d'une ferme en appentis avec tirant. — L'arbalétrier que nous avons calculé précédemment réagit sur les murs qui lui servent de base et tend à les écarter. C'est précisément pour empêcher le renversement du mur AK que l'on place l'entrait AC

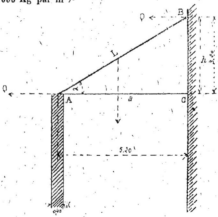

Fig. 159. — Calcul d'une forme en appentis avec tirant.

(*fig.* 159). La section de cet entrait doit être suffisante pour résister à l'extension qu'il subira de la part de l'arbalétrier.

La réaction du mur Q ne peut être que normale à ce dernier; par conséquent, si nous prenons les moments des forces qui agissent sur l'arbalétrier par rapport au point A, nous avons $\dfrac{P \times a}{2} = Q \times h$

d'où

$$Q = \frac{P}{2} \times \frac{a}{h}.$$

Mais, dans le triangle ABC, $\dfrac{a}{h} = \dfrac{1}{\text{tg } \alpha}$

Donc

$$Q = \frac{P}{2\,\text{tg }\alpha}.$$

Cet effort se transmet à l'extrémité A de l'arbalétrier. Si on veut faire disparaître cette poussée, il faudra annuler Q, par conséquent donner au tirant qui est opposé à la direction de Q une section capable de résister à l'effort $\dfrac{P}{2\,\text{tg}\alpha}$; l'équarrissage du tirant sera donc donné par les égalités

$$\left\{ \begin{array}{l} \dfrac{P}{2\,\text{tg }\alpha} = R_2 bh \\[2mm] \dfrac{b}{h} = \dfrac{m}{n} \end{array} \right.$$

R_2 étant la résistance pratique du bois à l'extension (600 000 Kg).

Ferme de comble avec tirant horizontal. — *Arbalétriers*. — Désignons par P le poids supporté par un arbalétrier AC (*fig.* 160). Cette pièce travaille à

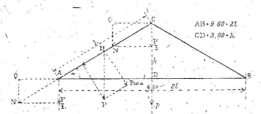

AB = 9.60 = 2l
CD = 3.00 = h

Fig. 160. — Calcul d'une ferme avec tirant horizontal.

la flexion sous l'effort P cos α et à la compression sous l'effet de la réaction Q de l'arbalétrier CB. Nous pouvons évaluer Q en prenant les moments des forces qui agissent sur l'arbalétrier par rapport au point A

$$\frac{P \times l}{2} = Q \times h$$

d'où :

$$Q = \frac{P\,l}{2\,h}$$

mais, $h = l\,\text{tg }\alpha$, donc

$$Q = \frac{P}{2\,\text{tg }\alpha}$$

L'arbalétrier subit une compression égale à la résultante CN des forces Q et $\frac{P}{2}$ appliquées en C. Le triangle rectangle QCN donne

$$Q = NC \cos \alpha$$

d'où

$$NC = Q \times \frac{1}{\cos \alpha}$$

$$= \frac{P}{2 \, \mathrm{tg} \, \alpha} \times \frac{1}{\cos \alpha} = \frac{P}{2 \sin \alpha}$$

L'effort CN qui comprime l'arbalétrier est donc $\frac{P}{2 \sin \alpha}$.

L'arbalétrier se calculera donc par les formules suivantes :

à la flexion

$$\begin{cases} P \cos \alpha \, L = \dfrac{R b h^2}{6} \\ \dfrac{b}{h} = \dfrac{m}{n} \end{cases}$$

à la compression

$$\begin{cases} \dfrac{P}{2 \sin \alpha} = \dfrac{R_1 b h}{0,93 + 0,00185 \left(\dfrac{L}{b}\right)^2} \\ \dfrac{b}{h} = \dfrac{m}{n} \end{cases}$$

Tirant ou entrait. — Le tirant travaille à l'extension sous l'effet de la force Q. Pour s'en assurer, il suffit de transporter CN en A et de décomposer cette force suivant BA et la composante $\frac{P}{2}$; on trouve bien comme deuxième composante la force Q appliquée suivant BA.

Les dimensions du tirant seront donc tels que

$$\begin{cases} R_2 \, bh = \dfrac{P}{2 \, \mathrm{tg} \, \alpha} \\ \dfrac{b}{h} = \dfrac{m}{n} \end{cases}$$

L'entrait travaille aussi à la flexion, sous l'effet de son poids p ; il faut donc calculer ses dimensions en écrivant que

$$\begin{cases} p \times \dfrac{l}{2} = \dfrac{R b h^2}{6} \\ \dfrac{b}{h} = \dfrac{m}{n} \end{cases}$$

Il peut aussi arriver que l'entrait supporte un plancher. Dans ce cas, on évalue la charge qu'il supporte, soit comme solive, soit comme poutre, et on modifie la formule ci-dessus en conséquence.

Remarque. — Le tirant peut être constitué par une barre en fer; on calculera son diamètre par la relation $R' \frac{\pi d^2}{4} = \frac{P}{2 \, \mathrm{tg} \, \alpha}$ (R' est la résistance du fer à l'extension : 8 000 000 de kilogrammes par mètre carré).

Ferme de comble avec tirant horizontal soutenu par un poinçon. — Le tirant ADB (*fig.* 161) peut être considéré dans ce cas comme une pièce reposant sur trois appuis : chacun des points A et B supporte $\frac{3}{16}$ de la charge, et le point D, $\frac{5}{16}$.

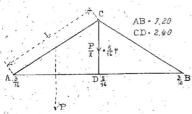

AB = 7.20
CD = 2.40

Fig. 161. — Calcul d'une ferme de comble.

Donc l'effort qui va agir verticalement en C comprendra, en plus de la composante $\frac{P}{2}$, les $\frac{5}{32}$ du poids du tirant. Cette augmentation est trop peu sensible pour modifier le calcul de l'arbalétrier par rapport à la compression. L'avantage du poinçon est de soutenir le tirant en son milieu, ce qui permet de lui donner une section beaucoup plus faible, que l'on calculera aisément.

Le poinçon travaille à l'extension sous un effort égal aux $\frac{5}{16}$ du poids de l'entrait ; son calcul se fera donc par la relation $R_2 bh = \frac{5}{16} p$ (p étant le poids de l'entrait).

Les autres pièces se calculent comme ci-dessus.

Ferme de comble avec tirant horizontal soutenu par un poinçon relié aux arbalétriers par deux contre-fiches (*fig.* 162). — Nous supposerons que l'arbalétrier et la contre-fiche sont assemblés au tiers de la longueur à partir du faîtage.

Si on désigne par P la charge totale de l'arbalétrier en kilogrammes, sa section (par rapport à la flexion) est donnée par la formule

$$\frac{2P}{3} \cos \alpha \frac{L}{12} = R \frac{bh^2}{6}$$

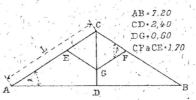

AB = 7.20
CD = 2.40
DG = 0.60
CF a CE = 1.70

Fig. 162. — Calcul d'une ferme de comble avec tirant horizontal soutenu par un poinçon relié aux deux arbalétriers par deux contre-fiches.

Les contre-fiches travaillent à la compression ; elles sont d'ordinaire carrées ; leur côté c se calcule ainsi

$$\frac{P}{2} \times \frac{\sin (90 - \alpha)}{\sin \beta} = \frac{Rc^2}{0,93 + 0,00185 \left(\frac{l}{c}\right)^2}$$

Les autres éléments se calculent comme nous l'avons vu précédemment.

Ferme à entrait retroussé. — *Arbalétriers.* — L'endroit où l'arbalétrier doit se rompre est le point B (*fig.* 163). Nous allons donc calculer la section en ce point. Le mur réagit en D contre le poids P dont est chargé l'arbalétrier. La force P peut se décomposer en deux autres DE et DF.

La force DE tend à faire tourner l'arbalétrier autour de B pour le rompre en ce point; par conséquent l'équarrissage devra être tel que

$$R \frac{bh^2}{6} = P \cos \alpha \ L'.$$

Faux entrait. — Désignons par Q la tension du faux entrait. L'arbalétrier

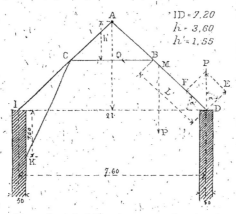

Fig. 163. — Calcul d'une ferme à entrait retroussé.

est sollicité par trois forces à tourner autour de A : son poids P appliqué en M, la réaction du mur en D, et la tension du tirant en B.

Écrivons que la somme de ces moments par rapport au point A est nulle

$$P \times \frac{l}{2} + Q \times h' = P \times l$$

d'où

$$Q = \frac{P}{2} \times \frac{l}{h'}.$$

On peut poser $h' = \frac{h}{n}$.

Mais $h = l \operatorname{tg} \alpha$.

Donc $Q = \frac{Pn}{2 \operatorname{tg} \alpha}$.

Pour calculer la section de l'entrait, nous aurons la formule

$$\frac{Pn}{2 \operatorname{tg} \alpha} = \frac{R \, bh}{0,93 + 0,00185 \left(\frac{l'}{b}\right)^2}$$

l' étant la longueur de l'entrait.

Pour consolider la ferme, on place au point de rupture de l'arbalétrier des aisseliers, tels que CK, qui reportent dans l'épaisseur du mur une partie de la pression. L'aisselier, réuni à la sablière par un blochet 10, travaille à la compression. Il est facile d'évaluer l'effort qu'il supporte, et, par suite, de calculer ses dimensions.

Ferme à double entrait. — Dans ce système de ferme, les arbalétriers sont réunis par un faux entrait A' B' (*fig.* 164), au milieu de leur longueur.

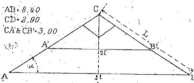

AB = 8,40
CD = 2,90
CA & CB' = 3,00

Fig. 164. — Calcul d'une ferme à double entrait.

On démontre que la partie AA' BB' des arbalétriers doit résister à des efforts de compression et de flexion quatre fois supérieurs à ceux que supporte la partie CA' CB'. L'équarrissage de la partie inférieure BB' devra donc être le double des dimensions de CB'. On placera contre les arbalétriers des sous arbalétriers destinés à augmenter la section. Celle-ci se calcule seulement à flexion par les relations

pour CB'
$$\frac{P \cos \alpha}{4} \times \frac{L}{32} = R \frac{bh^2}{6}$$

pour BB'
$$\frac{P \cos \alpha}{2} \times \frac{L}{16} = R \frac{bh^2}{6} .$$

Le faux entrait A'B' reçoit des efforts de compression de la part des deux arbalétriers. Ses dimensions se calculent par l'équation

$$\frac{3P}{8 \operatorname{tg} \alpha} = \frac{R_1 bh}{0,93 + 0,00185 \left(\frac{l'}{b}\right)^2}.$$

Le tirant AB se fait presque toujours en fer; il sert à empêcher l'écartement des arbalétriers, puisque le faux entrait ne travaille qu'à la compression. On le calculera donc comme si ce dernier n'existait pas.

REMARQUES GÉNÉRALES. — La partie essentielle d'une ferme est l'arbalétrier. En pratique, on calcule uniquement la section de cette pièce; quant aux poinçons, entraits, etc., les nécessités des assemblages forcent à donner à un de leurs côtés une dimension égale à l'épaisseur des arbalétriers,

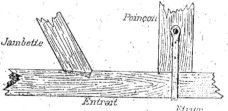

Fig. 165. — Assemblage de la jambette et du poinçon avec l'entrait.

malgré les résultats des calculs qui indiquent des chiffres plus faibles.

Les poinçons sont à section carrée, de façon à pouvoir s'assembler avec les contre-fiches d'une part et les liens de faîte d'autre part.

On évite, autant que possible, de pratiquer des mortaises dans la longueur des pièces, des entraits surtout. On fait alors les assemblages avec des étriers métalliques pour les poinçons, des moises pour les autres pièces (*fig.* 165).

Les fermes sont espacées de 4 mètres au maximum. L'écartement des pannes doit être tel que la distance de leur projection horizontale n'excède pas 2 mètres. Dans la détermination d'une ferme, on recherche toujours le dispositif le plus simple. C'est d'ordinaire la portée de la ferme qui nécessitera l'adjonction de pièces supplémentaires pour renforcer les éléments simples et mieux répartir les efforts.

Autres types de fermes. — Dans quelques cas particuliers, on pourra employer avantageusement les dispositions suivantes :

Ferme Polonceau (*fig.* 166). — Pour les très grandes portées, on constitue les arbalétriers au moyen de poutres armées pour tendeur métallique; le potelet est remplacé par une bielle en fonte, de sorte que le bois travaille à la

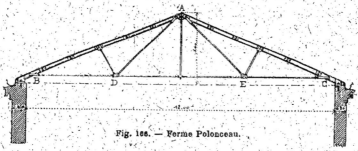

Fig. 166. — Ferme Polonceau.

flexion, la fonte à la compression et le fer à l'extension; chacun de ces matériaux se trouve donc employé dans les meilleures conditions.

Il y a avantage, au point de vue des dimensions des pièces, à placer les points BDEC sur une même horizontale.

Arbalétriers. — Si P désigne la charge de l'arbalétrier, la section s'obtient par la relation $\dfrac{P \cos \alpha L}{16} = \dfrac{R b h^2}{6}$.

Bielle. — La section E de la bielle en fonte est donnée par la formule

$$\frac{5P \cos \alpha}{8} = \frac{1260 \, e^2}{1,45 + 0,00337 \left(\dfrac{l}{e}\right)^2}.$$

Tirants. — Les sections des tirants en fer rond se calculent au moyen des égalités suivantes :

pour BD $\qquad \dfrac{\pi \, d^2}{4} \, R' = \dfrac{13P}{16 \, \text{tg} \, \alpha}$

pour AD $\qquad \dfrac{\pi \, d^2}{4} \, R' = \dfrac{5P}{16 \, \text{tg} \, \alpha}$

pour DE
$$\frac{\pi\,d^2}{4}\,R' = \frac{P}{2\,\lg\,\alpha}$$

On place sur les tirants des tendeurs destinés à maintenir la tension dans des limites convenables.

Ferme à la Mansart (*fig.* 167). — Ce système de comble permet d'utiliser la partie supérieure des bâtiments pour faire des logements. Les deux parements

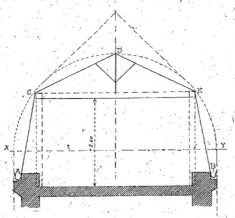

Fig. 167. — Principe d'une forme à la Mansart.

inclinés AC, BE sont représentés par les côtés du décagone inscrit dans un cercle ayant la largeur du bâtiment pour diamètre. Le point D se trouvant sur l'axe, la direction des deux arbalétriers DC, DE est donc déterminée.

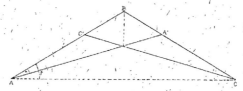

Fig. 168. — Ferme à entraits croisés.

Ferme à entraits croisés. — La figure 168 indique la disposition des deux entraits qui viennent s'assembler au point O. On peut ainsi obtenir une hauteur considérable sous la ferme. La tension T de chaque tirant est donnée par la formule

$$T = \frac{P\,\cos\,\beta}{2\,\sin\,\alpha}.$$

Fermes en demi-circonférence. — La ferme à la Philibert Delorme (*fig.* 169) se compose d'une demi-circonférence formée d'arcs en planches de sapin pla-

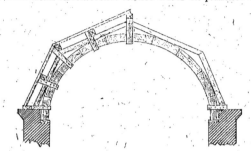

Fig. 169. — Ferme en demi-circonférence à la Philibert Delorme.

cées de champ ; elles sont réunies entre elles au moyen d'assemblages serrés par des coins.

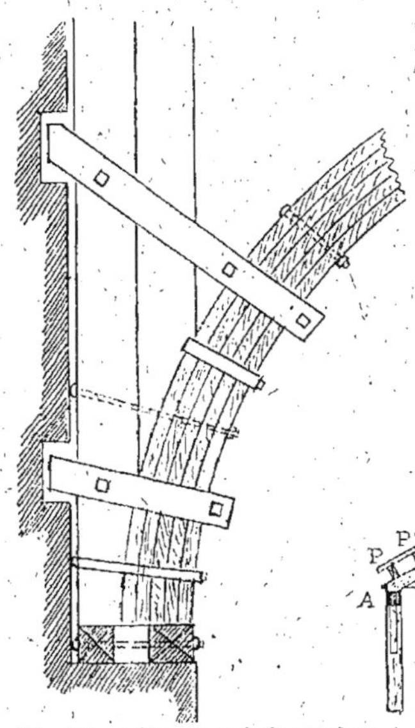

La ferme du colonel Emy est du même type ; mais les planches sont courbées à chaud et réunies par des boulons (*fig.* 170).

On peut encore placer parmi les charpentes courbes les combles de M. Pombla (*fig.* 171). La partie essentielle de la ferme est une pièce de bois courbé AMB, maintenue par un tirant métallique AB. Sur cette pièce courbe on place les pannes p, p, destinées à recevoir les voliges.

On peut aussi placer sur la pièce courbe des arbalétriers, et relier l'ensemble par des poinçons.

Ces charpentes sont très légères ; on

Fig. 170. — Ferme en bois courbes.   Fig. 171. — Ferme Pombla.

peut les faire pour des portées de 7 à 12 mètres et plus. Elles peuvent recevoir des couvertures en zinc, en ardoises ou en tuiles mécaniques.

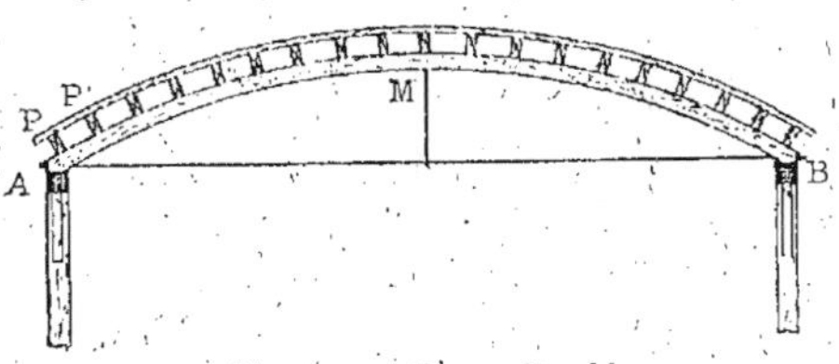

IV. — COUVERTURES

La *couverture* d'un bâtiment a pour effet de s'opposer à l'introduction des eaux pluviales à l'intérieur. A côté de ce rôle apparent,
la couverture en remplit un autre non moins utile, c'est de maintenir la température des locaux aussi uniforme que possible dans des
limites fixées à l'avance suivant leur destination : laiterie, cuverie
pour fermentation, étable, etc.

Les matériaux employés pour les couvertures doivent remplir les
conditions suivantes : être à la fois légers et résistants, inattaquables
par les agents atmosphériques, incombustibles, faciles à poser ou à
réparer en cas de besoin ; enfin, d'un prix aussi réduit que possible.

Nous diviserons l'étude des couvertures de la manière suivante :

Couvertures végétales : paille, roseaux, bois ;
— *minérales :* ardoises ;
— *céramiques :* tuiles ;
— *métalliques :* zinc, tôle galvanisée ;
— *artificielles :* ciment volcanique, carton.

COUVERTURES VÉGÉTALES

Paille. Chaume. — Ce genre de couverture a longtemps été uniquement employé dans les constructions rurales. Les seules qualités
qu'il possède consistent dans son bon marché et dans l'uniformité
de la température du local ainsi recouvert. Cette température uniforme est due en grande partie à l'épaisseur considérable ($0^m,25$ à
$0^m,30$) de la toiture.

A côté de ces avantages se placent les défauts suivants : durée
restreinte (vingt à vingt-cinq ans), réparations continuelles, risques
d'incendie considérables ; enfin, les rongeurs et les insectes trouvent
dans l'épaisseur du chaume un abri excellent.

Le chaume peut encore être employé actuellement dans le cas de
constructions passagères ; par exemple, un fermier, près du terme de
son bail, pourra couvrir à peu de frais une étable annexé, etc. Aussi
allons-nous indiquer rapidement la manière de l'établir.

La charpente est formée par des branches A B, A C,... (*fig.* 172,
173), formant chevrons. Perpendiculairement à ceux-ci on place des
lattes *a*, *b*, *c*, *d*,... que l'on relie aux chevrons par des ligatures en
paille, en fil de fer, ou en les clouant. Le chaume est fixé sur ces
lattes en commençant par la partie inférieure et en ayant le soin de
placer la paille les épis en haut. Chaque bande doit recouvrir la
partie supérieure de celle qui est en dessous, pour assurer l'étanchéité

de la toiture. Quand tout le toit est recouvert, on passe un râteau pour placer les pailles bien parallèles et on coupe nettement les

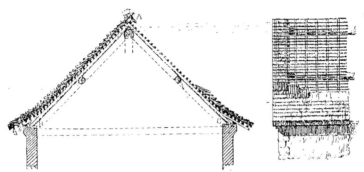

Fig. 172, 173. — Établissement d'une toiture en chaume.

bords avec une faucille. Le faîtage est formé par des bottes de paille placées à cheval sur chaque égout.

On estime que 1 mètre carré de toiture de chaume ayant 0m,25 d'épaisseur pèse 25 kilogrammes. Sa durée peut atteindre trente ans.

On évite la moisissure trop prompte de la paille en la plongeant dans une solution de sulfate de cuivre avant de confectionner le toit. Il faut donner une forte inclinaison aux égouts pour faciliter l'écoulement rapide des eaux (45° environ).

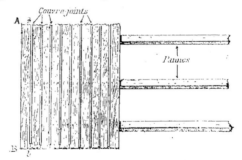

Fig. 174. — Toiture en planches perpendiculaires aux pannes.

Bois. — Le bois ne peut se recommander pour les toitures que dans les pays où il est très commun. Le bon marché relatif est, du reste, sa seule qualité. Une couverture en bois se disloque rapidement par les alternatives de sécheresse et d'humidité; la pourriture vient se loger dans les fentes et a bientôt mis les planches hors de service; la chaleur passe très bien à travers les boiseries de faible épaisseur et, enfin, un incendie trouve un aliment facile dans une telle toiture.

Les planches formant toiture peuvent être disposées de deux façons différentes : on peut les clouer perpendiculairement aux pannes (*fig.* 174), lorsque leur longueur est suffisante pour couvrir toute la largeur de l'égout A B. L'étanchéité de la toiture est assurée

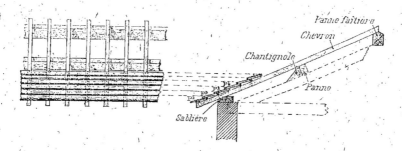

Fig. 175, 176. — Toiture en planches placées parallèlement au faîtage.

par des couvre-joints *a b* qui sont cloués aux deux planches juxta-posées.

La deuxième disposition (*fig.* 175, 176) consiste à clouer les planches sur des chevrons, parallèlement au faîtage. On commence par placer la planche inférieure P¹, puis on cloue la deuxième P² en la faisant recouvrir la première d'environ 0ᵐ,05 et ainsi de suite.

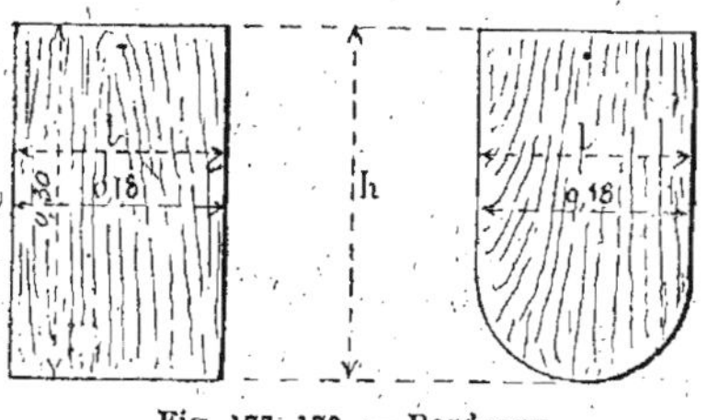

On fait aussi, avec le bois, des plaquettes de petites dimensions appelées *bardeaux*. Les dimensions d'un bardeau sont les suivantes :

$$h = 0^m,30 \text{ à } 0^m,35$$
$$l = 0^m,15 \text{ à } 0^m,20$$
$$c = 0^m,01 \text{ à } 0^m,02$$

Fig. 177, 178. — Bardeaux.

On les fabrique avec du sapin, du chêne ou du châtaignier. On leur donne la forme d'un rectangle ou d'une écaille (*fig.* 177, 178). Les bardeaux se posent comme nous l'indiquerons plus loin à propos des ardoises.

On peut prolonger la durée d'une toiture en bois en enlevant les mousses qui s'y forment, en bouchant les fentes avec des mastics et en passant tous les ans, quand la toiture est bien sèche, une couche de goudron à chaud.

COUVERTURES MINÉRALES.

Ardoises. — Les couvertures en *ardoises* sont très employées; leurs seuls inconvénients sont : 1° la fragilité, qui rend difficile l'accès de la plus grande partie de la toiture en cas de réparations; 2° le

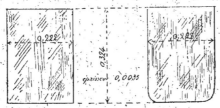

Fig. 179, 180. — Ardoises.

pouvoir absorbant considérable de leur couleur noire pour les rayons calorifiques.

Une bonne ardoise doit être dure, d'une certaine densité ; elle ne doit ni être gélive, ni absorber l'eau. Le fil de l'ardoise ou « lon-

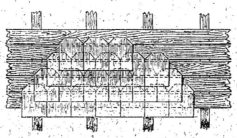

Fig. 181. — Couverture en ardoises clouées.

grain » doit être parallèle à son plus grand côté au lieu d'être incliné (ardoise traversière); enfin l'ardoise ne doit pas contenir de pyrites susceptibles de se désagréger à l'air. On trouve dans le commerce des ardoises de dimensions variables avec leur origine. Elles sont rectangulaires ou à angles abattus (écailles) [*fig.* 179, 180]. Ces dernières ne sont pas à adopter, à cause de la difficulté qu'on éprouve à les maintenir par des crochets.

La pose des ardoises se fait de deux manières : autrefois on faisait,

sur le chevronnage, un plancher de voliges espacées d'environ 1 centimètre et on y fixait l'ardoise par deux clous galvanisés (fig. 181). Ce
procédé est défectueux,
car le vent peut péné-
trer sous l'ardoise et la
rompre; en outre, les

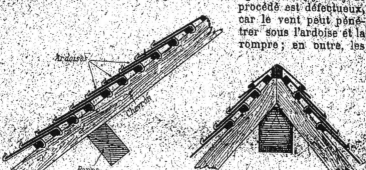

Fig. 182. — Ardoises fixées à l'aide
de crochets.

réparations sont difficiles à
bien exécuter.

Aujourd'hui ce procédé
est à peu près abandonné;
on fixe les ardoises sur des
lattis au moyen de cro-
chets (fig. 182). Ces crochets agrafent l'ardoise en
haut et en bas et la maintiennent solidement pincée
sur le lattis. Ils se font en
fer galvanisé ou en cuivre;
ces derniers sont préférables à cause de leur plus
longue durée.

Le faîtage s'effectue soit
au moyen d'une feuille de
zinc, soit avec des tuiles
faîtières spéciales, soit en
faisant déborder les ar-
doises d'un côté (fig. 183

Fig. 183 à 185. — Faîtages divers
avec couvertures en ardoises.

à 185). Les arêtiers se font également avec des feuilles de zinc
ou des tuiles; pour les noues on emploie des feuilles de zinc ou
de plomb.

Il est bon de planter dans les chevrons de forts crochets en fer qui serviront à fixer des échelles pour les réparations (*fig.* 186).

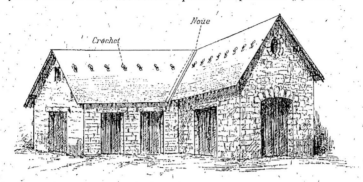

Fig. 186. — Construction montrant les crochets fixés au toit pour les réparations.

COUVERTURES CÉRAMIQUES

Les couvertures en *tuiles* sont très avantageuses, car elles présentent toutes les qualités requises pour une bonne toiture. Elles ont malheureusement l'inconvénient de posséder un poids considérable

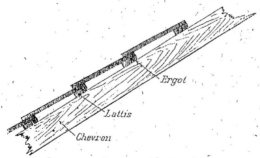

Fig. 187. — Couverture en tuiles plates.

(80 à 100 kilogr. le mètre carré). Les qualités des tuiles sont identiques à celles des briques, que nous connaissons déjà.

Tuiles plates. — Ces tuiles sont rectangulaires; leurs dimensions sont $0^m,30 \times 0^m,25$ ou $0^m,24 \times 0^m,19$. On les place sur un lattis et on les maintient par des crochets ou ergots ménagés sous leur face inférieure. Cet ergot est percé d'un trou où peut passer un fil de fer destiné à lier la tuile sur le lattis (*fig.* 187).

Tuiles canal ou tuiles romaines. — Ce genre de tuile a la forme d'une gouttière de 0^m,35 de longueur plus large à une extrémité qu'à l'autre (*fig.* 188, 189). On les place côte à côte, en recouvrant le joint par une autre tuile (*fig.* 190). On les fixe d'ordinaire sur un

Fig. 188, 189.— Tuile romaine et coupe.

Fig. 190. — Coupe d'une couverture en tuiles creuses.

Fig. 191. — Tuiles romaines maintenues en place par des chevrons.

voligeage grossier ; parfois, on les maintient en place par des chevrons triangulaires qui leur servent de cale dans toute leur longueur (*fig.* 191).

Les faîtages, les arêtiers et les égouts sont faits avec les mêmes tuiles maçonnées.

La pente des toitures en tuiles romaines est faible (15° à 27°), car ces tuiles sont simplement posées sans être retenues par autre chose que le frottement.

Tuiles mécaniques. — On désigne ainsi des tuiles moulées qui se fixent les unes aux autres par des rainures et des saillies spéciales (*fig.* 192 à 194), de manière que la toiture forme un ensemble étanche et solide.

Les dimensions, les modes d'agrafage varient avec les fabricants.

On pose les tuiles sur lattis cloué au chevronnage, comme nous l'avons indiqué pour les tuiles plates.

On fabrique sur le même modèle des tuiles en verre que l'on peut

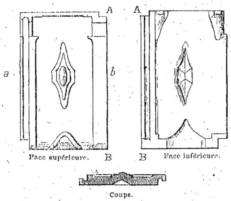

A
A
a
b
Face supérieure.
B
B
Face inférieure.
Coupe.

Fig. 192 à 194. — Tuile mécanique.

intercaler dans la toiture de manière à éclairer les greniers. Les tuileries mécaniques livrent aussi des chattières, des rives, des enfaiteaux, des arêtiers pouvant s'emboîter avec les tuiles.

COUVERTURES MÉTALLIQUES

Zinc. — Le *zinc* est utilisé dans les toitures, soit en feuilles de différentes épaisseurs, soit en tuiles embouties de grandeurs

Couvre-joint
Tasseau
Feuille de zinc
m
n
q
p
Volige

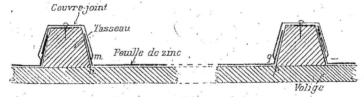

Fig. 195, 196. — Toiture en zinc.

diverses. Les feuilles de zinc se posent sur un voligeage jointif, de manière que leur plus grand côté soit parallèle aux chevrons; les deux bords sont relevés suivant *m n*, *p q* (*fig.* 195, 196), de façon à avoir la pente des *tasseaux* en bois cloués sur les voliges. Sur les tasseaux on cloue des petites *pattes* qui maintiennent la feuille ; par-dessus on place un *couvre-joints* en zinc, qui est aussi long que les tasseaux ; les têtes des clous sont recouvertes de soudure, pour empêcher l'attaque des métaux par le contact de l'eau de pluie. Si les feuilles ne font pas toute la longueur d'un égout on les réunit par deux plis (*fig.* 197). Par ce procédé on permet la dilatation du métal dans les deux sens.

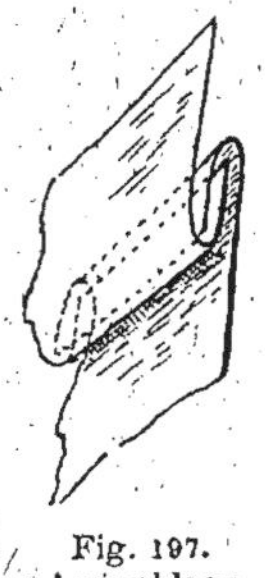

Les toitures faites avec des feuilles de zinc peuvent avoir une pente très faible ; 3 à 4 centimètres par mètre suffisent.

On fabrique avec le zinc des tuiles qui se posent suivant les indications fournies par les fabricants, mais on doit toujours observer les conditions de dilatation et de contact des métaux que nous avons cités plus haut.

Fig. 197.
Assemblage
de deux feuilles
de zinc.

La couverture en zinc ne s'emploie guère dans les constructions que pour des petites surfaces : appentis, réservoirs, etc.

Dans le commerce, l'épaisseur du zinc est indiquée par des numéros ; les plus ordinairement employés sont les suivants :

	m/m	
Nos 11.	0,50	
— 12.	0,66	Les feuilles ont 2 mètres de long et
— 13.	0,74	0^m,50 ou 0^m,80 de large.
— 14.	0,82	

Tôle ondulée. — La *tôle ondulée* s'emploie sous forme de panneaux de grandes dimensions, 1^m,10 × 0^m,80 ; les ondulations de la tôle servent pour faire les joints. Les feuilles sont maintenues sur les pannes par des équerres en fer que l'on cloue sur ces dernières.

La tôle galvanisée est légère, étanche, mais ne peut se recommander que pour des cas tout à fait particuliers (couvertures de magasins, d'entrepôts, de locaux de machines).

COUVERTURES ARTIFICIELLES

Carton-cuir ou carton bitumé. — Le *carton bitumé* est vendu dans le commerce, sous différentes marques, en rouleaux de 12 mètres de long et de 0^m,70 à 0^m,80 et 1 mètre de largeur. La composition de ces cartons bitumés est modifiée suivant les destinations diverses qu'il peut recevoir (contrées humides, chaudes, etc.).

La pose se fait sur un voligeage jointif par deux procédés analogues à ceux que nous avons indiqués pour les toitures en bois ; la longueur du rouleau peut être parallèle ou perpendiculaire au faîtage.

Les feuilles sont clouées sur les voliges, et on empêche le vent de les déchirer ou de les arracher en clouant des lattes par-dessus ; dans le cas où les feuilles sont perpendiculaires aux pannes, les lattes de fixation servent en même temps de couvre-joints.

Le carton bitumé ne doit servir que pour couvrir des bâtiments légers et provisoires. La durée d'une telle toiture peut cependant dépasser quinze ans.

Ciment volcanique. — Le principe des toitures en *ciment volcanique* consiste à placer sur une surface légèrement inclinée, pour assurer l'écoulement des eaux pluviales, plusieurs couches d'un papier spécial et d'un produit bitumineux dénommé par le fabricant « ciment volcanique ». Le papier et le ciment font prise ensemble, de telle manière que l'on obtient une feuille homogène, sans aucun joint, de 5 à 6 millimètres d'épaisseur.

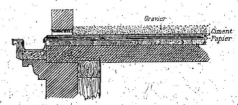

Fig. 198. — Coupe d'une toiture en ciment volcanique.

Ces toitures présentent toutes les qualités requises de légèreté, durée, étanchéité, etc. Elles sont combustibles, mais ne flambent pas de manière à propager l'incendie. Elles laissent passer la chaleur, à cause de leur faible épaisseur, mais cet inconvénient est évité en plaçant une couche de gravier sur la terrasse.

Voici la manière de les établir :

La charpente se réduit au solivage d'un plancher identique aux planchers séparant les étages (*fig.* 198). La section et l'écartement des poutres et des solives doivent être calculés en prévision d'une charge de 200 kilogrammes se décomposant ainsi :

Plancher en bois, papier et ciment	4 kilogr.	au mètre carré.
Revêtement en gravier.	90 —	—
Surcharge de l'eau de pluie retenue par le gravier.	20 —	—
À prévoir pour les matériaux pouvant être déposés sur la terrasse.	86 —	—
Total.	200 kilogr. au mètre carré.	

On disposera le solivage de manière à ménager une pente pour l'écoulement de l'eau (2 à 5 centimètres suffisent). On place sur les solives un plancher de sapin, assemblé à rainures et à languettes.

On peut aussi faire un plancher en ciment ou en briques, supporté par des poutrelles métalliques.

Sur ce plancher, on étend une couche de sable fin et bien sec, dans le but d'empêcher la couverture d'adhérer, de façon que les mouvements du plancher ne provoquent aucune rupture dans la couche imperméable. L'épaisseur de cette couche de sable fin ou de cendre est d'environ 2 à 3 millimètres. On place au-dessus une couche de papier, puis une couche de ciment, ensuite d'autre papier, etc., de manière à obtenir en définitive quatre couches de papier et trois de ciment. Sur la dernière feuille de papier on étend une quatrième couche de ciment plus forte que les autres. C'est sur cette couche de ciment bien sèche qu'on étendra une couche de 2 centimètres de sable fin, de cendres ou de scories pilées, et enfin, par-dessus celle-ci, on en dispose une autre de 3 à 5 centimètres de gravier. Ce revêtement préserve le ciment des influences atmosphériques et met la couverture à l'abri des accidents qui pourraient l'endommager.

Le papier est vendu en rouleaux de 60 à 70 mètres de long sur 1m,40 à 1m,60 de large. Naturellement, les joints des différents rouleaux sont croisés et non superposés ; on relève le papier à une petite hauteur le long des murs, cheminées ou autres saillies.

Le ciment est en tonneaux ; c'est une sorte de pâte molle qu'il faut chauffer pour la liquéfier et pouvoir l'étendre avec des brosses ; il faut éviter de le faire bouillir, car l'ébullition le décomposerait. Le prix de revient de ce système de couverture est environ de 4 fr. 50 à 6 francs le mètre carré.

L'économie consiste surtout dans la suppression des charpentes des combles et dans la diminution d'épaisseur que l'on peut faire subir aux murs, puisque la toiture sera plus légère et qu'on pourra répartir la charge sur tous les murs de face, de pignon ou de refend.

Couvertures en verre. — Le verre est utilisé dans les constructions urbaines pour la couverture des cours, vérandahs, marquises, etc... A la campagne on ne l'emploie guère que pour la construction des serres destinées au forçage des plantes de primeurs. Nous indiquerons dans le chapitre réservé à la vitrerie les particularités relatives au choix et à la pose des feuilles de verre.

COUVERTURES ISOLANTES

Nous avons déjà fait remarquer que les différents systèmes de couvertures sont d'une efficacité très variable en ce qui concerne l'uniformité de la température des locaux : l'absorption, la conductibilité des matériaux pour la chaleur, leur épaisseur sont les facteurs qui interviennent ; mais, comme il est impossible de les modifier directement, on tourne la difficulté en établissant un matelas d'air ou de matières inertes et légères entre la couverture et le local qu'elle recouvre. Par exemple, on peut abandonner tout l'espace compris dans la ferme et établir un plafond sous l'entrait AB (*fig.* 199).

Ce plafond peut être fait en plâtre, en carreaux de liège, en planches; si on ne craint pas les risques d'incendie, on peut simplement disposer une couche de roseaux, de paille ou de fagots.

Dans le cas où l'espace compris entre le tirant et le faux entrait est utilisé (ferme à entrait retroussé, *fig.* 200), on établit un voligeage jointif sous le faux entrait et les aisseliers et on remplit l'espace vide de sciure de bois, de tannée, de liège en poudre. Dans le cas des toitures en ciment volcanique, on peut

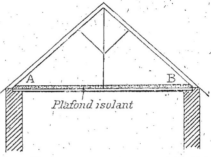

Fig. 199. — Schéma de couverture avec plafond isolant.

augmenter l'épaisseur du gravier ou du sable et procéder à des arrosages destinés à maintenir la température dans des limites assez basses.

On peut aussi installer des jardins sur ces terrasses; la fraîcheur de la terre et l'ombre des plantes contribuent dans une certaine mesure à diminuer l'élévation de la température. Il existe des édifices où la terrasse supérieure constitue le fond d'un réservoir rempli d'eau. L'épaisseur de la couche liquide est environ de 15 à 20 centimètres; la différence de température entre les extrêmes d'hiver et d'été n'est que de 4 à 5 degrés.

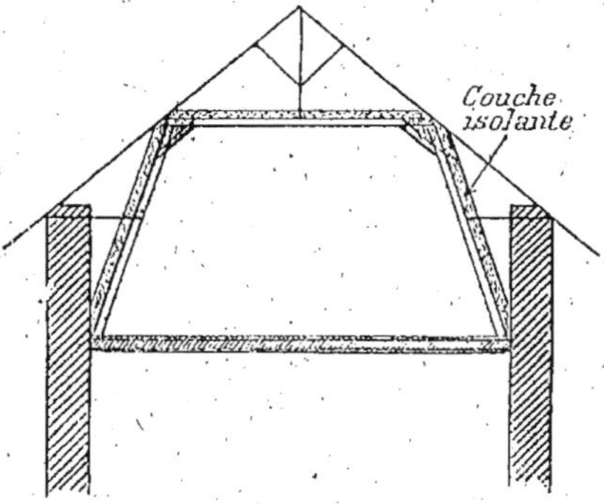

Fig. 200. — Schéma de couverture isolante appliquée à une ferme à entrait retroussé.

Dans des cas tout à fait spéciaux, par exemple pour l'établissement d'une laiterie dans un pays très chaud, on remplace la toiture par une voûte en pierres dont l'épaisseur et la conductibilité permettent seules d'obtenir une température convenable dans le local.

GOUTTIÈRES ET ÉGOUTS

L'eau de pluie, quoique rejetée sur le sol par les toitures, pourrait encore s'introduire à l'intérieur des bâtiments en filtrant à travers le sol ou en pénétrant par capillarité dans les matériaux de la construction.

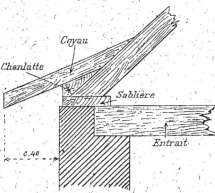

Fig. 201. — Chevrons courts prolongés au moyen de coyaux.

Il est donc nécessaire, comme complément de la couverture, d'évacuer les eaux d'égout des toits de manière à éviter toute humidité soit dans les murs, soit dans les fondations. L'eau de pluie doit être amenée aussi loin que possible des murs; aussi les chevrons font toujours saillie d'environ $0^m,30$ et, au besoin, on prolonge les chevrons courts au moyen de *coyaux*, portés par des *chanlattes* (*fig.* 201).

Dans les toitures à faible inclinaison (ardoises), on constitue l'égout par une feuille de zinc repliée (*fig.* 202) qui oblige l'eau à tomber sans qu'elle puisse remonter par capillarité. L'eau tombe sur le sol; il est de toute nécessité de l'évacuer rapidement et d'éviter la stagnation. On ménage à l'aplomb des gouttières des caniveaux pavés ayant une pente suffisante, 2 à 3 centimètres par mètre, pour assurer l'écoulement de l'eau.

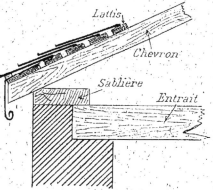

Fig. 202. — Protection des murs contre les eaux de pluie par une feuille de zinc repliée.

Ces ruisseaux sont coûteux à établir et d'un entretien constant. Il est préférable d'établir des gouttières en zinc au niveau de l'égout et de conduire les eaux à des endroits convenablement choisis par des tuyaux de descente. Les gouttières peuvent être faites au moyen d'une feuille de zinc repliée à angle droit (*fig.* 203). Il faut avoir la

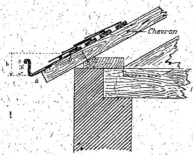

Fig. 203. — Gouttière formée d'une feuille de zinc repliée.

précaution de donner à la portion *ab* de la feuille de zinc une longueur suffisante pour que la hauteur *h* soit toujours plus grande que *h'*, de façon que si la gouttière vient à être engorgée, le dé-

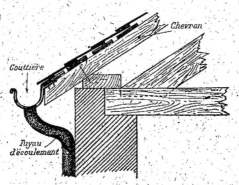

Fig. 204. — Coupe d'une gouttière supportée par des crochets.

bordement de l'eau se fasse toujours à l'extérieur, et non à l'intérieur du bâtiment.

Les gouttières demi-circulaires (*fig.* 204), portées par des crochets fixés aux chevrons, sont préférables : si quelque engorgement vient à se produire, la chute de l'eau se fait directement sur le sol.

Les éléments des gouttières ont de 1^m,50 à 2 mètres de longueur, on les agrafe ordinairement par un pli et une soudure. On peut aussi employer pour leur liaison différents systèmes d'attaches étanches et démontables que l'on trouve dans le commerce.

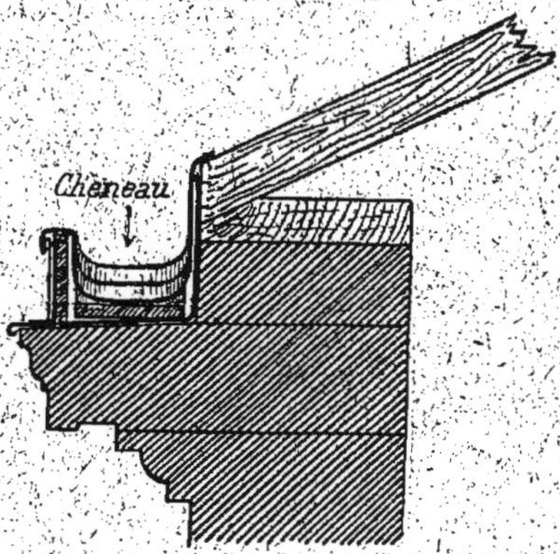

Dans les constructions soignées, maisons d'habitation, pavillons, etc., le chéneau est généralement posé sur la corniche même de l'édifice (*fig.* 205). Il importe alors que cette corniche soit nettement en saillie sur le nu du mur, pour qu'en cas d'engorgement ou de fuites, l'eau ne pénètre pas dans la maçonnerie et s'écoule au dehors.

Fig. 205. — Chéneau.

Les tuyaux de descente sont en zinc, leur diamètre varie de 0^m,08 à 0^m,11. Ces tuyaux sont formés de tronçons de 1^m,20 environ, fixés individuellement aux murs, au moyen de pattes spéciales; près du sol, le tuyau est en fonte et porte le nom de *dauphin* (*fig.* 206). Le dauphin est en une ou plusieurs parties; son extrémité inférieure est coudée et amène les eaux dans des caniveaux souterrains ou dans des ruisseaux superficiels. Les eaux de pluie sont précieuses dans beaucoup d'endroits pour l'alimentation des animaux et du personnel de la ferme, et nous verrons plus loin (quatrième partie, page 231) la manière de les recueillir.

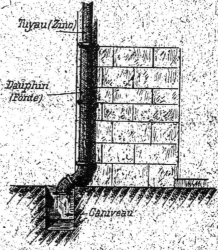

Fig. 206. — Dauphin à l'angle d'un mur.

Les gouttières ont une pente d'environ 0^m,002; leur section varie avec la surface du toit qu'elles doivent desservir et l'intensité des pluies. Il en est de même de l'écartement des tuyaux de descente; on les place d'ordinaire aux extrémités des bâtiments. Si, dans leur parcours, deux ou plusieurs tuyaux viennent se déverser dans un collecteur commun, on emploie pour la jonction soit des culottes simples ou doubles (fig. 207), soit des cuvettes.

Fig. 207. — Culotte double.

Les toitures doivent être visitées, nettoyées et réparées fréquemment si on veut assurer leur durée et leur bon fonctionnement.

Poids des différentes espèces de couvertures.

MATÉRIAUX	POIDS DU MÈTRE CARRÉ	INCLINAISON
Chaume.		
Bardeaux ou planches (chêne)	45 kilogr.	45°
— (sapin)	22	
Tuiles plates	88	27° à 60°
Tuiles creuses (à sec)	75	21° à 70°
— (maçonnées)	135	
Ardoises d'Angers (grandes)	38	35° à 40°
— (cartelettes)	24	
Zinc n° 14	8	18° à 25°
Tôle ondulée	7 à 8	18° à 21°
Carton cuir	3	13° à 45°

V. — CIMENT ARMÉ [1]

Le *ciment armé* est un mode de construction moderne qui permet d'exécuter, à l'aide du fer et du ciment, les travaux relatifs au gros œuvre d'un bâtiment.

La première idée de l'emploi simultané du fer et du ciment paraît être originaire de France, dès 1861. M. Coignet se servait de la com-

[1] G. Lavergue, *Le Ciment armé* (Béranger, éditeur, Paris et *Génie civil*, année 1898).

binaison de ces matériaux pour l'édification des digues, des voûtes, des planchers, etc. Depuis, un grand nombre d'ingénieurs se sont occupés de la question et l'ont rapidement amenée à l'état de perfection où elle se trouve aujourd'hui.

On désigne par « ciment armé » toutes les constructions en mortier ou béton de ciment à ossature métallique. L'association de ces deux matériaux est très heureuse; on peut même dire qu'ils se complètent mutuellement. Ainsi le fer donnera, par sa résistance à l'extension, la solidité que le béton ne pouvait fournir; le ciment, de son côté, protégera le fer de toute oxydation et supportera les efforts de compression; de plus, l'adhérence des deux substances, qui est parfaite, ne se trouve pas altérée par les variations de température, puisque les coefficients de dilatation du fer et du ciment sont identiques.

En pratique, on se trouve en présence d'un certain nombre de systèmes de ciment armé.

Ces systèmes ne sont, en somme, que des variantes, pour des cas particuliers, de la forme et de la constitution de l'ossature métallique.

Fig. 208. — Principe d'une pièce en ciment armé.

Cette ossature, dans tous les systèmes, se trouve placée à la partie inférieure de la pièce, pour la raison suivante : une pièce en ciment armé, *m n p q* (*fig.* 208), reposant par ses extrémités sur deux appuis A, B, travaillera à la flexion. Mais on sait que la flexion d'une telle pièce peut être considérée comme le résultat de l'extension de sa partie inférieure et de la compression de sa partie supérieure; par conséquent, le métal, qui résiste très bien à l'extension, sera placé en bas, tandis que le ciment, qui résiste mieux à la compression, sera à la partie supérieure.

Les travaux exécutés en ciment armé peuvent se réduire à trois types :

1° La *dalle* (planchers, couvertures, murs);
2° La *poutre* (destinée à renforcer la dalle de grandes dimensions);
3° Le *cylindre* (réservoirs, tuyaux, cheminées, etc.).

Chacun des systèmes est caractérisé par une appropriation plus ou moins heureuse de l'ossature pour la construction de l'un de ces types. Nous allons passer rapidement en revue les plus employés, en signalant le principe caractéristique de chacun.

Systèmes Monnier, Bordenave, Bonna. — Dans ces différents systèmes, l'ossature est formée par deux séries de barres parallèles qui
se coupent à angle droit (*fig.* 209). Les barres inférieures *a b* sont
appelées *tiges de résistance;* elles sont d'un seul morceau d'un bout à

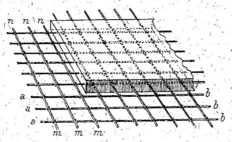

Fig. 209. — Ossature dans le système Monnier, Bordenave, etc.

l'autre de la pièce. Les barres supérieures *m n* sont les *tiges de répartition;* elles peuvent être en plusieurs morceaux. Ce quadrillage
est maintenu par des ligatures en fil de fer.

Le système Monnier est caractérisé par la section carrée ou ronde
des barres; dans le système Bordenave, les tiges sont en acier pro-

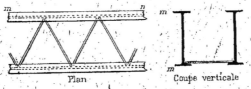

Plan   Coupe verticale

Fig. 210, 211. — Système Donath.

filé, en L, U ou I. M. Bonna emploie des fers à section cruciforme.
Les tiges de résistance ont une section variable avec l'effort à supporter; leur écartement varie de 0ᵐ,05 à 0ᵐ,10. Les tiges de répartition sont généralement de dimensions plus faibles.

Systèmes Donath, Muller. — Le système Donath forme les tiges
de résistance par des fers à I et dispose les tiges de répartition
en fers plats qui s'appuient sur les ailes du fer à I (*fig.* 210, 211).

Le système Muller est analogue; il ne se différencie que par la
section plate des tiges de résistance.

Système **Hyatt.** — Les tiges de résistance sont formées par des fers plats placés de champ *a a* (*fig.* 212). Ceux-ci sont percés de trous

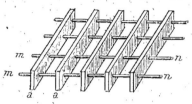

par où passent les barres rondes *mn*, formant les tiges de répartition.

Systèmes **Ransome, Stolte.** — Dans ces systèmes les tiges de répartition sont supprimées ; cette absence de liaison métallique est contraire au principe de la construction du ciment armé, puisqu'on laisse

Fig. 212. — Ossature système Hyatt.

au ciment le soin d'assurer par sa cohésion la fixité relative des tiges de résistance.

L'ossature du système Ransome est formée par des barreaux de fer carrés (*fig.* 213), tordus pour empêcher le glissement.

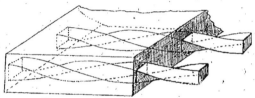

Fig. 213. — Ossature système Ransome.

Le système Stolte se contente de fers plats placés de champ.

Système **Cottancin.** — Ce système consiste à former une sorte de canevas avec un fil de fer ou d'acier replié sur lui-même (*fig.* 214, 215) ; il n'y a pas besoin de ligatures, l'ensemble est suffisamment rigide par suite de l'alternance des différentes portions du fil qui passent en dessus et en dessous les unes des autres.

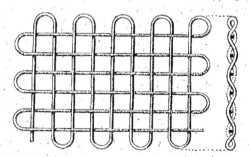

Fig. 214, 215. — Ossature système Cottancin.

Le diamètre du fer employé est de 4 à 5 millimètres ; on se contente de resserrer ou d'élargir les mailles, suivant la charge à supporter. S'il était nécessaire de renforcer le réseau en un endroit déterminé, on intercalerait parmi les mailles des barres de fer de section convenable.

Système du métal déployé. — Ce système se rapproche de celui de M. Cottancin par l'adoption d'un réseau uniforme en ce qui concerne les tiges de résistance et de répartition.

Le métal déployé est le résultat du découpage dans une feuille de tôle d'un réseau de losanges, qui est ensuite étiré de façon à constituer un grillage. C'est ce grillage, dont tous les angles sont de 45°, qui sert d'ossature à la dalle de ciment armé.

Système Hennebique (*fig.* 216 à 218). — L'armature comprend des barres rec-

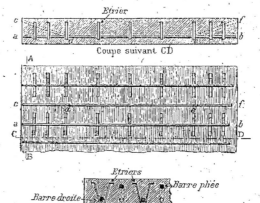

Fig. 216 à 218. — Système Hennebique.

tilignes, telles que *ab*, et des barres pliées, telles que *cdef*, la partie horizontale *de* se trouvant au même niveau que *ab* ; les barres droites alternent avec les barres pliées. Pour relier la partie supérieure de la dalle avec le réseau métallique, les barres droites

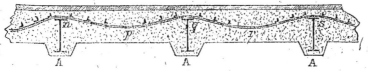

Fig. 219. — Coupe d'un plancher système Klett.

sont entourées par un étrier dont les bouts sont noyés dans le ciment. Ces étriers sont en plus grand nombre près des bords de la dalle qu'au milieu. Les barres sont en fer rond, les étriers en fer plat. Les tiges de répartition n'existent pas ; cependant on arme parfois la dalle dans le sens transversal par un réseau de barres droites.

Système Klett. — Les maîtresses poutres AA supportent des barres de fer plat, telles que *mnpqr*. Sur ces dernières, on place des bouts de fer cornière (*fig.* 219).

APPLICATIONS DU CIMENT ARMÉ

Les différents systèmes que nous venons d'étudier rapidement peuvent s'appliquer à la construction des diverses parties d'un bâtiment.

Fondations. — Dans le cas d'un terrain peu résistant, il est très avantageux de constituer l'empattement des murs par une dalle de ciment armé ayant une largeur suffisante pour obtenir la pression par unité de surface nécessaire (pages 57, 58).

Les fondations des socles de machines, des réservoirs, des charpentes soutenant les foudres, et en général de toutes les parties d'une

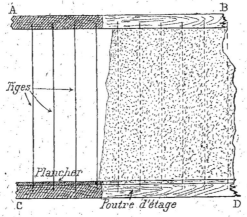

Fig. 220. — Cloison située au-dessus d'une poutre.

construction présentant un grand poids sur une faible surface ne pourront se faire mieux que sur une dalle de ciment armé.

Murs. — Les murs en maçonnerie sont meilleur marché que les murs en ciment armé, mais celui-ci peut s'employer avec avantage pour les parties que l'on fait d'habitude en pierre de taille, bois ou fer (jambages de baies d'ouvertures, palâtres, etc.).

Cloisons. — Les cloisons en ciment armé coûtent plus cher que les cloisons ordinaires en briques et plâtre. Mais si on a besoin d'une cloison offrant sous une faible épaisseur une grande résistance, pour des silos par exemple, le ciment armé est avantageux. La cloison n'est, en somme, qu'une dalle verticale dont les tiges de résistance sont horizontales et les tiges de répartition verticales.

Nous considérons deux cas, suivant que la cloison se trouve au-dessus d'une poutre du plancher ou non.

Dans le premier cas, on conçoit l'avantage qu'il y a à accrocher les tiges verticales de la cloison avec celles des poutres; on forme ainsi une grande poutre treillagée A B C D (fig. 220), qui augmentera la résistance des planchers au lieu de la restreindre.

Si la cloison repose sur le plancher sans que celui-ci ne présente aucun appui inférieur, on courbe les tiges de résistance m n o,

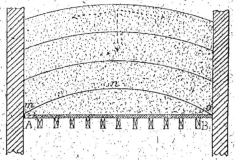

Fig. 221. — Cloison reposant sur le plancher.

comme l'a indiqué M. Ways, de façon à décharger le plancher AB (fig. 221) et à renvoyer la charge verticale de la cloison sur les murs, ou sur des points des planchers que l'on renforce en conséquence. La flèche à donner aux tiges est du 1/8 de leur longueur.

M. Cottancin a fait remarquer que dans les parois verticales la différence de densité du sable et du ciment provoquerait des défauts; il s'oppose aux mouvements de ces matériaux en intercalant dans la cloison des chaînes de briques creuses, dans lesquelles il fait passer le fil métallique de son réseau. Les saillies de briques forment résistance au mouvement de descente en divisant la masse de la cloison en sections de petites dimensions.

M. Hennebique modifie la position des fers et des étriers suivant la destination de la cloison (appartements, parois de réservoir, soutènement de terres), de manière à obtenir dans les différents cas le maximum de résistance.

Les murs dont nous avons parlé précédemment sont faits au moyen de deux cloisons dont les ossatures sont maintenues parallèles par des croisillons métalliques placés en dedans du mur creux. Il est inutile de garnir l'espace vide par des matériaux.

Planchers et plafonds. — Les planchers de petites dimensions, de 5 à 6 mètres d'ouverture, pouvant porter jusqu'à 500 kilogrammes par mètre carré, se font au moyen d'une dalle en une seule pièce, sans poutres saillantes à la partie inférieure.

On utilise l'un quelconque des procédés que nous avons signalés précédemment. Le dessus est toujours plat, de manière à pouvoir y établir un dallage ou un parquet. La partie inférieure formant le plafond peut recevoir un enduit de plâtre ordinaire ou toute autre

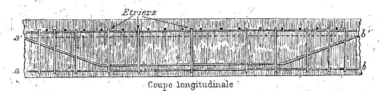

Coupe longitudinale

Fig. 222. — Poutre système Hennebique.

espèce de décoration. Lorsque l'espace à couvrir est considérable, on augmente la résistance des planchers par des poutres saillantes en dessous. Ces poutres peuvent être indépendantes du plancher et constituées par des matériaux différents, bois ou fer; mais le plus souvent elles sont en béton armé et font corps avec le hourdis. On peut laisser ces poutres visibles dans l'étage inférieur, ou bien les cacher par un plafond plat établi au-dessous des poutres.

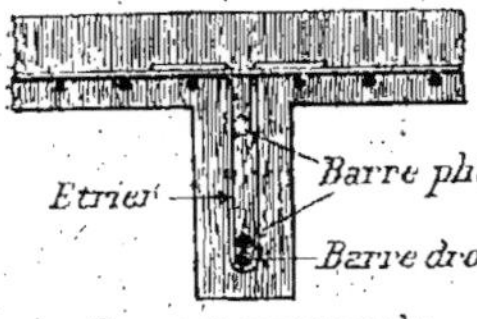

Etriers — Barre pliée
— Barre droite

Coupe transversale.

Fig. 223. — Coupe de la poutre système Hennebique.

En employant le système Cottancin, les poutres seront constituées au moyen d'*épines-contreforts*. Celles-ci comportent, comme les dalles horizontales, un réseau métallique, mais celui-ci sera vertical, et relié maille à maille à la trame horizontale de la dalle; des barres métalliques placées l'une dans le haut, l'autre dans le bas de l'épine-contrefort, donnent la raideur nécessaire. Le fil employé à leur confection n'a que 0m,004 de diamètre; en espaçant les épines-contreforts de 1m,30, les dalles ont seulement 0m,05 d'épaisseur.

Ce procédé permet de disposer les poutres d'une façon quelconque sans être astreint au parallélisme avec les murs; il donne des ressources considérables aux architectes pour la décoration des grands plafonds.

Avec le système Hennebique (*fig.* 222, 223), on fabrique les poutres saillantes composées des mêmes éléments que les dalles : barres droites, barres pliées et étriers. Les barres droites ab et les barres pliées $a'b'$ sont superposées dans les poutres et comprises dans le même étrier. Toutes ces barres sont de même diamètre, 0ᵐ,05 au maximum. Les barres pliées et droites se touchent au milieu des poutres, sur 1/3 de leur longueur. Les étriers sont en fer plat.

Couvertures. — Le ciment armé semble tout désigné pour faire les terrasses; mais les alternatives de chaleur et de froid provoquent

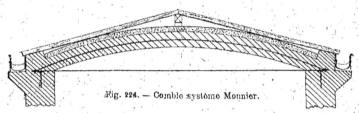

Fig. 224. — Comble système Monnier.

des dilatations et des retraits considérables, qui se traduisent par des fentes et des cre-vasses de la surface. Il faut prendre des précautions spéciales pour éviter que la di-latation de la surface de la terrasse ne dis-loque les murs qui la soutiennent et pour en assurer l'étanchéité permanente.

Ces précautions peuvent se résumer ainsi : augmenter le ciment, ménager des joints de dilatation et des joints de glisse-ment aux endroits où

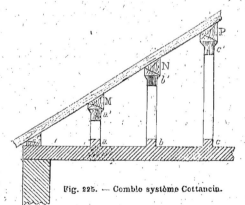

Fig. 225. — Comble système Cottancin.

la terrasse touche aux murs en élévation, placer un enduit imper-méable (ciment volcanique) au-dessus du ciment armé.

Les **toitures inclinées** peuvent se faire par divers moyens.

M. Monnier a d'abord remplacé les chevrons et les pannes par des dalles reposant directement sur les arbalétriers ordinaires. Ensuite, ceux-ci ont été remplacés par des dalles en ciment armé, courbes ou polygonales, posées de champ et munies de tirants en fer (*fig.* 224).

M. Cottancin termine l'édifice par un plancher horizontal, muni d'épines-contreforts à la partie supérieure (*fig.* 225, *abc*); sur ces épines-contreforts il place des dalles ou des poteaux verticaux *aa'*, *bb'*, *cc'*. Des pièces de bois MNP, taillées convenablement, forment les pannes où l'on fixe la toiture. Celle-ci peut être en dalles de ciment armé ou en matériaux ordinaires (tuiles, ardoises, etc.).

Ouvrages accessoires. — **Tuyaux.** — M. Bordenave forme l'ossature de ses tuyaux au moyen d'un fil en hélice qui s'enroule autour de barres longitudinales formant les génératrices d'un cylindre (*fig.* 226, 227).

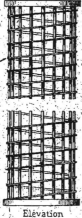

La base est formée par un fer en U cintré; un mandrin en fonte occupe l'emplacement vide du tuyau; un moule, également en fonte, concentrique à l'ossature, est placé à une distance de cette dernière, égale à l'épaisseur à donner à l'enveloppe de ciment. Le ciment est versé par en haut; comme il se trouve moins tassé vers le haut, on compense cet inconvénient par une plus grande quantité de métal en rapprochant les spires. On agit de même sur une hauteur moindre à la partie inférieure,

Elévation

Plan

Fig. 226, 227.
Ossature d'un tuyau
système Bordenave.

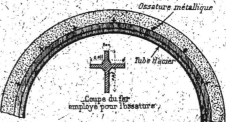

Ossature métallique

Tube d'acier

Coupe du fer
employé pour l'ossature

Fig. 228, 229. — Coupe d'un tuyau
système Bonna.

parce que celle-ci doit supporter tout le poids du tuyau jusqu'à l'enlèvement.

M. Bonna, dans le but d'obtenir une étanchéité immédiate, emploie un tube en tôle d'acier rivée et recouvert d'une armature métallique noyée dans le ciment (*fig.* 228, 229). L'armature est formée par des génératrices rectilignes et des frettes ou des spires suivant le diamètre, en fer profilé en croix. Ce profil permet un cintrage facile, résiste à la compression, donne de la rigidité aux tuyaux et augmente l'adhérence du ciment.

Cuves, réservoirs cylindriques. — Les procédés à employer sont les mêmes que pour la construction des tuyaux. Nous donnerons des indications plus spéciales dans le chapitre des Celliers.

Capacités prismatiques. — Ces constructions se composent de cinq dalles formant parois : si les dimensions sont considérables, on empêche la flexion de ces dernières par des poutres en saillie formant nervures. On peut aussi cloisonner intérieurement, ce qui augmente la résistance et rend les conséquences d'une rupture moins importantes.

Calcul des pièces. — Il n'existe pas de formules *simples* permettant de calculer exactement les dimensions à donner aux éléments d'une construction en ciment armé ; on est obligé de s'en rapporter aux données empiriques déduites de travaux exécutés antérieurement. Aussi nous conseillerons aux agriculteurs de s'en rapporter à un spécialiste pour l'exécution des travaux en ciment armé, en exigeant de celui-ci des garanties sérieuses pour la solidité des travaux qu'il aura entrepris.

REMARQUES. — L'*acier* est presque exclusivement employé, de préférence au fer, à cause de sa résistance plus considérable, pour une faible augmentation de prix. Cependant, pour les planchers, M. Hennebique se sert de fer n° 3, laminé, qui, en barres rondes, ne se rompt que sous une charge de 35 kilogrammes par millimètre carré. Le profil des tiges métalliques ne semble pas jouer un rôle bien important. Il est plus avantageux d'employer des fers ronds, qui sont plus homogènes dans leur structure, et qui peuvent être bien entourés par le ciment sans laisser aucun vide. L'absence d'arêtes vives dans les fers ronds offre de plus l'avantage de ne pas sectionner la masse du ciment ou de couper les attaches en fil de fer recuit qui lient les éléments de l'ossature.

Le *sable* doit présenter les qualités que nous avons déjà déterminées dans l'étude des mortiers ; cependant, si l'on n'a pas à se préoccuper de l'étanchéité de l'ouvrage, on peut prendre du sable à gros grains ; on le choisira au contraire assez fin, s'il s'agit de construire des tuyaux ou des réservoirs.

Le *ciment* reconnu le meilleur est le Portland ; la prise doit toutefois être assez rapide pour faciliter la mise en œuvre. Les proportions du mélange de sable et de ciment varient avec la nature de l'ouvrage.

Il ressort d'un grand nombre de travaux que la dose de 300 kilogrammes de ciment par mètre cube de sable donne de bons effets dans les travaux ordinaires.

Voici quelques exemples de dosages :

SYSTÈME	SABLE	CIMENT
Monnier (constructions et voûtes) . .	3 volumes.	1 volume.
Coignet (planchers, voûtes)	1 mètre cube.	400 kilogr.
Hennebique (constructions en général)	2 volumes sable. 3,7 de gravier.	1 volume.

Le béton doit contenir le moins d'eau possible ; on gagne beaucoup en résistance et en étanchéité en le comprimant.

Il est assez difficile d'indiquer exactement quelles sont les parties des bâtiments ruraux qui peuvent se faire avec un avantage certain en ciment armé de préférence à tout autre mode de construction. Il faut évaluer le prix de revient des ouvrages que l'on a en vue, d'une part, en employant les matériaux ordinaires, et, d'autre part, avec le ciment armé : le meilleur marché, les facilités d'exécution, les meilleures qualités de solidité, de commodité, de durée, etc., décideront le choix de la méthode.

DEUXIÈME SECTION : PETIT ŒUVRE

VI. — MENUISERIE

Les travaux de menuiserie concernent la construction des ouvrages en bois débités.

On divise les travaux de menuiserie de bâtiments en deux classes :

1° La *menuiserie fixe* ou *dormante*, qui comprend les planchers, lambris, cloisons en bois, séparations d'animaux, etc. ;

2° La *menuiserie mobile*, qui comprend la façon des portes, des fenêtres, contrevents, etc.

MENUISERIE DORMANTE

Planchers. — Les *planchers* les plus simples sont composés de planches juxtaposées à plat joint (*fig.* 230) et clouées sur les solives. Les joints s'ouvrent à cause du jeu que prennent les planches, jeu qui est d'autant plus considérable qu'on utilise des planches très larges, pour réduire le nombre des joints.

Ce procédé est à peu près abandonné aujourd'hui ; on emploie surtout des « lames de plancher » fournies par le commerce, munies de rainures et de languettes pour l'assemblage (*fig.* 231). Ces lames sont en chêne, en châtaignier ou en sapin ; leur largeur et leur épaisseur sont variables. On les pose sur le solivage, où on les

Fig. 230. — Plancher formé de planches justaposées (plats-joints).

Fig. 231. — Plancher formé de lames assemblées par rainures et languettes.

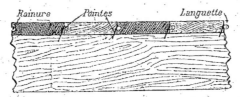

Fig. 232. — Détail du plancher à lames assemblées.

fixe par des pointes ; celles-ci sont enfoncées dans la lame, à l'endroit où est formée la languette, puis chassées de manière à être noyées dans le bois, la lame suivante vient recouvrir le tout avec sa rainure, de sorte que rien ne paraît à la surface du plancher (*fig.* 232).

Les joints transversaux des lames des planchers sont disposés soit *à l'anglaise* (*fig.* 233), soit *en échelons* (*fig.* 234).

Dans les maisons d'habitation on peut faire un plancher plus soigné en employant des lames courtes posées sur une couche de brai chaud ; on obtient alors un *parquet*. Le parquet peut affecter des formes diverses,; les plus simples sont : les *bâtons rompus* (*fig.* 235), le *point de Hongrie* (*fig.* 236). On peut former des rosaces, des panneaux et augmenter encore leur

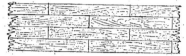

A l'anglaise.

En échelons.

Bâtons rompus.

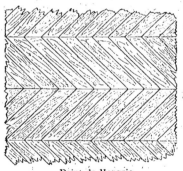

Point de Hongrie.

Fig. 233 à 236.
Différentes dispositions de parquets.

effet décoratif, en teintant les bois de différentes couleurs.

Les planchers doivent être exécutés avec des bois bien secs, sains et présentant le moins de nœuds possible; on ne doit les placer que lorsque le bâtiment en construction est suffisamment clos, pour éviter que la sécheresse ou l'humidité ne vienne les déformer. Si le plancher est posé dans un rez-de-chaussée peu élevé du sol naturel, il faut ménager de petites ouvertures dans les murs pour établir un courant d'air sous le plancher : c'est le seul moyen de l'empêcher de pourrir.

Lambris. — Les *lambris* sont des revêtements en bois que l'on place sur les murs intérieurs.

Les *lambris d'appui* présentent seuls quelque utilité, en protégeant la partie inférieure des murs, ou en empêchant le contact direct des murs et des matières déposées dans les magasins, greniers, etc.; les *lambris de hauteur*, qui couvrent les murs sur toute leur surface, ne servent qu'à la décoration des pièces.

Les lambris d'appui ont de 0^m,90 à 1^m,20 de hauteur; ils peuvent être simplement formés par des lames de parquet que l'on agrémente d'une moulure, ou bien divisés en *panneaux* par des *pilastres*. On se contente le plus souvent de *plinthes*, planches de 0^m,15 à 0^m,20 de hauteur, clouées à la base des murs et qui protègent ces derniers, tout en cachant les extrémités des lames du plancher.

Séparations d'animaux. — Les *séparations* (fig. 237) sont des panneaux de bois de sapin, encadrés par des pièces en chêne d'une certaine épaisseur.

Les parties verticales A B, CD servent en même temps de montants pour la fixation de la séparation. Les planches *ab,cd* sont assemblées à rainures et languettes et s'enchâssent dans des rainures plus fortes ménagées dans les montants et les traverses du cadre.

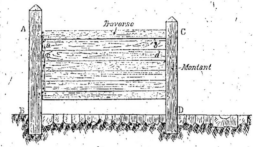

Fig. 237. — Panneau destiné à la séparation des animaux.

Nous verrons, en étudiant les logements des animaux, les différentes formes à donner aux séparations ainsi que la construction des auges et des râteliers.

Escaliers. — Les *escaliers* permettent d'accéder d'un endroit à

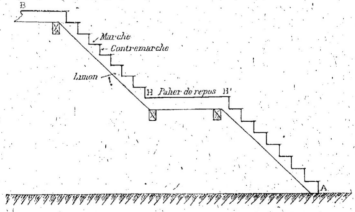

Fig. 238. — Schéma d'un escalier pour constructions rurales.

un autre situé à un niveau différent. Dans les constructions rurales, où la place ne manque pas, et où les escaliers servent au transport des fardeaux, il faut uniquement employer des escaliers formés d'éléments rectilignes, séparés par des paliers de repos horizontaux H H' (*fig.* 238), à l'exclusion des escaliers en hélice.

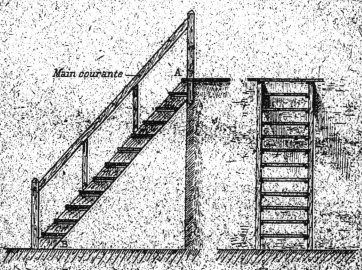

Main courante

Coupe verticale   Vue de face

Fig. 239, 240. — Échelle de meunier.

L'escalier le plus simple est l'*échelle de meunier* (*fig.* 239, 240), composée de limons A B et de marches m n. Les marches sont engagées dans des rainures pratiquées dans les limons ou clouées sur des tasseaux fixés sur ceux-ci.

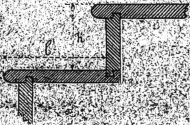

Fig. 241. — Assemblage de la marche et de la contre-marche.

Ces escaliers simples sont employés pour les greniers, soupentes, etc.; on les place le long d'un mur et on munit le limon opposé d'une main courante; leur largeur ne permet d'ordinaire le passage que d'une seule personne. Lorsque les communications sont plus importantes, on découpe dans le limon des *crémaillères* (*fig.* 238); sur la partie horizontale de la crémaillère on cloue la marche et sur la partie verticale la *contre-marche*. Ces deux pièces sont, du reste, assemblées entre elles comme l'indique la figure 241.

La largeur et la hauteur des marches varient avec la hauteur totale à franchir et le nombre des marches. La hauteur h des marches varie de $0^m,13$ à $0^m,19$; leur nombre est déterminé par la relation $n = \dfrac{H}{h}$, à condition que n soit un nombre entier ; comme H est constant, on fait varier h. La largeur l se déduit de la formule empirique $l = 0^m,64 - 2\ h$.

Les escaliers tournants doivent être mis de côté pour les constructions rurales ; mais il n'est pas toujours possible de franchir une hauteur d'étage par un escalier rectiligne : on divise alors l'ascension en deux ou trois parties (*fig.* 242) et on ménage des paliers de repos à l'endroit où la direction de l'escalier change.

Une des crémaillères est fixée au mur par des pattes fiches ; l'autre est en porte-à-faux : on la soutient soit par des poteaux verticaux, soit par des assemblages spéciaux. Le limon exté-

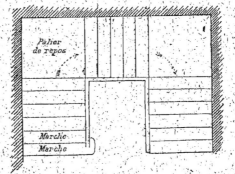

Fig. 242. — Plan d'un escalier avec paliers de repos.

rieur porte une balustrade et une rampe ; on place toujours celle-ci à la droite de la personne qui monte.

La largeur d'un escalier est de 1 mètre à $1^m,50$. L'*échappée* est la hauteur verticale au-dessus d'une marche ; elle doit être au moins de 2 mètres, pour permettre le passage d'un homme portant un fardeau sur ses épaules.

MENUISERIE MOBILE

La *menuiserie mobile* comporte toute les boiseries destinées à fermer les *baies d'ouvertures*. Ces boiseries se composent de deux parties : l'une, scellée dans la feuillure ménagée dans la maçonnerie (*dormant*) ; l'autre qui ouvre ou ferme, c'est le *battant*, qui peut être simple (*fig.* 243) ou double suivant les dimensions de l'ouverture. On a conservé ces dénominations dans le cas des portes roulantes ; le dormant peut y être supprimé, le battant glisse parallèlement au mur au lieu de tourner autour d'un axe vertical.

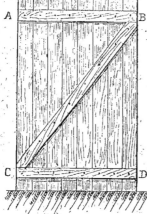

Fig. 243. — Battant de porte.

Portes. — La construction des portes varie suivant leur destination. Les portes des grandes ouvertures, 2 mètres et plus, se font avec un panneau maintenu au moyen de deux montants verticaux A C, B D (*fig.* 244), et de deux traverses A B, C D, assemblés par tenons et mortaises. Le cadre intérieur est rempli par des planches jointes par rainures et languettes. La porte ainsi construite glisse sur un rail *nn* au moyen de galets *b,b*. Un pareil procédé évite l'emploi de ferrures trop fortes, ne fatigue pas les jambages et empêche le panneau de jouer sous l'effet de son poids.

Pour les portes de moindres dimensions on emploie un ou deux panneaux mobiles autour d'un axe vertical, que nous étudierons dans le chapitre de la serrurerie.

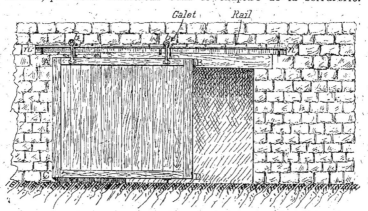

Fig. 244. — Porte roulante.

Le dormant comprend deux *montants* verticaux et une *traverse* à la partie supérieure, le bas de la porte est limité par le *seuil*.

Le battant est fait de différentes façons : la plus simple consiste à clouer les planches sur deux barres AB, CD (*fig.* 243), après les avoir assemblées, soit à plat joint, soit par rainures et languettes. Pour empêcher la déformation, on peut placer une écharpe BC. On peut aussi faire un cadre en bois dur et y enchâsser ensuite un ou plusieurs panneaux.

En faisant varier les proportions des éléments, en ajoutant des moulures, en ornant les panneaux, etc., on obtient toute une série de portes diverses.

La partie supérieure des portes peut être disposée pour rece-

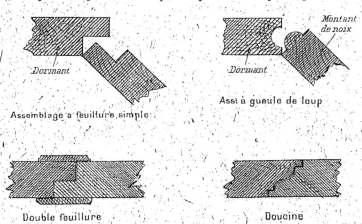

Fig. 245 à 248. — Différentes formes de joints de portes ou de fenêtres.

voir des vitres. S'il s'agit d'une porte d'extérieur, le vitrage est protégé par une grille métallique. Les portes d'appartement sont beaucoup plus légères ; le cadre est entretoisé par deux traverses supplémentaires. L'intervalle est rempli par des panneaux en bois mince qui s'emboîtent dans des rainures ménagées dans le cadre. Le dormant des portes intérieures fait corps avec les cloisons ; on le désigne souvent sous le nom de *chambranle*.

Le battant des portes vient s'emboîter avec le dormant de manière à former un joint aussi étanche que possible. A cet effet, le montant du cadre qui reste en contact avec le dormant (montant de noix), est ou bien uni (*fig.* 245), ce qui donne un emboîtement à *feuillure*, ou bien muni d'une languette qui vient dans une rainure du dormant, c'est l'assemblage à *gueule de loup* (*fig.* 246). Le montant opposé (montant de meneau) vient s'emboîter à feuillure avec le montant du châssis: Quand la porte a deux battants, ce sont les deux montants de meneau qui sont en contact; on fait alors le joint par une *double feuillure* (*fig.* 247), par une *doucine* (*fig.* 248), ou à gueule de loup. Le montant de meneau développe en dedans pour les maisons d'habitation; pour les autres locaux on l'ouvre en dehors.

Fenêtres. — Le *dormant* des fenêtres est un cadre formé de deux montants verticaux et de deux traverses horizontales. La traverse basse est munie en dedans d'une gouttière et d'un trou d'écoule-

Fig. 249. — Coupe de l'assemblage inférieur d'une fenêtre.

ment pour l'eau qui pourrait s'introduire (*fig.* 249). Le *battant* comporte un cadre dont les montants sont réunis par des petites traverses horizontales nommées *petits-bois*. Les petits-bois, les traverses haute et basse et les montants verticaux sont munis d'une feuillure destinée à recevoir les carreaux de vitres. La traverse basse présente en coupe une saillie cylindrique tournée vers l'extérieur qui porte le nom de *jet d'eau* et une petite rainure inférieure nommée *larmier*.

Les battants des croisées sont mobiles autour d'un axe vertical; cependant dans les écuries, les étables, on a avantage à les faire basculer autour d'un axe horizontal situé un peu au-dessous de leur centre de gravité, ou à leur partie inférieure (*fig.* 250, 251).

Les croisées glissant horizontalement ou verticalement ne sont pas à recommander. Les fenêtres sont munies de *persiennes* ou de *contrevents* à l'extérieur, et parfois de *volets* à l'intérieur.

Les volets sont des petits panneaux en bois plus ou moins moulurés qui sont fixés sur le châssis du dormant; on les brise en deux ou trois parties de manière à les replier plus commodément contre l'embrasure; ils sont peu usités.

Les contrevents et persiennes sont placés à l'extérieur, ils s'ouvrent en dehors. Les contrevents sont des panneaux épais et pleins attachés aux murs par des gonds.

Les persiennes se fixent de la même manière, mais les montants

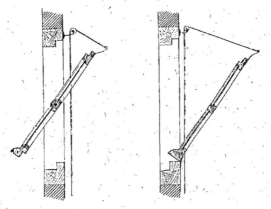

Fig. 250, 251. — Coupes de fenêtres dont les battants sont mobiles autour d'un axe horizontal.

du cadre supportent, au lieu d'un panneau plein, des petites lames en bois inclinées à 45°; parfois quelques-unes de ces lames peuvent se mouvoir autour d'un axe horizontal pour permettre de voir. Les contrevents protègent l'habitation contre les variations de température; les persiennes abritent l'intérieur d'un bâtiment des rayons solaires ou de la pluie, tout en laissant circuler l'air; les volets ne protègent que du soleil. On n'utilise ces diverses boiseries que dans les habitations; les locaux destinés aux animaux sont simplement munis de paillassons qui remplissent les mêmes conditions avec assez d'efficacité tout en coûtant bien moins cher.

Le menuisier exécute aussi les travaux de boiserie secondaires, étagères, coffres, placards, etc., dont la disposition varie avec les locaux où on doit les placer.

VII. — SERRURERIE

Les travaux de serrurerie comprennent toute la partie métallique de la construction, que l'on divise en deux catégories : la grosse et la petite serrurerie.

La *grosse serrurerie* concerne la préparation et la mise en place des colonnes en fonte, des poutres et des charpentes métalliques; la construction des serres, les grilles de clôture, etc.

La *petite serrurerie* comprend tous les menus travaux de ferrure des portes et fenêtres.

Le fer se trouve dans le commerce sous forme de barres de longueurs et de profils divers. Les figures suivantes (*fig.* 252 à 269) indiquent les profils les plus usités :

1. Fer rond. — 2. Fer demi-rond. — 3. Fer plat. — 4. Fer carré. — 5. Fer cornière. — 6. Fer à té. — 7. Fer à double té. — 8. Fer en croix. — 9. Fer en U. — 10, 11, 12, 13, Fers zorés.

Fig. 252 à 269. — Coupes des principaux fers employés dans la construction.

En plus des barres, on vend des fers de faibles épaisseurs qui ont dits « feuillards » et « tôles », de divers échantillons.

Défauts des fers. — Les *criques* ou *gerces* sont les fentes que l'on rencontre surtout sur les angles des fers. Les *travers* consistent en vides situés dans l'intérieur du fer; quand ces creux sont remplis de scories, on les nomme *doublures*. Les *pailles* sont des écailles que l'on trouve à la surface du fer.

Un bon fer se reconnaît à la résistance qu'il offre à la section : lorsqu'on peut ployer un morceau de fer plusieurs fois sans le rompre, et lorsque la cassure est nette, à grains fins et brillants, le fer est de bonne qualité.

Les pièces métalliques constituant un travail de serrurerie peuvent être assemblées de trois manières différentes :

Soudure. — La *soudure* peut être autogène, c'est-à-dire que l'on profite de la propriété qu'a le fer de se souder à lui-même à haute température pour raccorder deux pièces.

Quand la soudure ne peut se faire, on a recours à la *brasure*, qui consiste à réunir les pièces par une soudure au laiton.

Boulonnage. — On juxtapose les pièces à réunir soit directement, soit par l'intermédiaire de pièces de fer supplémentaires ; on perce des trous dans des endroits convenablement choisis et on y engage des *boulons* dont le serrage assure la liaison cherchée. Ce mode d'assemblage a l'avantage d'être démontable.

Rivetage. — La préparation des pièces est identique au cas précédent, on remplace les boulons par des *rivets*. Le démontage n'est alors possible qu'à la condition de couper les rivets.

GROSSE SERRURERIE

On peut exécuter avec le fer les travaux que nous avons déjà vus dans le chapitre de la charpenterie, tels que poutres isolées, solivage des planchers, pans de fer pour construction, combles, etc. Il nous suffira donc de signaler seulement quelques particularités de ces divers travaux quand on les exécute en fer.

Poutres isolées. — Nous avons indiqué, à propos des baies d'ouverture l'avantage qu'il y a à employer des fers à I jumelés pour faire les linteaux à grande portée. Nous savons aussi comment on peut armer les poutres en bois, soit avec des fers plats soit avec des fers à I, ou encore avec des tendeurs en fers ronds.

Solivage des planchers. — Les fers à I, connus sous le nom de « fers à planchers », peuvent remplacer le bois, tant pour les maîtresses poutres que pour les solives.

Le calcul de ces pièces se borne à l'évaluation de la quantité $\frac{I}{N}$, qui, on le sait, est fournie par la relation $\frac{Pl}{R8} = \frac{I}{N}$. Une fois que l'on connaît $\frac{I}{N}$, il suffit de chercher dans un album de forges la dimension des profils qui correspondent à la valeur trouvée et le problème se trouve résolu.

Les albums donnant le poids du fer par mètre courant, il sera facile de déterminer le prix d'achat, ainsi que la charge sur les murs qui résultera de tel ou tel profil.

Il est utile de faire varier l'écartement des poutres (ce qui modifie la charge par mètre courant) et de calculer la valeur $\frac{1}{N}$ pour ces écarts divers. On peut ainsi dresser un tableau des poids et des prix des différents solivages et adopter le plus économique.

On pourra établir sur un solivage métallique, soit un plancher en bois, soit un plancher en maçonnerie. S'il s'agit d'un plancher en

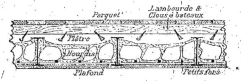

Fig. 270. — Plancher de bois établi sur un solivage métallique (1ᵉʳ genre).

bois, on place sur les semelles supérieures des lambourdes en bois, maintenues par des clous à bateaux dans un bain de plâtre, et on fixe le plancher sur celles-ci (*fig.* 270). Dans le cas où les solives sont placées perpendiculairement aux poutres métalliques, on réunit ces

Fig. 271. — Plancher de bois établi sur un solivage métallique (2ᵉ genre).

pièces au moyen de morceaux de fer feuillard cloués sur la solive et qui serrent dans une encoche l'aile du fer à I (*fig.* 271).

Pour établir le plafond de l'étage inférieur, on usera du même procédé. Si on peut laisser la semelle inférieure des poutres apparente, on place des petits fers perpendiculaires aux poutres et appuyés sur les patins de ces dernières, puis parallèlement aux solives, d'autres petits fers posés sur les premiers. Cette sorte de treillage sert de support à un auget en maçonnerie sous lequel on fixera le plafond.

Dans le cas d'un plancher en maçonnerie (*fig.* 272), on établit des petites voûtes en briques qui viennent s'appuyer sur les semelles inférieures des solives. Les briques sont d'ordinaire creuses et les sommiers sont des briques spécialement profilées pour occuper cette place. On garnit les reins de la voûte d'un hourdis de maçonnerie ou de béton et on termine le plancher par une couche de ciment.

Si la charge du plancher est peu considérable, ou si ce dernier est indépendant des voûtes, les briques sont simplement posées à

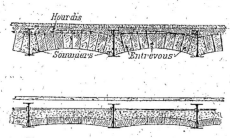

Fig. 272, 273. — Planchers en maçonnerie.

plat (*fig.* 273). On peut aussi employer, avec un certain avantage, les briques en liège aggloméré pour la confection des entrevous.

Pans de fer. — Comme type de constructions rurales utilisant le pan de fer, nous citerons les serres, destinées au forçage de certaines plantes (vigne, arbres fruitiers). Ces constructions se trouvent toutes prêtes dans le commerce.

Charpentes métalliques. — Nous avons vu, en étudiant les combles, les types de charpentes métalliques que l'on peut employer dans les constructions agricoles.

Les petits ponts métalliques qu'un agriculteur pourra établir se calculeront et s'exécuteront comme un plancher à solivage en fer.

Les grilles, les balcons sont plutôt des ouvrages décoratifs que des travaux nécessaires; nous n'en parlerons donc pas.

PETITE SERRURERIE

Les menus ouvrages en fer sont très variés, et il est presque impossible de les décrire tous, les conditions d'exécution variant avec chaque cas. Nous allons rapidement indiquer les travaux qui se présentent le plus souvent.

Ferrures des portes et des fenêtres. — Les portes roulantes sont soutenues par deux galets, roulant sur un rail, placé autant

Fig. 274. — Coupe d'une porte roulante.

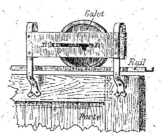

Fig. 275. — Porte roulante (détail d'un galet).

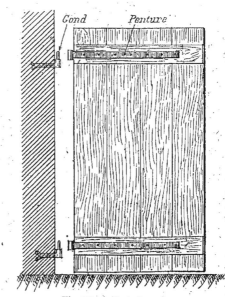

Fig. 276. — Porte à gonds.

que possible à la partie supérieure, pour éviter les encrassements qui se produisent forcément dans le cas contraire. La partie inférieure de la porte est guidée par un ou deux goujons qui circulent dans un rail creux. La figure 274 montre le détail des ferrures sur le profil de la porte.

Pour faciliter le démarrage de la porte au moment de l'ouverture, les galets sont disposés comme l'indique la figure 275 de façon que leurs axes roulent sur les guides *nn* et ne glissent sur l'extrémité de ces guides que lorsque le mouvement de la porte a commencé.

Les portes tournantes (*fig.* 276), reçoivent des ferrures différentes suivant leur construction : les portes sur barres sont ferrées par des *pentures*, placées sur les barres ; ces pentures s'emboîtent par un œil dans un gond scellé dans le mur. Si la porte est un peu lourde on diminue l'effort d'arrachement sur les gonds en remplaçant le gond inférieur par un *goujon* scellé dans le sol (*fig.* 277) et qui vient se loger dans un évidement ferré, ménagé dans l'épaisseur de la traverse basse.

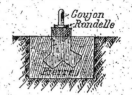

Fig. 277. — Goujon scellé.

Les portes et les fenêtres qui viennent fermer sur des dormants en bois sont reliées à ceux-ci par des *charnières* (*fig.* 278) ou par des *paumelles* (*fig.* 279). Les paumelles permettent d'enlever la porte au besoin ; le glissement est réduit par l'interposition d'une rondelle en bronze. Il existe des variétés considérables de charnières et de paumelles, suivant les usages spéciaux auxquels on les destine.

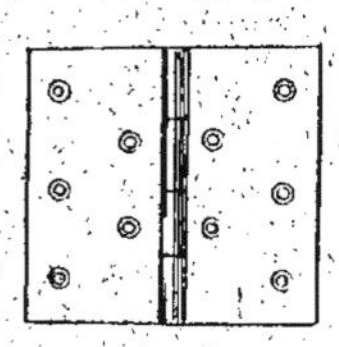

Les appareils de fermeture, tels que crochets, loquets, targettes, serrures, crémones, etc., ne présentent rien de particulier à signaler ; la quincaillerie en fournit des types variés où on peut facilement choisir à sa convenance.

Fig. 278.— Charnière. Fig. 279. — Paumelle.

Ferrures diverses. — Le serrurier s'occupe des ferrures de consolidation ou de fixation qu'on emploie journellement dans une exploitation agricole. Par exemple, pour fixer une tablette, un réservoir, etc., contre un mur, il préparera les *consoles* (*fig.* 280). Pour empêcher la déformation d'un panneau de bois, on fera placer soit des équerres, soit des bandes de fer plat ou des pièces coudées à angle variable suivant les exigences.

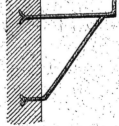

Fig. 280. — Console à crochet.

Dans ces divers travaux, ce n'est pas la masse du fer employé qui augmente la résistance de la pièce, mais bien un emplacement judicieusement choisi des renforts et une bonne liaison de ceux-ci avec la pièce à consolider.

Les assemblages exécutés par les charpentiers sont souvent renforcés par des pièces de serrurerie. On peut, par exemple, lier deux pièces au moyen de boulons. Le boulon s'emploie rarement seul, il faut placer une forte rondelle sous l'écrou; parfois, si les boulons sont en grand nombre, on remplace les rondelles

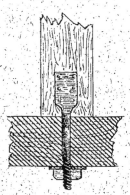

Fig. 281. — Harpon.

par une barre de fer plate. Le *harpon* (*fig.* 281) ou boulon à patte s'emploie pour rapprocher les pièces assemblées d'équerre. Les pièces parallèles sont serrées au moyen d'*étriers*. On nomme ainsi une bande de fer repliée en forme d'étrier et destinée à consolider une poutre ou à relier deux pièces de bois ensemble.

VIII. — PLATRERIE

Les travaux de *plâtrerie* comprennent des ouvrages différents les uns des autres, mais exécutés par le même corps de métier, ce qui permet de les grouper. Ce sont, par exemple : les enduits intérieurs des murs et des plafonds, la construction des cloisons, des cheminées, le hourdage des planchers, la pose des carrelages, l'exécution des divers travaux de ciment, etc.

Enduits de plâtre. — Pour enduire en plâtre un mur, on commence par le bien nettoyer; puis on l'arrose, et on bouche les trous et les gros joints. On procède ensuite au *gobetage*.

Cette opération consiste à prendre du plâtre au panier, gâché un peu clair, pour le jeter avec un balai sur la surface à enduire. Sur le gobetage bien sec, on applique un crépi de plâtre que l'on étend avec le tranchant de la truelle pour rendre la surface plus rude, afin que la troisième couche qui est l'enduit s'y accroche mieux.

Plafonds. — Les *plafonds* servent à cacher le solivage ; ils empêchent également le bruit, la chaleur de passer d'un étage à l'autre ; on augmente cet effet en garnissant l'espace compris entre les solives de matières légères : coton minéral, copeaux, liège, etc.

Les plafonneurs commencent à clouer sous les solives un lattis à peu près jointif, de façon que le plâtre puisse refluer en arrière des joints et s'accrocher au lattis ; ils procèdent ensuite comme nous l'avons indiqué pour les enduits.

Les plafonds peuvent être décorés de moulures, rosaces, etc., qui sont exécutés par le plâtrier.

Carrelage. — Les *carreaux* de terre cuite doivent présenter les mêmes qualités que les briques et les tuiles. On trouve dans le commerce des carreaux d'échantillons divers tant pour la forme (carrée, hexagonale, etc.) que pour les dimensions et la couleur.

Les carreaux se posent à bain de mortier, sur une couche de sable fin bien pilonné. Leur pose est d'autant plus facile que leur surface est moindre, car les surfaces restreintes sont moins sujettes à se gauchir pendant la cuisson que celles qui ont une plus grande étendue.

Le carrelage peut aussi s'exécuter avec des briques placées à plat ou de champ, suivant la résistance que doit présenter le carrelage. Le carrelage est réservé pour recouvrir le sol des vestibules, cuisines, laiteries, magasins, etc.

Les briques de champ sont très appréciées pour le pavage des écuries et des étables.

Dallage. — Le *dallage* n'est qu'un cas particulier du carrelage, la main-d'œuvre est la même ; mais les dalles ont des dimensions plus considérables que les carreaux.

Les dalles sont des pierres naturelles, leur emploi est restreint à leur pays d'origine, on les emploie dans les mêmes conditions que les carreaux.

Par extension on désigne par « dallage » les planchers de ciments que l'on établit de la manière suivante : l'emplacement du plancher est nivelé et pilonné avec soin, sur cette forme on place une couche de béton de 15 à 20 centimètres qui est fait dans les proportions de huit brouettes de pierres pour cinq de mortier maigre. Le béton doit être posé par couches de $0^m,04$ à $0^m,05$ d'épaisseur soigneusement tassées et pilonnées. On recouvre la dernière couche d'un enduit de mortier de ciment, et de sable de 1 centimètre environ d'épaisseur. On agrémente la surface et on la rend moins glissante en y passant la boucharde et en traçant des joints suivant des canevas divers.

IX. — PEINTURE. VITRERIE

PEINTURE

Le but principal de la *peinture* est de protéger les constructions qu'elle recouvre contre les influences atmosphériques. Elle joue en plus un rôle important dans la décoration et dans l'assainissement des bâtiments.

Murs. — A l'extérieur les murs sont rarement peints : les pierres et les briques de bonne qualité résistent suffisamment. Si les murs sont construits avec des matériaux secondaires, l'enduit ou le crépi au mortier hydraulique les protégera. Cependant, on peut employer parfois de simples *badigeons* : le badigeonnage consiste à passer avec un gros pinceau de la chaux grasse, fraîchement éteinte, sur la surface des murs. La peinture à l'huile et les enduits hydrofuges spéciaux sont trop coûteux pour peindre les murs extérieurs des constructions rurales.

A l'intérieur, le badigeon de chaux peut aussi s'employer ; pour le rendre plus adhérent aux murs, on y ajoute de la colle ou tout autre fixatif. En ajoutant de l'ocre jaune ou rouge, on obtient des coloris variés, qui agrémentent l'intérieur des habitations. Le badigeon ainsi composé porte le nom de *peinture à la colle* ou *à la détrempe* ; il prend bien sur le bois, le fer, la maçonnerie, mais ne tient pas sur les surfaces humides et se salit très facilement. Il existe beaucoup de formules pour composer la peinture à la colle ; voici la plus souvent employée :

Blanc d'Espagne	0 kil. 800
Eau	1/2 litre.
Colle	0 kil. 250

On délaye la colle à chaud dans l'eau, on y ajoute ensuite le blanc et les teintes.

Il faut passer la peinture pendant qu'elle est chaude ; s'il se forme des écailles après dessiccation, c'est que la proportion de colle est trop forte : elle serait trop faible si la peinture n'adhérait pas suffisamment.

Boiseries. — Il est absolument nécessaire pour conserver les boiseries de les enduire de peinture qui est presque exclusivement de la peinture à l'huile. Voici comment on prépare cette dernière : on mélange intimement de la céruse ou du blanc de zinc avec de l'huile de lin et de l'essence de térébenthine ; on ajoute ensuite la matière colorante et une certaine quantité de siccatif. On remplace parfois l'huile de lin par de l'huile de noix ou d'œillette et l'essence de térébenthine par de l'essence de pétrole.

Ferrures. — La peinture à la céruse n'adhérant pas suffisamment aux métaux, on doit au préalable les enduire de peinture au *minium*.

Exécution des peintures. — Les surfaces destinées à recevoir la peinture doivent être propres et aussi lisses que possible. C'est pourquoi le peintre époussète toujours les parties à enduire avant d'y poser la peinture, dite « couche d'impression », fabriquée uniquement avec de la céruse, de l'huile et de l'essence. Il procède ensuite au *rebouchage*, en bouchant avec du mastic les trous et les fentes qui pourraient se trouver dans le bois. Il pose ensuite une deuxième et une troisième couche. L'épaisseur des couches et la proportion d'huile et d'essence de la peinture varient suivant la nature, la destination et l'endroit où se trouvent les objets à peindre.

Lorsqu'on veut peindre des pièces ayant déjà été recouvertes de peinture, il faut enlever cette vieille peinture par un flambage ou par des lessivages à la potasse; les parties métalliques sont piquées au marteau pour en détacher la rouille.

On conserve la peinture et on lui donne plus de brillant en y passant une couche de vernis lorsqu'elle est bien sèche.

VITRERIE

Le travail du vitrier consiste à couper les feuilles de verre aux dimensions convenables et à les poser dans les rainures des petits-bois des portes et des fenêtres ou sur les charpentes métalliques des serres.

Le verre se vend dans le commerce en feuilles d'épaisseurs et de choix différents. On distingue comme « épaisseur » les verres simples, les verres demi-doubles, les verres doubles et les glaces.

On livre les verres en caisses qui ont les contenances suivantes :

Verre simple. . . .	60 feuilles de $0^{mq},45$	
Verre demi-double	40	— —
Verre double. . . .	30	— —

Le tableau suivant donne les dimensions des feuilles pour le verre poli :

Mesures des verres à vitres.

ORDINAIRES		LILLOISES		LILLOISES FORCÉES		MANCHONS JUSTES
	69 × 66		75 × 72		81 × 78	108 × 66
	72 × 63		78 × 69		84 × 75	108 × 69
	75 × 60		81 × 66			108 × 72
5 Mesures larges.	81 × 57	5 Mesures larges.	87 × 63		87 × 72	
	87 × 54		93 × 60	5 Mesures larges.	93 × 69	DOUBLES MANCHONS
	90 × 51		96 × 57		99 × 66	
	96 × 48		102 × 54		102 × 63	
4 Mesures longues.	102 × 45	4 Mesures longues.	108 × 51		108 × 60	
	108 × 42		114 × 48			102 × 90
	114 × 39		120 × 45	4 Mesures longues.	114 × 57	108 × 87
	120 × 36		126 × 42		120 × 54	114 × 81
	126 × 33				126 × 51	120 × 75
	132 × 30		132 × 39		132 × 48	126 × 72

Il sera donc facile de déterminer les mesures à donner aux petits-bois, de manière à utiliser les feuilles de verre sans avoir beaucoup de déchets. Les différents « choix » de verre sont basés sur la présence des défauts dans les feuilles. Ces malfaçons, qui sont parfois désagréables dans une maison d'habitation, peuvent être considérées comme secondaires quand il s'agit de locaux destinés aux animaux. Les défauts les plus courants des verres sont : les *bouillons*, *loupes* ou *bulles*, les *points*, les *pierres*, les *fils*, les *stries*, le *gauchis*. Ces mots indiquent suffisamment la nature des défauts sans qu'il soit besoin de les expliquer.

Dans les maisons d'habitation, on peut employer des verres *dépolis*, *cannelés*, ou des verres *mousseline*, qui laissent passer la lumière tout en arrêtant la vision. On utilise aussi des verres de couleurs dans des cas particuliers (ateliers de photographie, cultures spéciales). Enfin, on emploie des vitraux enchâssés dans des plombs pour orner les baies des vestibules, salons, etc.

Pose des carreaux de vitres. — L'ouvrier coupe le carreau à la demande de l'endroit où il doit le placer, puis il l'introduit dans son châssis et l'y fixe au moyen de petites pointes sans tête. On empêche les ébranlements de la vitre, ainsi que le passage de l'air et de l'eau, au moyen de mastic. Le mastic se pose en biseau, sans dépasser l'arête du petit-bois.

Verre cathédrale. — Pour le vitrage des serres, on peut faire usage d'un verre coulé, dit « verre cathédrale ». Aussi limpide et aussi transparent que les autres verres, il est beaucoup plus résistant que le verre ordinaire; il se vend en largeur allant de $0^m,03$ jusqu'à $0^m,51$; ce qui permet d'espacer les petits-bois, fer ou bois, beaucoup plus qu'on ne fait habituellement.

Le verre cathédrale n'a besoin que d'être plongé dans un bain de mastic et d'être solidement appuyé; il ne nécessite pas de bandes de mastic dans les feuillures. On peut poser des feuilles atteignant près de 4 mètres. Les serres vitrées avec le verre cathédrale sont plus propres et plus chaudes que les serres habituelles, quoique aussi éclairées. Le verre cathédrale est d'une solidité à l'épreuve de la grêle la plus forte. Son emploi présente une économie de mise en place et de chauffage (peu de déperdition), évite des frais de réparation et de remplacement.

Verres divers. — On trouve dans le commerce des *verres armés*, beaucoup plus résistants que le verre ordinaire, grâce à un treillis métallique intérieur. Ces verres seraient très utiles dans les constructions rurales, mais leur prix élevé ne permet pas encore de les conseiller.

On trouve aussi des *verres économiques* en papier ou en étoffes huilées. Ces verres sont bon marché, incassables, se coupent avec des ciseaux et se placent facilement. Mais ils absorbent une grande quantité de lumière.

TROISIÈME PARTIE

BATIMENTS DE LA FERME

I. — GÉNÉRALITÉS

Les bâtiments de la ferme se composent des différents locaux affectés au logement des personnes, des animaux, des récoltes et instruments. Il n'est pas nécessaire que tous ces bâtiments figurent dans une ferme avec la même importance, la spécialité de la culture du domaine où l'on se trouve pouvant faire prédominer tel bâtiment sur tel autre. Certaines exploitations, en effet, cultivent des céréales, d'autres des vignes; d'autres se livrent à l'élevage; et il est naturel que les bâtiments répondent avant tout au système de culture adopté. Ces remarques suffisent pour montrer l'impossibilité de donner des types de construction pouvant s'adapter, même avec des modifications, à une exploitation déterminée ; on doit se borner à indiquer quelques règles très générales, sanctionnées par un long usage, qu'il sera, du reste, loisible de mettre en conformité avec les exigences de la situation où l'on se trouve.

Disposition générale des bâtiments. — Cette disposition doit satisfaire aux conditions essentielles suivantes :

1° L'exposition des façades doit être conforme aux règles d'hygiène pour les logements des personnes et des animaux, et aux principes techniques et scientifiques pour les locaux destinés à la laiterie, la cidrerie, la vinification, etc. ;

2° La destination des bâtiments voisins doit être telle qu'il n'en résulte aucun inconvénient réciproque ; ainsi la porcherie ne doit pas influencer la laiterie, la fosse à purin les habitations, les étables les greniers à fourrages ;

3° L'accès du local affecté à un service ne doit pas être sous la dépendance d'un autre ;

4° Les différents produits de la ferme subissant tous des transformations, celles-ci devront se faire dans des locaux disposés à la suite les uns des autres suivant l'ordre voulu. On évite ainsi des allées et venues du personnel, des transports de matières et des désordres fâcheux dans les services ;

5° On doit, dans l'affectation des locaux, prendre toutes les précautions possibles pour prévenir les chances de propagation d'un incendie ;

6° Il faut prévoir le développement de telle ou telle partie de l'exploitation, et se réserver la latitude d'agrandir un local sans être obligé de démolir une partie de ceux qui l'entourent.

Tout en tenant compte de ces principes généraux, il reste encore une marge considérable pour disposer les bâtiments. La position respective de ceux-ci détermine la *cour de ferme*. Cet espace libre est absolument nécessaire; aussi ne doit-on pas le considérer seulement comme du terrain perdu pour l'exploitation. Comme elle donne accès

Fig. 282 à 285. — Disposition des bâtiments de la ferme (schéma).

à tous les bâtiments, sa surface minimum doit permettre aux plus grands véhicules d'y tourner librement.

Les bâtiments sont disposés soit sur une seule ligne, soit en équerre simple ou double (*fig.* 282 à 285), soit en bandes parallèles. On s'efforce aussi de distribuer les locaux suivant les règles déjà citées.

II. — LOGEMENT DU PERSONNEL

Le logement du personnel des exploitations rurales est, malheureusement, relégué au dernier plan dans les projets, malgré son importance capitale. Il est dans nos habitudes de croire qu'à la campagne les besoins matériels ne sont pas les mêmes qu'à la ville : il semble impossible qu'un bouvier loge ailleurs que dans un coin de l'étable, qu'une chambre propre et claire ne lui soit d'aucun agrément. On admet facilement qu'une pièce unique doit servir de cuisine et de chambre à coucher à une famille, quel que soit le nombre de ses enfants, et tel propriétaire qui n'hésitera pas à faire aménager somptueusement une « écurie moderne » se refusera obstinément à faire la moindre réparation à la maison d'un de ses journaliers.

Il y a là une question de dignité pour les serviteurs et le propriétaire : il faut traiter les hommes avec la considération à laquelle leur état social leur donne droit. Ainsi le régisseur ou le chef de culture doit avoir aux yeux des ouvriers de la ferme un prestige d'autant plus accentué que l'exploitation est plus vaste; sans tenir ses subordonnés à l'écart, il doit garder vis-à-vis d'eux une certaine réserve, ce qui demande qu'il prenne ses repas à part et qu'il ait un logement spécial, bien aménagé, répondant à l'éducation de celui qui doit l'habiter.

Nous sortirions de notre programme en cherchant à approfondir cette question; aussi passons aux conclusions :

1° Il faut des habitations spéciales pour le propriétaire ou le régisseur et pour les ouvriers ;

2° Ces constructions, tout en gardant un caractère simple, doivent être commodes, salubres et en rapport avec la situation de leurs habitants.

Orientation. — Excepté dans les pays chauds, l'exposition la plus convenable est le midi ; autrement dit, c'est de ce côté qu'on établira de préférence les portes et fenêtres; la lumière joue, en effet, un rôle prédominant dans l'hygiène. A défaut du midi, on prendra l'est. L'ouest est le plus malsain, à cause de l'humidité.

L'orientation de la maison du chef de culture doit être telle qu'il puisse surveiller de chez lui l'exécution des services les plus importants, ainsi que les entrées et les sorties de la ferme.

Distribution intérieure. — Il est indispensable de diviser l'intérieur d'une habitation en locaux séparés ayant chacun son affectation spéciale : cuisine, chambre commune, chambre à coucher, etc. Autant que possible, ces différentes pièces doivent ouvrir sur un vestibule ou sur un couloir commun qui permet d'accéder dans l'une quelconque des pièces sans être obligé de passer dans les autres. Ces vestibules servent, en outre, à installer les escaliers; à l'extrémité des couloirs sont les cabinets d'aisances, les débarras. Chaque pièce doit avoir au moins une fenêtre ouvrant directement au dehors; il faut absolument proscrire les pièces obscures ne prenant jour que par les couloirs et ne recevant jamais d'air frais.

Les portes seront réduites à leur nombre minimum et disposées de telle sorte qu'elles puissent s'ouvrir librement sans buter contre aucun obstacle; elles laisseront libres des emplacements suffisants pour loger les lits, armoires, etc. La même observation s'applique aux cheminées; chaque pièce doit en être munie; l'encombrement résultant sera diminué en plaçant des cheminées d'angle. Il faut éviter de placer une cheminée en face d'une porte.

La pièce la plus importante est la cuisine : c'est là que les ouvriers se trouvent réunis et reçoivent les ordres pour leur travail; c'est là que se fait la paye, que l'on fait à la veillée les menus travaux d'entretien et de réparation. Aussi la cuisine doit être vaste, bien aérée; on doit sacrifier pour son aménagement le dispositif de toute autre pièce. Il est bon d'annexer à la cuisine un local pour la conservation des aliments et une sorte de buanderie où on place tous les ustensiles destinés à être nettoyés, de manière à permettre à la ménagère de débarrasser sa cuisine et de l'avoir constamment propre. Nous n'entrons pas dans les détails d'aménagement des autres pièces; ce qui suit les fera suffisamment ressortir.

Aération. — L'aération est indispensable; elle se fait convenablement par un volume de 30 mètres cubes par habitant. Donnant 2m,80 à 3 mètres comme hauteur minimum d'étage, on combine la longueur et la largeur de façon à obtenir les 30 mètres cubes nécessaires, les pièces les plus exiguës devant mesurer 3×4 mètres, les fenêtres ne seront jamais trop grandes, car il est toujours possible d'atténuer l'éclairage par des rideaux ou des persiennes; ces fenêtres doivent s'ouvrir sur toute leur hauteur pour donner une aération plus complète et plus rapide; les dimensions minima sont 0m,80 $\times$ 1m,50.

L'aération est complétée par la cheminée; si celle-ci n'existe pas, il sera bon d'établir un système de ventilation analogue à celui que nous décrirons pour les logements des animaux.

Il a été démontré par les expériences de Pettenkofer qu'il se produit au travers des parois des habitations un échange de gaz avec l'extérieur. Ce mouvement est plus ou moins intense suivant la nature de la paroi et de l'enduit qui la recouvre à l'intérieur. Les expériences de Maerker, de MM. Layet, Poincaré et autres savants ont fourni des coefficients permettant de calculer la surface de mur nécessaire par habitant (1). Cette méthode de calcul n'est guère appliquée aux habitations rurales, où les cultivateurs se tiennent fort peu; mais nous l'étudierons de plus près à propos des logements des animaux, où ceux-ci sont enfermés en grand nombre pendant longtemps.

Humidité. — L'humidité d'un local peut provenir du sol ou des agents atmosphériques. L'humidité du sol sera évitée si l'on ne construit pas dans un bas-fond ou dans un endroit susceptible de recevoir les eaux des terrains supérieurs. Le drainage énergique de l'emplacement (avec un écoulement certain) est une excellente mesure préventive.

Les caves assainissent beaucoup le rez-de-chaussée. Si on ne peut construire de caves, on établira le bâtiment sur un talus artificiel (*fig.* 286), ou mieux, on supportera le solivage du rez-de-

---

(1) Pour les petites pièces, à parois peu perméables, le renouvellement de l'air s'effectue à raison de 0,077 du volume de la pièce par heure et par degré de différence de température intérieure et extérieure (pour un écart de 14°, le renouvellement se fait en une heure).

Pour des pièces de 60 mètres carrés de capacité, avec des murs en maçonnerie recouverts de papier, le coefficient est 0,025; pour les pièces vernies à l'huile, il s'abaisse à 0,017; il s'élève à 0,058 pour des murs blanchis à la chaux.

chaussée sur des dés en maçonnerie ou des petits murs (*fig.* 287). On empêche l'humidité du sol de remonter dans les murs en em-

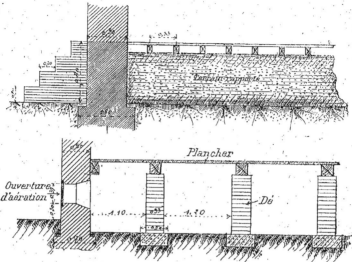

Fig. 286. — Assèchement d'un plancher.

Fig. 287. — Dispositif adopté pour protéger les bâtiments contre l'humidité du sol.

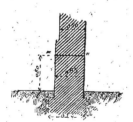

Fig. 288. — Dispositif destiné à éviter l'humidité des murs.

ployant pour les fondations des matériaux de bonne qualité et du mortier de chaux hydraulique. En plaçant une couche de ciment à 45 ou 60 centimètres du sol en *mn* (*fig.* 288), on rompt les canaux capillaires du mur et on empêche l'ascension de l'eau. Le ciment peut être remplacé par du bitume ou une feuille de carton-cuir.

Les eaux météoriques peuvent amener aussi l'humidité dans les appartements. Pour s'en préserver, on établira et on entretiendra les toitures, gouttières et chéneaux avec beaucoup de soin; les tuyaux de descente et les caniveaux évacueront les eaux uniquement dans les endroits préparés d'avance; les portes et fenêtres placées du côté d'où vient la pluie seront munies de contrevents extérieurs ou d'auvents inclinés à la partie supérieure (*fig.* 289). Enfin, les murs fouettés par la pluie seront construits en matériaux de choix, recouverts d'un enduit de mortier hydraulique, d'une bonne couche de goudron ou d'une couverture en ardoises.

Température. — On désirerait habiter une maison fraîche en été et chaude en hiver. S'il n'est pas au pouvoir du constructeur d'édifier de telles habitations, il peut du moins atténuer les variations de tempé-

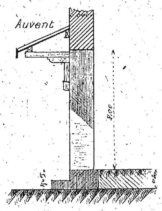

Fig. 289. — Auvent.

rature à l'intérieur. Un logement sec devra avoir sa température plus constante qu'un logement humide; les conditions que nous avons énumérées ci-dessus auront donc des conséquences heureuses à ce point de vue. L'orientation joue un rôle prépondérant suivant les climats et les latitudes. Des murs épais, des fenêtres munies de contrevents, des couvertures en tuiles plutôt qu'en ardoises ou en zinc, des plafonds isolants sont des garanties contre les influences extérieures. On peut aussi se servir de rideaux d'arbres soit pour arrêter les rayons solaires, soit pour briser la violence des vents froids et humides. Enfin, en ouvrant les portes et fenêtres à des heures convenables, et en faisant du feu l'hiver, on arrivera à une température très supportable.

Dans la cuisine, la cheminée sert plutôt à la préparation des aliments qu'au chauffage; voici une disposition commode (*fig.* 290 à 292): l'aspect général est celui d'une hotte de laboratoire de chimie; le foyer se trouve à hauteur d'appui. Le plan montre la disposition de l'âtre A, le fond étant occupé par un réservoir à eau chaude utilisant la chaleur rayonnante du foyer; à droite et à gauche sont des grilles, *gg*, destinées à brûler le charbon de bois. Sous la plaque de fonte A est un four, et de chaque côté on voit les cendriers des grilles à charbon. La partie inférieure MM servira de resserre pour le bois et le charbon.

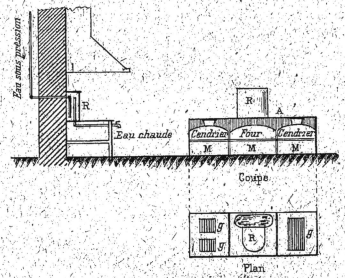

Fig. 290 à 292. — Dispositif de cheminée avec hotte.

En somme, cette cheminée remplace le fourneau dit « cuisinière » des villes (celui-ci est peu employé à la campagne, où la houille et le charbon sont moins communs que le bois).

A certaines époques de l'année (moisson, vendanges) on peut être dans l'obligation de faire la cuisine pour un grand nombre de personnes; le foyer ci-dessus se trouve insuffisant. On se sert alors d'une grande marmite que l'on place au-dessus du feu au moyen d'une potence pivotant autour d'un axe vertical (*fig.* 293, 294). Ce dispositif permet d'accrocher la marmite à l'un des crans de la crémaillère *ch* sans difficulté; on amène ensuite la marmite au-dessus du feu. Cette marmite sert aussi à faire chauffer l'eau nécessaire aux lessives, aux buvées chaudes des animaux, etc., lorsqu'on ne possède pas un appareil spécial.

Les *cheminées d'appartement* (fig. 295, 296) ne chauffent les pièces

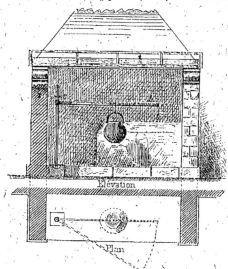

Élévation

Plan

Fig. 293, 294. — Cheminée de cuisine.

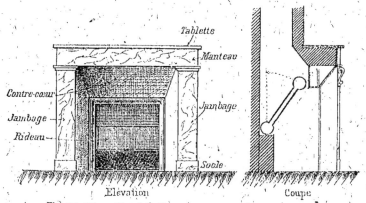

Tablette

Manteau

Contre-cœur

Jambage

Jambage

Rideau

Socle

Élévation   Coupe

Fig. 295, 296. — Cheminée d'appartement avec bouches de chaleur.

que par rayonnement. Leur rendement est très faible : elles ne donnent que 7 à 8 pour 100 du calorique que dégage le combustible. On peut augmenter ce rendement en transformant partiellement la cheminée en calorifère, comme l'indique la figure 296. En outre de leur faible rendement, les cheminées ont encore l'inconvénient soit de *tirer* beaucoup, soit de tirer faiblement, ce qui les fait fumer.

Ces inconvénients proviennent de la mauvaise disposition des cheminées; on les évite en tenant compte des remarques suivantes : l'excès de tirage peut provenir d'un local trop grand, chauffé par une cheminée de dimensions restreintes, ou encore de la disposition de celle-ci par rapport aux portes et aux fenêtres qui laissent arriver l'air extérieur trop directement au foyer; souvent c'est la fermeture incomplète de ces ouvertures qui provoque l'excès de tirage. En établissant des contrevents, en mettant des bourrelets et des tentures aux portes et aux fenêtres, on peut réduire ce défaut dans une certaine mesure. Quant à la fumée, les causes en sont multiples : les malfaçons de la cheminée, telles que les conduits à fumée insuffisants ou trop larges, les sections variables, les coudes des conduits, provoquent un manque de tirage.

Chaque cheminée doit avoir un conduit spécial, aboutissant à la partie supérieure du toit, et non pas se déverser dans un collecteur commun qui ne fonctionne jamais. Les conduits doivent dépasser le toit de 1 mètre à 1ᵐ,50, de manière à ne pas être influencés par les obstacles voisins; leur longueur augmente, en outre, la masse d'air en mouvement, ce qui accroît le tirage. Si on ne peut pas les élever suffisamment, on les munit de *mitres* en tôle ou en poterie qui orientent le conduit, de façon à ne pas le faire « coiffer » par le vent.

Enfin, le manque d'air dans une pièce trop bien close ou trop petite par rapport aux dimensions de la cheminée provoque de la fumée : on s'aperçoit de cette cause lorsque la fumée cesse quand on ouvre une porte ou une fenêtre. Il suffit alors d'établir une ventouse, c'est-à-dire une prise d'air, partant de l'extérieur et arrivant dans le coffre de la cheminée; par ce moyen l'air froid ne traverse pas la pièce et donne du tirage dans le tuyau de la cheminée.

Les *poêles* donnent beaucoup plus de chaleur que les cheminées; ils sont peu à recommander dans les exploitations rurales, où le coke et la houille sont rares; du reste, ceux qui fonctionnent bien coûtent assez cher, et on ne doit les employer que comme pis-aller. Quelle que soit la perfection du poêle, il est prudent de laisser de côté, surtout pour les chambres à coucher, les poêles dits « à combustion lente »; il faut éviter toutes espèces de fissures dans leur cheminée et ventiler la pièce assez fréquemment.

Les *calorifères* à air chaud ou à vapeur sous basse pression sont très rarement usités dans les campagnes, le chauffage par thermosiphon à eau chaude a seul son application dans les serres; le principe de cet appareil est le suivant : l'eau d'une chaudière d'un système quelconque circule par différence de densité dans un tube t qui fait le tour de la pièce (serre). L'échange de chaleur est augmenté par la présence d'ailettes nnn qui favorisent la circulation de l'air autour des tubes (*fig.* 297). La masse de l'eau sert de régulateur de chaleur, à cause de la lenteur avec laquelle sont transmises les variations de l'activité du foyer de la chaudière.

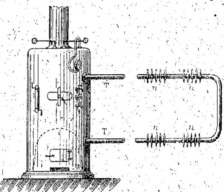

Fig. 297. — Chauffage des serres par thermo-siphon.

Salubrité. — Une habitation, quoique bien construite, peut devenir insalubre faute de l'observation de quelques détails qu'il nous reste encore à signaler.

Les abords de la maison doivent être tenus constamment aussi propres que possible. Il faut éviter d'établir à proximité des fosses à fumier, des mares et dépôts d'immondices. Le pourtour des habitations devrait être pavé, tout au moins le devant des portes, de façon à éviter la stagnation des eaux. À plus forte raison les eaux ménagères, les eaux de lavage des ustensiles de laiterie, etc., ne doivent pas simplement s'écouler hors de la cuisine : il faut les amener par des canaux souterrains soit à la fosse à fumier, soit dans un endroit d'où on puisse facilement

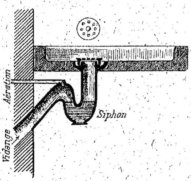

Fig. 298. — Évier avec bouchon à garde hydraulique et siphon.

en faire l'épandage. Ces canaux souterrains doivent être isolés de l'habitation de façon à ce que les mauvaises odeurs qui s'en dégagent ne pénètrent pas dans les locaux habités. Une fermeture hydraulique est le meilleur procédé à employer. La figure 298 indique un dispositif très commode et très hygiénique à la fois.

Les *cabinets d'aisances* sont d'une nécessité absolue; un cultivateur n'a aucune raison pour tolérer le dépôt des déjections autour des habitations. On doit établir, dans la cour de la ferme, des cabinets se déversant directement dans la fosse à purin, à l'usage des ouvriers, et des cabinets d'aisances dans les maisons d'habitation. Les cabinets établis près de la fosse à fumier devront comporter une cuvette en grès encastrée dans un massif de béton et communiquant avec la fosse par un siphon formant joint hydraulique; une petite construction en briques abritera le tout (*fig.* 299). Ces cabinets doivent être entretenus très propres; si on veut que les ouvriers prennent l'habitude de s'y rendre, un lavage à grande eau tous les jours, exécuté par l'homme chargé de la fosse à fumier, est nécessaire.

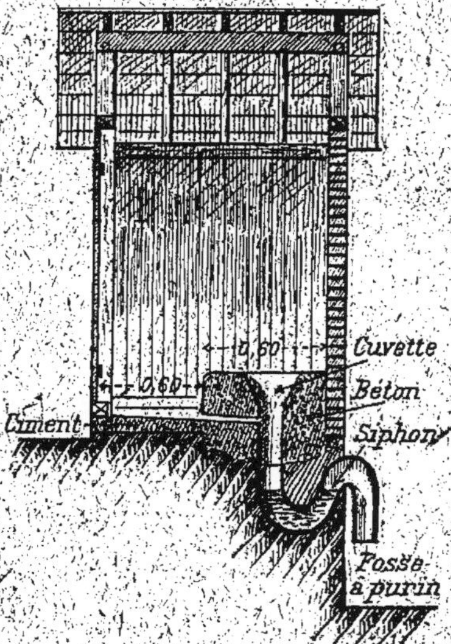

Les cabinets recevant les déjections dans des tinettes mobiles ont peu de succès à la campagne. Les cultivateurs ne peuvent s'astreindre à préparer les désinfectants nécessaires; les manipulations des tinettes sont trop fréquentes et les mettent rapidement hors service. Il est préférable de faire une certaine dépense d'installation première, de façon à avoir des cabinets bien établis et n'exigeant ensuite que de simples lavages.

Fig. 299. — Cabinets d'aisances (coupe).

Dans le même ordre d'idées, nous conseillerons pour les maisons d'habitation des *fosses fixes, étanches* (*fig.* 300); leur installation comporte une dépense assez élevée, nous le reconnaissons volontiers; mais si ces fosses sont établies convenablement, si leur capacité est suffisante, et si on a ménagé une disposition facile pour la vidange, celle-ci n'offre aucune difficulté et n'exige point le matériel spécial qui lui est nécessaire en ville. Cette fosse étanche avec cuvette (WC) n'est pas un luxe, même à la campagne; elle évitera bien des désagréments, des accidents et souvent des épidémies.

La fosse doit être maçonnée intérieurement, même à la partie inférieure. Ce radier se fera de préférence en béton. La maçonnerie est enduite de ciment. On ménage dans la voûte une clef pour l'ouverture de la fosse, un tuyau de chute et un tuyau d'aération. La clef de la fosse d'aisances devra se trouver en dehors de l'enceinte des murs. Une capacité de 1 mètre cube par habitant est suffisante pour n'exiger la vidange que tous les ans environ.

Si des dispositions spéciales permettent d'évacuer directement dans la fosse à purin ou dans un conduit y aboutissant, il faudra évidemment en profiter. Si l'on dispose d'eau sous une pression de

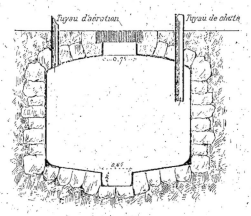

Fig 300. — Coupe d'une fosse d'aisances.

1m,50 à 2 mètres, on peut établir dans la maison du propriétaire ou du régisseur des appareils dits « sanitaires » dont la figure 301 indique le fonctionnement.

Signalons en passant l'utilité d'établir des *feuillées* lorsque les ouvriers sont réunis en grand nombre en un certain point du domaine (battages, chantiers de défoncement).

Les eaux résiduaires de la ferme, telles que eaux ménagères, eaux de la laiterie, purin en excès, résidus d'industries annexes, doivent être recueillies soigneusement et amenées dans un bassin spécial. On évite ainsi la stagnation d'eaux infectes dans les mares ou dans les fossés et la contamination des sources, des puits et des cours d'eau.

Le bassin recevant ces eaux résiduaires devra être étanche, pour s'opposer aux infiltrations; il servira au mélange des eaux de diverses provenances pour en régulariser la température et neutraliser leurs propriétés chimiques nuisibles. Il servira aussi de déversoir aux eaux pluviales lorsque celles-ci ne seront pas employées dans l'alimentation ; les chasses violentes qu'elles produiront serviront à son nettoyage.

On achèvera l'utilisation de ces eaux résiduaires en les employant à l'irrigation des terres cultivées ou des prairies. L'excès d'eau non absorbé par le sol, ayant été purifié par cet épandage, pourra gagner les fossés d'écoulement sans emporter aucun germe nuisible.

Enfin, pour terminer ce chapitre relatif à l'habitation rurale moderne, signalons une amélioration qui restera longtemps un mythe, et qui certainement fera sourire beaucoup de lecteurs : c'est l'installation d'une baignoire dans toute ferme un peu importante et dont le propriétaire a souci de la santé de ses serviteurs.

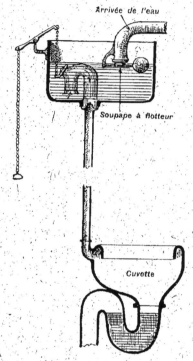

Arrivée de l'eau

Soupape à flotteur

Cuvette

Fig. 301. — Appareil dit « sanitaire ».

À consulter : Règlement modèle pour l'application de l'article premier de la loi du 15 février 1902, relative à la protection de la santé publique (annexé à une circulaire du ministre de l'Intérieur), dans le *Bulletin annoté des lois et décrets*, page 279, année 1903.

III. — LOGEMENT DES ANIMAUX

GÉNÉRALITÉS

But. — Les locaux destinés aux animaux servent à les abriter contre les intempéries; c'est aussi l'endroit où les aliments sont distribués et consommés, et où le bétail dépose la majeure partie de ses excréments.

Conséquences. — Les logements d'animaux devront donc satisfaire aux règles générales d'hygiène que réclame la station d'un grand nombre d'individus au même endroit (*ventilation*); la distribution des aliments et l'ingestion de ceux-ci devront se faire aussi commodément que possible; l'enlèvement des fumiers et l'écoulement des urines s'opéreront avec toute la diligence nécessaire; enfin, la surveillance générale ne sera gênée par aucun obstacle.

Il est évident que les chevaux, les bœufs, les vaches, les porcs, etc. doivent être placés dans des locaux et même dans des bâtiments séparés. Si on peut admettre jusqu'à un certain point la réunion de tous les bovidés dans une même étable, il faut éviter de placer côte à côte des chevaux et des bêtes à cornes ou à laine, dont le régime de vie est notablement différent.

Les règles d'hygiène générale des bâtiments (orientation, manière d'avoir des locaux dépourvus d'humidité, à température constante, etc.) sont identiques à celles que nous avons indiquées précédemment à l'habitation de l'homme. Cependant il y a quelques particularités relatives aux logements d'animaux qu'il convient de signaler.

Dimensions. — La nécessité où se trouvent les animaux de rester enfermés dans un même local et d'y déposer leurs excréments vicie très rapidement l'atmosphère ambiante. Si on détermine la capacité intérieure du local d'après le cube d'air nécessaire à chaque habitant pour un séjour d'une durée donnée, on arrive à un volume énorme, qui se traduira par l'édification de bâtiments coûteux et trop vastes pour être échauffés par la seule présence des animaux.

La longueur et la largeur d'un bâtiment dépendront du nombre et de la disposition des animaux à loger à l'intérieur, la hauteur (seule dimension qui reste disponible) permettra de fixer le cube intérieur d'après les expériences de Maerker sur l'échange gazeux qui se produit à travers l'épaisseur du mur. Il résulte des travaux de cet auteur que chaque tête de gros bétail exige, pour que la ventilation naturelle se produise dans de bonnes conditions, les surfaces murales suivantes :

Grès 17m2,8
Calcaire 12m2,9
Briques 10m2,6
Tuffeau 8m2,2
Pisé 5m2,9

Aération et température. — Les murs ne laissent passer ni les

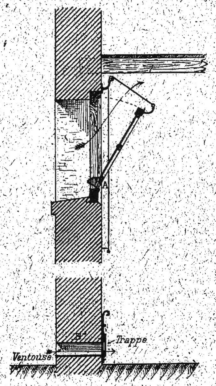

Fig. 302. — Mode d'aération.

odeurs ammoniacales, ni les émanations diverses, ni l'excès de chaleur; on active la ventilation et on règle la température au moyen de portes et de fenêtres, et surtout par des ventilateurs spéciaux. Les courants d'air créés par ces différents procédés ne doivent en aucun cas frapper les animaux trop directement au risque de causer des maladies diverses, telles que des refroidissements, des fluxions,

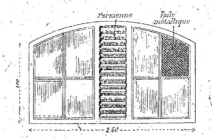

Fig. 303.
Double carreau.

Fig. 304. — Fenêtre avec appareil de ventilation.

des mammites aux vaches et aux brebis. En conséquence, on évitera de placer les animaux directement en face des portes.

L'appui des fenêtres doit être assez haut, 1ᵐ,50 au moins, et le panneau de menuiserie qui ferme basculera autour d'un axe horizontal A (*fig.* 302), de manière à renvoyer le courant d'air pénétrant à l'intérieur au-dessus de la croupe des animaux. On établit un courant d'air lent et continu en combinant des ventouses et des cheminées d'appel.

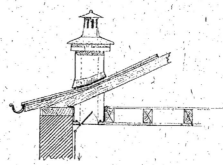

Fig. 305. — Cheminée d'aération.

Les *ventouses* sont des ouvertures réglables, placées à des endroits convenables, c'est-à-dire pas au droit des animaux, mais à la partie inférieure des murs B ; on en établit également dans les fenêtres en y disposant un *double carreau* laissant passer l'air (*fig.* 303) ou en remplaçant une des vitres par un morceau de *toile métallique* (*fig.* 304). Des *persiennes mobiles* (*fig.* 304) remplissent un office analogue. Pour expulser l'air chaud et les gaz nuisibles, on dispose des *cheminées d'appel* (*fig.* 305) qui font communiquer le plafond du local avec l'air extérieur.

Une vanne mobile permet de faire varier le tirage de ces cheminées et, par suite, l'intensité du courant d'air. En réglant convenablement les différents appareils que nous venons d'indiquer on peut facilement maintenir la température des différents logements au degré convenable. On doit, autant que possible, se rapprocher des chiffres suivants :

Écurie		15 à 16°
Étables { Bouverie		15 à 17°
Étables { Vacherie		15 à 21°
Bergerie		10 à 12°
Porcherie		12 à 17°

Éclairage. — Les fenêtres sont destinées à donner du jour dans tous les bâtiments; il faut les faire de grandes dimensions et les disposer de façon à éclairer tout le local avec la même intensité.

Un logement clair sera plus facile à entretenir propre, la surveillance y sera commode, les animaux seront moins sujets à contracter une foule de maladies et seront certainement moins impressionnables quand ils quitteront leur écurie ou leur étable pour passer au grand jour. Il sera toujours loisible de faire varier l'intensité de l'éclairage, quand on le jugera nécessaire, au moyen de paillassons ou de jalousies placés sur les fenêtres. La diminution de l'éclairage est essentielle en été, d'une part pour éviter que les mouches n'importunent les animaux, et d'autre part pour modérer la température intérieure en s'opposant à la pénétration des rayons calorifiques.

Sol. Sa constitution. Évacuation des liquides. — La constitution du sol du logement des animaux est la condition la plus importante pour la propreté et l'odeur du local.

Le sol naturel, en terre battue, fixe et absorbe les déjections; il devient le siège de fermentations diverses qui dégagent de l'ammoniaque. Son peu de résistance provoque la formation de trous où les urines se rassemblent, se corrompent et deviennent d'excellents « bouillons de culture » pour une quantité de microbes.

Le sol du logement des animaux doit être formé de matériaux résistants, n'absorbant pas les liquides; il doit être de surface peu glissante, pour éviter les chutes. Le pavage seul remplit ces conditions; il doit être fait avec les matériaux dont on dispose dans le pays, à condition que ceux-ci résistent au choc des pieds d'animaux et ne soient pas assez poreux pour retenir l'urine ou les eaux de lavage; les briques bien cuites placées de champ donnent aussi de bons résultats, surtout si on les dispose en épi ou arête de poisson, les sabots des animaux ne pouvant les frapper suivant la largeur d'un joint.

Les joints du pavage doivent être refaits au ciment pour empêcher l'humidité de se cantonner dans la couche de sable sous-jacente. Le pavage doit présenter une pente de 0^m,015 par mètre vers la partie postérieure des animaux, jusqu'à un ruisseau de même pente, parallèle au grand axe du bâtiment qui amènera les liquides à l'extérieur. Ce ruisseau, large de 50 à 60 centimètres, est constitué par le pavage même, de manière à ne présenter aucune diminution brusque de niveau pouvant provoquer la chute des animaux; mais le pavage de la rigole sera fait à «bain de mortier» et le rejointoiement sera l'objet d'un

soin particulier Cette rigole sera fréquemment balayée et lavée; elle aboutira à l'extérieur du bâtiment, par l'intermédiaire d'un siphon de grès à un petit réservoir de *décantation* R (*fig.* 306). Une conduite spéciale amène ensuite les liquides à la fosse à purin; l'entrée du siphon est protégée par une grille.

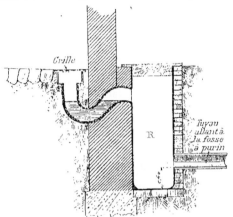

Fig. 306. — Évacuation des purins.

On ne saurait apporter trop de soin à l'évacuation des urines, surtout dans une étable pour vaches. Le seul moyen d'éviter la propagation de l'*avortement épizootique* et de ses conséquences est d'assurer un écoulement très rapide des urines. Aussi la pente de la rigole devra-t-elle être assez prononcée, au moins 0^m,015 à 0^m,02 par mètre, et les lavages aussi fréquents que possible. C'est dans cette considération que nous proscrivons les conduits souterrains dans l'intérieur des bâtiments à cause de la facilité avec laquelle ils risquent de s'obstruer et de l'impossibilité qui existe d'en vérifier la propreté à chaque instant.

Il doit exister en arrière des animaux un passage suffisant pour permettre l'enlèvement facile des litières sales; nous reviendrons plus loin sur ce sujet.

Comme mesure d'hygiène générale, il est à recommander d'établir un « bain de pieds » antiseptique dans lequel on fera passer tous les animaux de la ferme, dans le but de combattre la propagation des maladies contagieuses.

Ce bain de pieds consiste en un bassin de 4 mètres environ de longueur sur 1 mètre à 2^m,50 de large suivant le nombre des animaux qui doivent y passer simultanément.

Le fond, ou radier, est formé par deux pentes d'accès, réunies par une partie horizontale disposée de façon à faire piétiner les animaux dans une couche de solution antiseptique de $0^m,15$ à $0^m,20$ d'épaisseur. Les pentes seront assez faibles et constituées par des matériaux raboteux, pour éviter les chutes.

L'étanchéité du bassin empêchera la déperdition de l'antiseptique.

Distribution des aliments. — La distribution des foins et des pailles serait grandement facilitée par des greniers à fourrages placés au-dessus des logements. De longues auges où on pourrait faire circuler d'une extrémité à l'autre soit l'eau, soit les rations de racines, de tourteaux, etc., simplifieraient beaucoup la manutention.

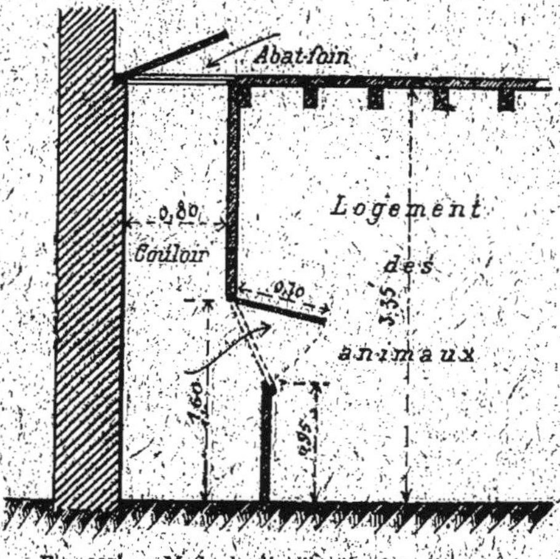

Ces procédés si séduisants ont de graves inconvénients au point de vue hygiénique et même pratique, qui obligent à les laisser de côté pour adopter ceux que nous signalerons en étudiant plus spécialement chaque genre de logement, écurie, étable, etc. On peut cependant placer des greniers à fourrages au-dessus des logements d'animaux, à condition qu'il n'y ait entre ces deux locaux aucune communication directe par laquelle les émanations provenant des animaux pourraient parvenir aux fourrages et les infecter. Ceci implique la parfaite étanchéité du plancher séparant les deux étages superposés, et la suppression des trous dits « abat-foin », même munis de trappes, qui ont en plus l'inconvénient de déverser sur la tête des animaux tous les débris et poussières du plancher du grenier, ce qui peut causer des maladies des voies respiratoires, des yeux ou de l'appareil digestif et de la peau.

La communication entre le grenier à foin et le logement des animaux aura lieu par une pièce spéciale, séparée du grenier par un couloir de chute muni de deux trappes, comme le représentent les figures 307, 308. Si le plancher de séparation n'est pas étanche, on peut utiliser les combles du logement des animaux pour enfermer

Fig. 307. — Mode de distribution des aliments.

des matières qui ne sont pas destinées à être données en nourriture, la paille de litière, par exemple.

Les auges communes à un certain nombre de bêtes ont l'inconvénient d'être un moyen presque infaillible de transmission de maladies contagieuses. Il est absolument nécessaire que chaque animal ait une auge affectée spécialement à son service. Ce dispositif augmente le matériel, charge le service du nettoyage et de distribution; mais il évite la perte totale des animaux, chose qui n'est pas à négliger.

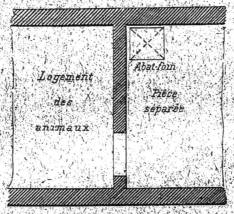

Logement des animaux

Abat-foin

Pièce séparée

Fig. 308. — Dispositif pour la distribution des aliments.

Disposition des animaux. — Il est évident que l'on n'enferme pas pêle-mêle les animaux dans leur logement. Les chevaux, les bœufs et les vaches sont attachés devant leur auge; les porcs sont placés en nombre variable dans des loges; les moutons sont parqués dans la bergerie. C'est surtout pour les équidés et les bovidés qu'il importe de bien établir la disposition intérieure des stalles, de manière à faire contenir dans un bâtiment de dimensions données le plus grand nombre de bêtes possible, tout en leur laissant le confort nécessaire.

La largeur accordée à chaque animal a été déterminée pratiquement par la condition suivante : les animaux doivent pouvoir s'étendre librement sur le sol pour se reposer. Cette largeur, que nous indiquerons plus loin, multipliée par le nombre d'animaux à loger, fixera la plus grande dimension du local. La largeur du bâtiment variera suivant que les animaux seront placés *sur un rang* ou *sur deux*, *tête au mur* ou *tête à tête*, *avec* ou *sans couloir d'alimentation*.

Les figures 309 à 314 indiquent quelques dispositifs.

Le *couloir d'alimentation* (*fig.* 315) est nécessaire pour les bovidés, car ceux-ci sont souvent couchés au repos et il peut leur être pénible (surtout aux vaches en gestation) de se relever pour livrer passage à l'homme chargé de leur apporter leur nourriture. Quant aux équidés,

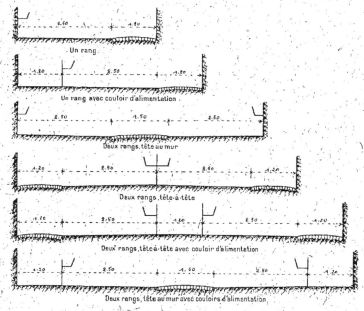

Un rang.

Un rang avec couloir d'alimentation.

Deux rangs, tête au mur.

Deux rangs, tête-à-tête.

Deux rangs, tête-à-tête avec couloir d'alimentation.

Deux rangs, tête au mur avec couloirs d'alimentation.

Fig. 309 à 314. — Schéma de la disposition des animaux dans les étables et écuries.

il est, au contraire, préférable que le contact entre le cheval et son conducteur soit aussi fréquent que possible, surtout au moment des repas; d'autre part, l'apparition brusque dans le couloir, sans aucun avertissement de l'homme chargé de manœuvrer les guichets de distribution, le bruit que produisent ceux-ci, la chute inopinée du foin dans le râtelier, etc., impressionnent désagréablement le cheval et le rendent méfiant.

En ce qui concerne la disposition sur un rang ou sur deux, ce sont les avantages ou les inconvénients qui résulteront de l'allongement du bâtiment, ou de l'accroissement de sa largeur, qui décideront. Un bâtiment large exigera, par exemple, pour le solivage des plan-

chers et pour la charpente des combles, des pièces de bois de fort
échantillon, qui seront plus coûteuses ; il conviendra donc d'établir
rapidement un avant-projet des deux dispositions pour un même
nombre d'animaux et de se décider pour celle qui coûte le moins.
Mais on doit également faire entrer en ligne les facilités que l'on
croira pouvoir attribuer à chacune des dispositions : facilité de
surveillance, d'enlèvement des fumiers, d'installation des ouvertures, etc.

La disposition sur deux rangs ne doit se faire que tête au mur.
L'expérience prouve que les bovidés placés tête à tête risquent de se

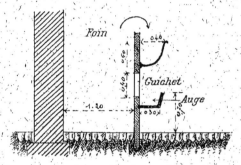

Fig. 315. — Couloir d'alimentation.

communiquer des maladies de voies respiratoires ou digestives, même
s'ils sont séparés par un couloir d'alimentation. Pour les équidés et
les bovidés, la surveillance ne peut s'exercer à la fois que sur une
seule rangée.

La largeur du bâtiment est beaucoup plus considérable pour la
disposition tête à tête que pour la disposition tête au mur ; dans le
premier cas, on se trouve obligé d'adopter deux couloirs de service dont l'ensemble est plus large que le couloir unique, nécessité
par le système tête au mur. Les seules dispositions à conseiller
sont donc : les animaux tête au mur, sur un ou deux rangs, avec
couloir d'alimentation pour les bovidés et sans couloir pour les
équidés.

Le tableau de la page suivante, établi par Grandvoinnet, donne,
en prenant pour exemple une écurie pour douze chevaux, la comparaison entre les trois systèmes.

Pour surveiller les animaux pendant la nuit, on installe à l'une
des extrémités de leur logement une petite chambre au moyen d'une
cloison en briques et d'un plafond (fig. 316) ; une fenêtre F, ouvrant

	ÉCURIE SIMPLE		ÉCURIE TÊTE À TÊTE		ÉCURIE DOS A DOS	
	Minimum	Maximum	Minimum	Maximum	Minimum	Maximum
Surface totale (murs compris)	129,85	147,00	120,65	141,44	155,83	166,80
— intérieure	103,84	120,36	97,50	117,00	129,41	141,52
— des murs	26,01	26,64	23,14	24,44	24,42	25,28
Rapport { surface murs. / surface totale.	0,20	0,181	0,192	0,172	0,159	0,151
Rapport { surface murs. / surface totale.	0,250	0,221	0,237	0,208	0,189	0,179

directement à l'extérieur, permet d'en renouveler l'air; une baie
vitrée A facilite la surveillance du gardien depuis son lit L. Ce dis-

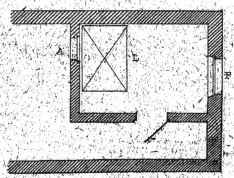

Fig. 216. — Chambre du gardien (plan).

positif ne nécessite pas grands frais, tout en étant plus convenable
qu'une simple paillasse sur un coffre ou dans une soupente.

LOGEMENT DES BOVIDÉS

Les étables servent à renfermer les bœufs de travail et les vaches
laitières; les différences sont peu sensibles entre ces deux logements,
aussi nous les étudierons simultanément.

Les portes donnant accès dans l'étable doivent avoir le seuil arrondi

et aussi peu saillant que possible (*fig.* 317), leur largeur doit être suffisante pour permettre le passage de deux bœufs de front attelés au
joug ; les vaches pleines pourront aussi les franchir sans accident.
Une ouverture de 2ᵐ,50 de large et 2ᵐ,80 de hauteur est très suffisante ;
il est avantageux de réserver, dans le panneau, des grandes portes-
roulantes, des ouvertures de service (portillons) pour le passage des
personnes. Ces portillons dis-
pensent d'ouvrir à tout moment les grandes portes, ce qui
provoque des courants d'air
toujours nuisibles.

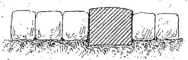

Fig. 317. — Seuil pour étable (coupe).

A l'intérieur, l'étable est divisée en trois parties distinctes :

1° Le *couloir de service*, qui est derrière les animaux, entre le
mur et le ruisseau d'écoulement des urines. Ce couloir, servant
au passage des animaux et à l'enlèvement des fumiers, doit avoir
1ᵐ,50 à 2 mètres pour une étable simple, et 2 mètres à 2ᵐ,50 pour une
étable à deux rangs d'animaux. Cette largeur est assez considérable
pour éviter la propaga-
tion de l'avortement épi-
zootique d'une rangée
à l'autre. Le contact des
parties postérieures des
animaux n'est pas pos-
sible, et les éclabous-
sures des urines ne peu-
vent guère franchir cette
distance. Si l'étable est
de grandes dimensions,
on établit dans ce cou-
loir une voie de petit
chemin de fer.

2° Les *stalles*. Les di-
mensions de l'emplace-

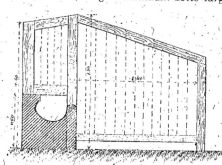

Fig. 318. — Séparation en bois.

ment à donner aux bovins varient avec la taille des individus ; les
dimensions moyennes sont les suivantes :

Longueur . . . . 2ᵐ , » à 2ᵐ ,50
Largeur . . . . 1ᵐ ,40 à 1ᵐ ,50
Surface . . . . 2ᵐq,80 à 3ᵐq,75

3° Le *couloir d'alimentation*, qui doit avoir (y compris les crèches)
2 mètres de large.

Les stalles sont limitées latéralement par les séparations et en
avant par les crèches (*fig.* 318). Les étables communes n'ayant que des
désavantages, les séparations des bovidés peuvent être très rudi-

mentaires, mais elles doivent toujours exister, surtout à la partie antérieure des animaux; elles ont pour effet d'empêcher, dans une certaine mesure, la contamination d'un animal par son voisin; elles assurent plus de tranquillité et garantissent la ration à chaque individu.

On peut très avantageusement recouvrir ces panneaux de métal déployé et d'une couche de ciment. On assure ainsi une très grande propreté et une incombustibilité parfaite des stalles. Il faudra seule-

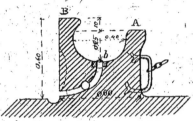

Fig. 319. — Coupe d'une crèche.

ment réparer de temps en temps les dégradations que pourraient produire les cornes des animaux.

Les crèches les meilleures et les plus faciles à établir partout sont en ciment armé (*fig.* 319). La forme la plus recommandable ne doit présenter que des angles arrondis, de façon à éviter les dépôts d'aliments qui finiraient par pourrir; une capacité de 90 à 100 litres est suffisante. Le bord antérieur A doit être plus bas d'environ $0^m,10$ que le bord postérieur B, et celui-ci sera terminé par un boudin arrondi qui empêchera la chute des aliments lorsque les animaux fouilleront la crèche avec leur mufle.

Ce dispositif présente toutes garanties contre la propagation des maladies contagieuses, mais il offre des difficultés pour le nettoyage. On pourrait, dans une étable assez importante, adopter le procédé suivant : les auges sont lavées par le jet d'une lance alimentée par une conduite d'eau sous pres-

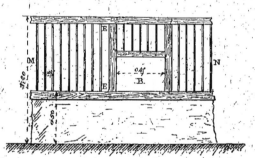

Fig. 320. — Cloison à claire-voie.

sion; le nettoyage est complété par un brossage énergique. Pour évacuer l'eau sale, il suffit de dévisser le bouchon en fonte *b* de $0^m,08$ de diamètre qui ferme un conduit commun à deux auges aboutissant dans la rigole du couloir d'alimentation.

On ne place pas de râteliers à fourrages dans les étables, les bovidés ayant leur squelette organisé pour prendre leur nourriture au

niveau du sol et non à une certaine hauteur. Dans beaucoup de
régions on a l'habitude d'élever une *cloison* MN (*fig.* 320) pleine ou
à claire-voie entre la stalle et la mangeoire; une ouverture B permet
à l'animal de passer la tête pour prendre ses aliments. Ce dispositif
empêche dans une certaine mesure le gaspillage des fourrages par
les ruminants, car la nourriture qui s'échappe de la bouche retombe
dans la mangeoire et ne risque pas d'être foulée aux pieds.

La cloison doit être de préférence à claire-voie, pour faciliter la

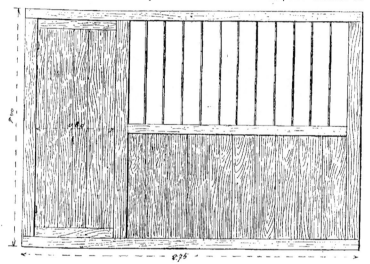

Fig. 321. — Cloison d'un box pour tauroaux.

circulation de l'air. Les poutres inférieure et supérieure sont reliées
par des traverses verticales, EE, de 1 mètre de longueur environ;
l'embrasure B mesure $0^m,40 \times 0^m,65$; des barreaux de bois ou mieux
de fer terminent la cloison; il est inutile de prolonger les cloisons
jusqu'au plafond. Il faudra établir une rigole au pied du massif
soutenant les crèches, dans le couloir d'alimentation, pour évacuer
les eaux de lavage.

Il est bon de ménager dans l'intérieur de l'étable un emplacement
spécialement réservé aux jeunes veaux que l'on veut séparer des
mères. On choisira l'endroit de l'étable le mieux abrité des variations
atmosphériques et on le clôturera par une simple barrière de $1^m,20$
environ de hauteur. On y disposera de petites crèches et des étagères

basses pour fixer les biberons à veaux. Le taureau doit également loger dans l'étable commune. Il devra disposer d'un box fermé par des cloisons de bois avec *claire-voie* (*fig. 321*). Le box est ordinairement placé dans un coin de l'étable. Par mesure de sécurité, le taureau sera attaché dedans, et on fera bien de disposer une porte permettant de conduire très vite le taureau dans l'endroit où doivent se faire les *saillies*.

Il est préférable d'éviter de faire sortir les animaux pour boire : la variation de température serait préjudiciable à leur santé. L'abreuvoir intérieur doit être de faibles dimensions, de façon que les domestiques soient obligés de renouveler l'eau presque à chaque animal; ils doivent profiter de cette circonstance pour rincer l'abreuvoir aussi souvent que possible.

Il est inutile de faire construire des étables spéciales pour l'engraissement, l'élevage ou la production du lait; les animaux à l'engrais doivent être simplement placés à l'endroit où ils seront le moins dérangés, et où on aura le soin de diminuer l'éclairage.

Il serait préférable d'avoir une petite étable d'isolement pour placer en observation les animaux nouvellement achetés, ainsi que ceux qui, faisant partie du troupeau, présenteraient quelques symptômes de maladie. Naturellement, cette sorte d'infirmerie devra pouvoir être lavée et désinfectée en entier; on devra donc appliquer dans toute leur rigueur les principes d'hygiène que nous avons indiqués comme devant présider à la construction des logements des animaux.

LOGEMENT DES ÉQUIDÉS

Les chevaux de la ferme sont en majorité des *chevaux de gros trait;* les *chevaux de luxe* sont l'exception; il n'y a donc besoin que d'un seul bâtiment pour les loger; on pourra néanmoins séparer par une cloison spéciale les chevaux de voiture et leur réserver une entrée particulière; mais on doit conserver autant que possible une écurie unique, ce qui simplifie beaucoup le service à tous les points de vue.

On recommande souvent de placer les chevaux de prix plus près de l'habitation du fermier, afin que sa surveillance soit plus constante; cette pratique est évidemment recommandable, mais elle ne doit pas empêcher de porter l'attention sur le reste des animaux.

Les portes des écuries doivent avoir des dimensions assez considérables; nous conseillerons une largeur de 1m,80 à 2 mètres et une hauteur de 2m,80 au minimum. Ces dimensions sont nécessitées par les faits : il faut qu'un cheval avec ses harnais puisse franchir la porte en même temps que l'homme qui le tient par la bride; beaucoup de jeunes chevaux ont l'habitude de faire certaines difficultés pour entrer ou sortir de l'écurie; une porte large et haute évitera les blessures qu'ils pourraient se faire en se présentant de trois quarts ou en se cabrant légèrement. Il est prudent d'arrondir les angles du seuil et de le mettre à peu près de niveau avec le sol environnant; on doit aussi chanfreiner les jambages de la porte et ne laisser aucune ferrure saillante (gonds, crochets, verrous, etc.).

On trouvera à l'intérieur de l'écurie deux parties distinctes : le *couloir de service*, derrière les animaux, et les *stalles*. On ne saurait assez donner de largeur au couloir de service, surtout si l'écurie n'est qu'à un rang, ce qui est la généralité des écuries de ferme; il faut pouvoir faire le tour du cheval, soit pour le harnacher, soit pour compléter le pansage, soit pour le soigner ou l'examiner; il faut

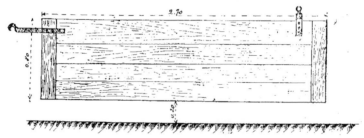

Fig. 322. — Bat-flancs.

aussi avoir l'espace nécessaire pour se garer au besoin des ruades. C'est contre le mur de ce couloir que l'on peut placer le plus commodément les harnais, quoique cette pratique ne soit pas d'une hygiène très rigoureuse.

La largeur la plus convenable est de 2m,50; si l'écurie est à deux rangs, tête au mur, le couloir commun aura une largeur de 3 mètres.

Les stalles limitent l'espace accordé à chaque cheval; on donne en moyenne : largeur, 1m,75; longueur, 2m,50 (non compris la crèche). Ces dimensions peuvent d'ailleurs être modifiées suivant la taille des animaux.

On ne peut songer, dans une ferme, à donner à chaque animal un box séparé; mais il ne faut pas non plus s'arrêter un instant à l'écurie *commune*. La nécessité des séparations n'est plus à démontrer, et plus elles seront efficaces, mieux on s'en trouvera à tous les points de vue.

Les *barres* sont à rejeter; elles ne présentent que des inconvénients; la séparation la plus simple que l'on puisse employer est le *bat-flancs* (*fig.* 322), à condition que celui-ci soit de dimensions convenables, et non pas seulement une barre de hauteur exagérée. On pourrait diminuer légèrement la longueur, si on se trouve dans un bâtiment un peu étroit, pour augmenter d'autant la largeur du couloir de service.

Le bat-flancs est suspendu au plafond par une chaîne ou une corde; pour l'amener rapidement, dans le cas où un cheval serait engagé, on se sert de « sauterelles » de modèles divers (fig. 323, 324). Il est prudent de recouvrir sa surface d'un matelas de paille recouvert de cuir pour amortir les chocs et éviter que les animaux ne s'implantent des

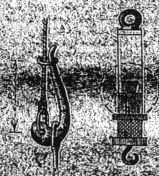

Fig. 323, 324. — Sauterelles.

par un petit mur en briques. Les poteaux A et B sont enfoncés dans le sol et serrés par le pavage; le poteau A est en plus relié aussi

au bâtiment. La partie antérieure est prolongée par une balustrade qui sépare entre eux les animaux, tout en permettant le passage de l'air et de la lumière.

Les bat-flancs (fig. 326) ne peuvent être employés dans une écurie à ferme que pour isoler un animal malade, une jument poulinière ou un étalon de prix. Il suffit de disposer un box dans un coin de l'écurie au moyen de deux panneaux de menuiserie de 3^m,50 à 4 mètres de longueur et 2 mètres de hauteur; la partie inférieure est pleine jusqu'à une hauteur de 1^m,20 à 1^m,30, la partie supérieure est à claire-voie. La porte qui donne accès à l'intérieur doit avoir 1^m,20 à 1^m,30 de large.

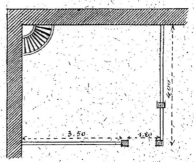

Fig. 326. — Box.

A la partie antérieure des stalles se trouvent la *mangeoire* et le *râtelier*.

Les mangeoires des équidés doivent présenter les facilités de nettoyage que réclame une bonne hygiène. Les *mangeoires en bois* (*fig.* 327) ne sont guère recommandables; on corrige dans une certaine mesure leurs inconvénients en les doublant de zinc en totalité, ou tout au moins sur le bord antérieur A, et en clouant des tasseaux T qui diminuent les dépôts de déchets dans les angles. Pour empêcher le fond des auges de se pourrir, on peut y placer un

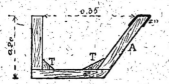

Fig. 327. — Auge en bois.

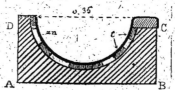

Fig. 328. — Auge en zinc.

carrelage ou un enduit de ciment, maintenu par des pointes noyées dans l'enduit.

Les meilleures mangeoires sont en fonte, en zinc ou en ciment armé, mais elles coûtent plus cher que celles en bois. Les auges en fonte, de capacité et de formes variables, se trouvent dans le commerce, soit brutes de fonte, soit émaillées; elles sont munies de pattes qui permettent de les sceller. Les *auges en zinc* (*fig.* 328) se font sur place; on découpe dans des plateaux de bois ABCD un demi-cylindre et on cloue sur ses formes des lattes suivant les génératrices; celles-ci servent à fixer la feuille de zinc formant l'auge. Ces sortes de mangeoires sont saines, mais un peu fragiles.

On vend des *auges spéciales* (*fig.* 329) destinées à éviter le gaspillage de l'avoine par les chevaux. En principe, l'auge ordinaire est divisée en deux par une cloison verticale *mn* qui ne touche pas le fond; l'animal prend en A les grains qui s'écoulent à mesure de la boîte de réserve B. La figure 325 montre le dispositif d'une auge en maçonnerie ou en ciment, surmontée d'un *râtelier*. On remarquera que les barreaux du râtelier sont presque verticaux, ce qui évite la chute des poussières dans les yeux des animaux, comme cela arrive avec les râteliers fortement inclinés.

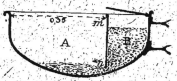

Fig. 329. — Auge économique.

Les râteliers se font en bois ou en fer. Le râtelier métallique est plus avantageux à tous les points de vue, quoique d'un prix plus élevé. Le râtelier en bois se compose de deux traverses réunies par des roulons cylindriques ou carrés (*fig.* 330). Les râteliers peuvent occuper toute la longueur de l'écurie ou bien être disposés en corbeille contre le mur ou dans un angle. On les place, ainsi que les mangeoires, à une hauteur au-dessus du sol convenant à la taille des animaux (1 mètre à 1m,10 en moyenne). On peut aussi construire des râteliers mixtes; les longrines en bois étant reliées entre elles par des fers ronds de

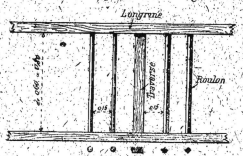

Fig. 330. — Râtelier.

0m,012 à 0m,015 de diamètre écartés de 0m,12 à 0m,15; des traverses en bois placées à 1m,50 de distance, maintiennent l'écartement et consolident l'assemblage.

Harnais. — L'hygiène rigoureuse exigerait que les harnais des chevaux fussent enfermés dans un local spécial (la sellerie), mais le manque de place oblige fréquemment à les suspendre dans l'écurie même. A cet effet, on recouvrira l'espace compris entre deux fenêtres (trumeau) d'un lambris de menuiserie et on scellera dans le mur une potence et un crochet destinés à supporter les harnais; ceux-ci pourront sécher complètement sans être altérés par le contact du mur. On aura soin de sceller la potence assez haut pour qu'elle ne risque pas de blesser les animaux. On ménage dans des endroits convenables des emplacements destinés à loger des armoires renfermant soit les ustensiles de pansage (étrilles, brosses, etc.), soit les médicaments divers employés dans l'écurie.

Écuries spéciales. — Nous avons déjà vu qu'il est inutile d'avoir des écuries spéciales pour les chevaux de trait léger et les chevaux de travail. Le seul cas qui puisse nécessiter jusqu'à un certain point une installation spéciale est celui de l'élevage des jeunes poulains.

On recommande de placer les juments poulinières dans des box de 4 mètres de côté,

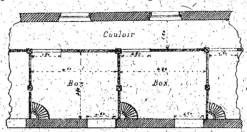

Fig. 331. — Écurie pour poulinières.

desservis par un couloir (*fig.* 331). Ces box communiquent directement avec un paddock de 4 mètres sur 8 mètres. Une prairie située en arrière du paddock est très avantageuse pour le développement des jeunes chevaux.

LOGEMENT DES OVIDÉS

Si on étudie, même rapidement, les conditions de la vie des moutons dans les différents pays, on arrive à conclure « qu'un abri est utile, sinon nécessaire ou indispensable ; mais sa construction et sa disposition peuvent varier beaucoup avec les climats ». (GRANDVOINNET.)

Nous passerons sous silence la question des parcs mobiles et des abris temporaires pour les moutons au pacage ; nous étudierons seulement les *bergeries*, qui dépendent des constructions constituant une ferme.

Les conditions d'hygiène générale ont été indiquées dans un chapitre spécial ; cependant il importe de remarquer que la bergerie est le bâtiment destiné à contenir le nombre d'individus le plus considérable par rapport à son volume ; par conséquent la *ventilation* devra pouvoir se faire assez énergiquement. Les moutons sont aussi très sensibles à *l'humidité sous toutes ses formes* ; il importera de tenir grand compte des précautions que nous avons déjà indiquées à ce sujet. Le poids d'un mouton étant peu élevé, le choc de ses pieds est faible et on peut se dispenser de paver le sol de la bergerie ; un dallage en béton de $0^m,08$ d'épaisseur enduit de ciment, ou un carrelage en briques ou en carreaux à plat seront suffisants. Naturellement, le sol présentera une pente (15 centimètres par mètre) amenant les urines à l'extérieur.

L'ensemble de la bergerie comprend deux parties (*fig.* 332) : le local clos A et le préau ouvert sur ses faces latérales B. Les surfaces de ces emplacements doivent être égales, car il peut se faire qu'à un

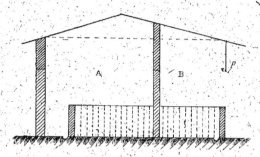

Fig. 332. — Bergerie (coupe transversale).

moment donné tous les habitants soient ensemble dehors ou dedans. La surface accordée à chaque animal est en moyenne de :

Antenais . . . . 0^{mq}, 60 à 1^{mq}
Brebis et agneau . . . . 1^{mq}, 20 à 1^{mq}, 50
Bélier . . . . 1^{mq}, 75 à 2^{mq}

Le *préau* laisse les moutons libres de profiter du grand air ; on l'orientera au midi autant que possible pour qu'il soit chaud en hiver ; pendant l'été, on laissera tomber des paillassons pour procurer de l'ombre aux bêtes. Cette cour couverte est commode pour évacuer la bergerie pendant la distribution d'aliments ou pendant le renouvellement des litières ; c'est également à cet endroit que l'on pourra pratiquer la tonte des moutons, la castration des agneaux.

Dans la bergerie, il sera bon d'établir les divisions fixes suivantes :

1° Un couloir d'alimentation, de service et de surveillance générale *a* (*fig.* 333), de $1^m,20$ de large ; la présence de ce couloir permet de percer dans le mur de façade M N de grandes ouvertures pour l'éclairage, le service de l'alimentation et du fumier ; les ventouses inférieures de ventilation pourront fonctionner librement grâce à l'espèce d'écran constitué par le petit mur *m*, *n* ;

2° Trois grands compartiments, *b*, *c*, *d*, réservés aux béliers (il serait même nécessaire de loger les béliers séparément, de façon à éviter les luttes et leurs fâcheuses conséquences), aux mères et aux antenais.

La surface de ces compartiments sera proportionnelle au nombre des unités figurant dans le troupeau. Les séparations, de 1 mètre à 1ᵐ,20 de hauteur, seront en maçonnerie (briques de champ), et des portes permettront la communication d'un compartiment à l'autre, ainsi qu'avec le couloir et le préau. Il sera, du reste, loisible d'établir

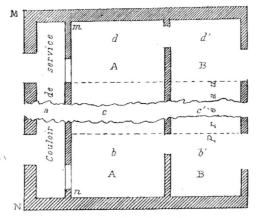

Fig. 333. — Bergerie (plan).

des divisions dans ces compartiments au moyen de barrières volantes ou des *râteliers-séparations*, dont nous parlerons plus loin.

Sous le préau on n'isolera complètement que les béliers, en *b'*; le reste sera libre ou muni seulement de barrières mobiles.

Portes. — Les ovidés ont l'habitude de se presser en foule au passage des portes; il peut en résulter, surtout pour les brebis pleines ou les jeunes animaux, de graves accidents. On évite une grande partie du désordre en effectuant l'entrée et la sortie générale du troupeau par une travée entière du préau, qui peut avoir jusqu'à 4 mètres de large; la sortie est rendue moins turbulente grâce aux divisions intérieures qu'on ne libère que successivement; il en est de même pour la rentrée dans les différents compartiments.

Les différentes portes devront être larges (1ᵐ,50 environ); on peut aussi les munir d'appareils spéciaux destinés à empêcher les animaux de s'écraser. On a proposé dans ce but de placer des rouleaux verticaux en bois à chaque montant. Ce procédé diminue la largeur disponible et fonctionne rarement bien. Il semble meilleur d'adopter le procédé suivant, qui rend de bons services à la bergerie de

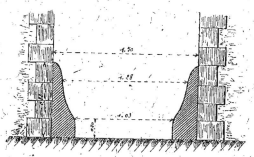

Grignon : deux petits massifs de maçonnerie (*fig.* 334) à angles soigneusement arrondis sont placés au bas de la porte; leur profil est tel que deux bêtes peuvent passer de front sans que les poussées latérales soient possibles.

Fig. 334. — Porte de bergerie.

Un autre procédé consiste à construire un seuil de 0ᵐ,50 de hauteur à la porte destinée au passage des moutons. L'entrée et la sortie se font au moyen de deux plans inclinés, en planches, appuyés au dedans et au dehors sur la murette. La largeur de ces plans étant fixée à 1ᵐ,20, par exemple, pour une porte de 1ᵐ,60, deux moutons seulement pourront y passer de front et franchir l'ouverture sans se heurter ou se froisser contre les pieds-droits.

Les portes intérieures doivent tourner librement malgré l'exhaussement continu des litières. La figure 335 montre un dispositif commode à employer. Un côté *mn* de la porte est muni

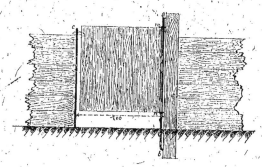

Fig. 335. — Porte disposée pour éviter l'encombrement des litières.

de deux œillets qui lui permettent de glisser le long d'un axe *ab*. Une chaîne *c* sert de fermeture.

Crèches et râteliers. — La nourriture étant donnée à tous les animaux d'un groupe à la fois, il est nécessaire que tous puissent

s'approcher des crèches pour manger; le développement des râteliers et des auges devra présenter une longueur correspondant à
0ᵐ,50 par tête.

Ces crèches se font en bois; on trouve cependant dans le commerce
des auges en fonte, simples ou divisées en compartiments, ou encore
surmontées d'un râtelier métallique. Leur prix varie suivant leur
poids.

On ne peut songer à fixer les mangeoires à demeure contre les
murs, à cause de l'élévation continue de la litière. Il faut donc les sus-

 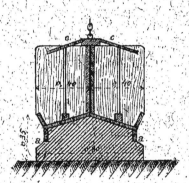

Fig. 336. — Mangeoire simple.   Fig. 337. — Mangeoire double.

pendre par un moyen quelconque, des chaînes ordinairement, si elles
sont le long des murs (fig. 336); on leur donnera une base suffisamment
large pour les empêcher d'être renversées si elles sont placées au milieu d'un compartiment ou si elles servent de séparation (fig. 337);
même dans ce cas on les munira de chaînes de suspension pour les
soulever au moment opportun. La capacité de l'auge doit être de 10 à
12 litres par animal; les râteliers verticaux que nous avons déjà
signalés pour les équidés auront encore ici l'avantage de ne pas
salir les toisons.

Les figures indiquent les dimensions moyennes et la forme la
plus convenable à donner aux crèches et aux râteliers. Pour empêcher les agneaux de passer sous les crèches, on aura la précaution
de clouer des lattes a à la partie inférieure des supports. Un couvercle c placé au-dessus des râteliers empêchera les jeunes animaux de tomber dedans lorsqu'ils essayeront de franchir les sépara-

tions; l'écartement des roulons formant les râteliers doit être au moins de 0ᵐ,10, car il peut arriver que, si ces barreaux sont trop espacés, l'animal en forçant les écarte, passe sa tête et ne peut la retirer ensuite, ce qui peut occasionner des accidents.

Il est facile, lorsque le nombre des animaux l'exige, d'établir des auges supplémentaires faites au moyen de deux planches clouées d'équerre sur des supports, comme l'indique la figure 338.

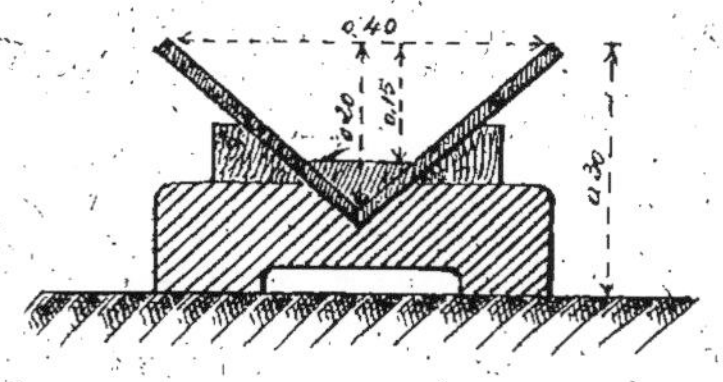

Les abreuvoirs sont placés à une certaine hauteur au-dessus du sol afin d'empêcher de souiller l'eau; il faut choisir des bassins de faible profondeur pour éviter les accidents.

Il n'est pas nécessaire d'avoir un bâtiment réservé pour l'engraissement des animaux destinés à la boucherie; il suffit de les mettre dans un compartiment à part de la bergerie commune.

Fig. 338. — Auge supplémentaire.

LOGEMENT DES SUIDÉS

Il est établi que le logement du porc doit être propre, sec et aéré, tout en étant relativement frais. Cependant, comme les suidés réunis en grand nombre sous un même toit dégagent toujours une certaine odeur, il sera prudent d'isoler la porcherie dans l'endroit de la ferme où cette odeur sera le plus supportable.

La *porcherie* (*fig.* 339) se divise en deux parties analogues à celles que nous avons établies

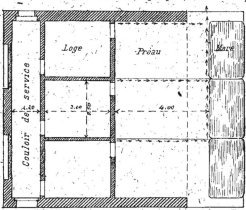

Fig. 339. — Logement des suidés (plan).

pour la bergerie : un logement et un préau. Ici le préau couvert sera relativement étroit, mais il sera prolongé par une cour découverte où les porcs pourront se promener.

Les porcs craignent la chaleur; aussi les murs du bâtiment auront-ils de 0^m,35 à 0^m,50 d'épaisseur; la couverture sera aussi suffisamment isolante. Le sol doit résister aux tentatives habituelles des animaux qui chercheront toujours à le fouiller. Dans l'intérieur du local, le béton enduit de ciment sera suffisant; on réservera un pavage solide pour la cour. La pente du sol doit faciliter l'évacuation des urines vers des rigoles qui les rassemblent et les amènent au dehors sans les mélanger à l'eau des bassins où les porcs peuvent se baigner.

L'intérieur de la porcherie est divisé en loges; les dimensions de ces loges varient suivant la race de porcs à loger; en moyenne on peut prendre : 2^m × 2 pour de jeunes porcs réunis dans une même loge ; 2^m × 3 pour de gros verrats ou des truies portières. Il est avantageux d'établir un couloir de service desservant toutes les loges; la largeur du couloir est de 1^m,30

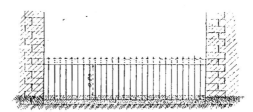

Fig. 340. — Séparation.

quel que soit le nombre des loges, disposées sur un ou deux rangs. Les séparations se font par des murs en briques ou en maçonnerie de 0^m,20 d'épaisseur environ et d'une hauteur de 1 mètre à 1^m,30. Ces murs sont recouverts d'un enduit de ciment de façon à pouvoir être facilement lavés. Des portes de 0^m,80 de large permettent de passer du couloir dans la loge et de celle-ci dans la cour. La cour est séparée en bandes de même largeur que les loges et placées dans le prolongement de celles-

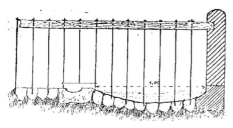

Fig. 341. — Bassin pour les porcs.

ci; une longueur de 4 à 5 mètres est suffisante. Les séparations (*fig.* 340) doivent être faites avec des matériaux résistant à la dent des porcs. Les meilleures sont constituées par des barreaux de fer de 0^m,012 de diamètre rivés dans un fer demi-rond d'une part et passant dans une traverse en chêne à la partie supérieure. Le fer demi-rond est noyé dans une maçonnerie de 0^m,20 de hauteur et la traverse de chêne est scellée dans le mur à une extrémité et dans un dé de maçonnerie à l'autre.

Le sol de la cour présente une pente de 0^m,01 par mètre, continuant d'ailleurs celle qui existe à l'intérieur des loges. Au fond de la cour se trouve un bassin large de 1 mètre (*fig.* 341), profond de 0^m,20 au plus, où les porcs peuvent se rafraîchir; l'eau de ces bassins, qui ne doit pas être souillée par les issues de la cour, sera renouvelée aussi souvent que possible. Il faut avoir le soin de disposer le fond de ces bassins en pente douce pavée et non cimentée, de façon que les porcs puissent en sortir commodément sans risquer de se noyer. De temps en temps il sera utile de vider entièrement les bassins et d'enlever les vases et les détritus qui se seront accumulés au fond.

La cour est en partie couverte par le prolongement du toit; cette sorte de préau, qui peut avoir 1^m,20 à 1^m,50, sera terminé par un auvent vertical qui donnera de l'ombre; il est, du reste, avantageux d'entourer la porcherie de plantations.

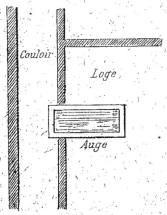

Fig. 342. — Auge pour les porcs.

Auges. — La voracité des porcs nécessite des *auges* disposées de telle façon que l'on puisse distribuer les aliments en dehors de la présence des animaux; différents procédés ont été proposés; voici les plus recommandables : la cloison qui limite le couloir d'alimentation est percée d'une ouverture au niveau du sol par laquelle on fait glisser l'auge dans le couloir pour la remplir; on repousse ensuite l'auge à l'intérieur (*fig.* 342). Ce dispositif exige un certain effort et provoque souvent des pertes d'aliments par suite de l'agitation qui résulte du mouvement.

Il est préférable d'avoir une auge fixe (*fig.* 343) placée suivant l'axe du mur de séparation. Un panneau *m n* mobile autour d'un axe horizontal peut occuper les positions 1 ou 2, de manière à isoler la mangeoire de la loge du porc ou à la mettre à sa disposition. Ces auges à volet mobile se font en fonte, prêtes à être encastrées dans le mur et munies de verrous pour la fixation du volet dans les positions convenables. Ce procédé a de plus l'avantage sur les dispositifs similaires de faciliter le nettoyage complet de la crèche sans être incommodé par les animaux. Les auges ont de 0^m,15 à 0^m,20 de profondeur sur 0^m,30 à 0^m,35 de largeur. On leur donne une longueur correspondant à 0^m,50 par tête.

Les porcelets reçoivent leur nourriture dans des auges spéciales, plus petites, présentant un nombre de compartiments supérieur au nombre d'animaux à nourrir. On trouve dans le commerce ces auges en fonte pour porcelets sous deux types : circulaires ou rectilignes. Leur prix dépend de leur poids.

Les porcs adultes sont réunis par groupes de six à huit dans une même loge; il est alors nécessaire d'établir dans la crèche des séparations en nombre suffisant pour empêcher les porcs de se mordre; de simples barres de fer horizontales peuvent remplir cet office.

Lorsque le nombre des animaux à loger dans une porcherie est considérable, on peut disposer les loges et les cours adjacentes symétriquement par rapport à l'axe du couloir d'alimentation. On construit ainsi une porcherie double.

Fig. 343.
Auge à volet mobile.

Il est inutile de construire des porcheries spéciales pour l'élevage ou l'engraissement; il suffit de réserver un certain nombre de loges dans l'endroit le plus convenable du bâtiment, de manière à faciliter la distribution des aliments destinés aux porcs soumis à l'engraissement. On peut transformer rapidement une loge d'élevage en loge d'engraissement, en établissant une barrière avec des mâdriers engagés dans des rainures ménagées dans les murs.

BASSE-COUR

Il faut bien se garder de confondre la cour de ferme avec la basse-cour; chez beaucoup de cultivateurs, les poules, les canards, les dindons ont un abri aménagé tant bien que mal dans un coin de la ferme : ils vont et viennent librement, montent sur le fumier, pénètrent dans les étables et souvent s'échappent dans les cultures.

Ce mode d'élevage est, dit-on, économique : les constructions sont des plus rudimentaires, les animaux sont plus rustiques, ils utilisent les grains tombés, les débris qui se trouvent dans le fumier et détruisent les insectes nuisibles qu'ils rencontrent dans les champs. Mais on peut aussi signaler un certain nombre d'inconvénients qui démontrent la nécessité d'une installation spéciale pour le petit bétail d'une exploitation.

Les volailles qui pénètrent dans les étables risquent d'être écrasées; leurs plumes mêlées aux fourrages ou laissées dans les auges peuvent être ingérées par les animaux et provoquent chez eux de graves accidents : enfin les maladies contagieuses sont souvent véhiculées d'un local à un autre par les poules. Dans la cour de ferme le tas de fumier est constamment dispersé, les poules ou les canards boivent le purin, ce qui donne un goût détestable à la chair et aux œufs; les excréments déposés sur le sol sont délayés et entraînés par la pluie, et par cette voie les épidémies qui déciment les basses-cours se propagent rapidement.

Le défaut d'installation spéciale se traduit par la perte fréquente des œufs, par la disparition des animaux tués par les chiens, les belettes, etc.

Logement des poules. — Le *poulailler* ne sert aux poules que pour dormir et pondre; la distribution des aliments se fait toujours à l'extérieur. Il est nécessaire de placer le poulailler à une certaine hauteur au-dessus du sol, 1 mètre à 1^m,20 par exemple, les animaux y accédant au moyen d'une petite échelle. La construction n'exige pas de matériaux spéciaux, mais il faut observer une hygiène rigoureuse et des facilités de nettoyage aussi complètes que possible. Le sol sera cimenté et recouvert ensuite de matières pulvérulentes qui fixeront les déjections et faciliteront leur enlèvement; les parois verticales, aussi lisses que possible, seront fréquemment badigeonnées au lait de chaux. Le local n'a besoin d'être fermé que sur trois côtés; la façade la moins exposée peut être faite au moyen d'un treillage en bois ou en fil de fer. On ménage dans cette façade les ouvertures nécessaires pour pénétrer à l'intérieur. Ce dispositif assure une aération des plus favorables à la santé des habitants.

Les juchoirs devront être placés à 0^m,50 du sol et espacés entre eux de 0^m,40 environ; la longueur totale se calculera en attribuant à chaque animal 15 à 20 centimètres, suivant sa taille. Il faut employer pour confectionner ces juchoirs des barres de bois de 0^m,10 de largeur, car les poules aiment à se reposer sur des surfaces relativement étendues; il est nécessaire de les placer sur un même plan horizontal pour éviter les batailles destinées à acquérir les barres les plus élevées.

Les pondoirs devront être mobiles, de façon à pouvoir être retirés du poulailler au moment du nettoyage. Il faut abandonner les paniers tressés, où se logent toujours des parasites; une simple boîte en bois enduite de chaux ou lavée à l'eau bouillante tous les huit jours est le meilleur pondoir.

Les animaux seront parqués dans une cour spéciale, que l'on plantera avantageusement d'arbres fruitiers. On divise la surface en compartiments de façon à ce que chaque poule dispose d'environ 10 mètres carrés. Les séparations se feront avec du treillage galvanisé tendu sur du fil de fer, comme nous l'indiquerons dans le chapitre des clôtures.

Canards. — Les conditions d'hygiène à observer dans le *logement des canards* et des oies sont les mêmes que pour le poulailler.

Le mobilier est ici plus simple, les juchoirs sont inutiles. Le plancher doit s'élever de 0m,15 à 0m,20 seulement au-dessus du sol environnant. Les animaux aquatiques disposeront d'une petite cabane montée sur quatre piquets et communiquant avec la berge du cours d'eau au moyen d'une planche.

Pigeons. — L'installation du *pigeonnier* est analogue à celle du poulailler; les perchoirs pourront être supprimés et les nids seront accrochés au mur à 1m,50 environ de hauteur. Il faudra surtout avoir soin de placer les nids hors de la portée des rongeurs. Le moyen le plus simple est de faire disparaître les aspérités des murs, qui permettraient aux animaux nuisibles de grimper. Le pigeonnier s'établit d'ordinaire dans le comble d'un bâtiment, de façon à permettre un accès facile à ses habitants; à cet effet on placera à l'entrée des planchettes en saillie sur lesquelles les pigeons pourront se poser à l'arrivée.

Lapins. — Les graves mécomptes survenus dans l'élevage du lapin sont dus la plupart du temps au mauvais établissement du *clapier*. S'il est vrai que le lapin privé d'exercice grossit et s'engraisse rapide-

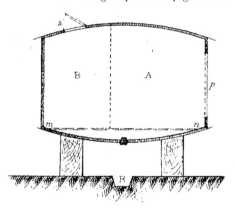

Fig. 344. — Cabane à lapins (tonneau).

ment, il est certain que les maladies qui emportent d'un seul coup des éducations entières proviennent de la privation d'air, du contact permanent des animaux avec leurs excréments et des mauvaises qualités que contractent les aliments pour la même raison.

L'ensemble du clapier doit être abrité sous un hangar et comporter des cases en nombre suffisant pour séparer les mâles, les mères et les lapins à l'engrais. Les cases les plus économiques se font avec des tonneaux hors de service (*fig.* 344) que l'on aménage de la façon suivante : on place à la partie inférieure un plancher *mn* muni de trous pour l'écoulement des urines dans la rigole R; un des fonds du tonneau est percé d'une ouverture carrée que l'on fermera par une porte grillagée P. Une deuxième ouverture placée en haut *s* servira à la distribution des aliments.

Les tonneaux destinés aux mères pourront être avantageusement

divisés en deux parties, A et B; le local le plus retiré B servira pour
la mise bas et l'allaitement des jeunes.

A défaut de tonneaux, on construira des cabanes sur les indications des figures 345, 346. Le plancher à trous est élevé de 0m,60, la
façade est formée par un treillage métallique et la toiture se sou-

Fig. 345, 346. — Cabane à lapins à treillage métallique.

lève comme un couvercle pour faciliter le service. La forme est rectangulaire, sauf pour les loges des mâles, qui doivent présenter
des angles très arrondis.

Le mobilier se réduit à un petit râtelier et à une auge.

IV — ATELIERS DE PRÉPARATION
DES ALIMENTS

Les aliments destinés aux animaux doivent subir diverses prépa-
rations ayant pour but de les rendre plus faciles à ingérer et à
digérer. Pour certains, les tourteaux, les betteraves, par exemple,
une division mécanique est absolument nécessaire.

Les conditions essentielles à remplir, à notre point de vue spécial,
dans la préparation des aliments, sont les suivantes :

1° Rassembler dans un même local les diverses machines destinées
à la préparation des aliments ;

2° Grouper ces machines d'après la nature des produits qu'elles
doivent transformer et dans l'ordre des transformations.

On peut ainsi faire fonctionner toutes les machines par un seul moteur, tout en réduisant les transmissions, arbres, courroies, etc., au minimum ; le groupement rationnel des machines diminue aussi les manutentions et accélère le travail.

L'atelier de préparation doit être en communication directe d'une part avec les greniers et les magasins renfermant les fourrages, graines, etc., et d'autre part avec les divers logements des animaux ; son emplacement devra être choisi dans un endroit aussi central que possible lorsqu'on dressera le projet des constructions. Le local devra être assez vaste pour contenir les machines, tout en réservant un espace libre suffisant pour faire les mélanges nécessaires et mettre en réserve les rations préparées. La division en deux étages présente de grands avantages à ce point de vue, le rez-de-chaussée recevant par le plafond les aliments travaillés du premier étage et ne servant qu'à la préparation des mélanges et des rations. Si la superposition en deux étages n'est pas possible, on se bornera à séparer par une cloison l'emplacement des machines de celui de la manutention.

Dans un atelier bien agencé tous les produits arrivant des greniers ou des magasins doivent passer sur une bascule et être pesés en présence du régisseur, qui note les quantités sorties. Ensuite, d'après leur nature, ces produits prennent les directions suivantes :

Bascule.
- Fourrages . . . .
  - Sans préparation.
  - Hache-paille.
  - Broyeur d'ajoncs.
- Racines et Tubercules. . Laveur.
  - Coupe-racines.
  - Dépulpeur.
  - Cuiseur. . . . . | Broyeur spécial.
- Grains . . . . | Cribles.
  - Sans préparation.
  - Broyeur.
  - Concasseur.
  - Aplatisseur.
- Tourteaux. . . . . . | Brise-tourteaux.

Après transformation ces produits sont amenés dans la salle de préparation où sont déjà rendues les pulpes, les drèches, les issues diverses. On procède alors aux mélanges et on charge les véhicules destinés à emporter les aliments dans les différents locaux. Ces mélanges se font ordinairement en volumes.

Dans certaines exploitations les mélanges de racines, de drèches avec des aliments secs, tels que la paille hachée, les tourteaux, sont mis à fermenter pendant un certain temps avant leur distribution. Cette fermentation peut se faire dans un coin de la salle de préparation, dans des cases en maçonnerie enduites de ciment. Ces cases auront un volume total proportionnel à la consommation. Il con-

viendra de les séparer par des murs de 1m,50 de hauteur et de ménager une aération assez rapide pour évacuer les odeurs et les gaz
qui pourraient se dégager.

Nous ne pouvons donner de type d'atelier de préparation. Dans
chaque ferme, ce sont l'emplacement disponible, l'espèce et le nombre
des animaux dominants, le mode d'alimentation adopté qui décideront de la spécialisation de l'atelier, des machines, et du genre de moteur à employer. En règle générale, ce local doit être spacieux, de
façon que le service, les réparations et l'entretien des machines puisse
se faire commodément et sans accidents; les portes devront avoir des
dimensions permettant de sortir la machine la plus encombrante
dans le cas où l'un quelconque des appareils devrait être retiré
du local.

Les murs doivent être assez solides pour supporter le poids et les
trépidations des transmissions; dans le cas où ces transmissions seraient fixées au plafond, celui-ci devrait présenter les mêmes garanties. Le sol sera incliné légèrement, étanche, uni, sans fissures : on
adoptera dans ce but un dallage en béton, recouvert d'un enduit de
ciment uni sans y passer la boucharde; le carrelage est à rejeter, à
cause de ses joints trop nombreux. On aura la précaution de placer
sous les machines un fort massif de béton destiné à les empêcher de
se déplacer, ce qui ferait fendre le ciment du plancher. La partie
inférieure des murs sera cimentée sur une hauteur de 1m,20 à 1m,50,
de manière qu'on puisse laver tout le local à grande eau. L'éclairage et
la ventilation ne seront pas non plus négligés, à cause de la propreté
générale d'une part, des poussières, des odeurs qui se dégagent
pendant le travail, d'autre part.

V. — FUMIERS

Les animaux abandonnent dans leurs logements des déjections solides et liquides; une partie se mêle à la litière, mais la majeure
partie des urines s'écoule au dehors.

Conséquences. — Le service des fumiers devra assurer l'*évacuation*
de ces deux formes de résidus, leur *réception* et leur *conservation* dans
des dépôts spéciaux.

Le *dépôt de fumier* comprendra deux parties distinctes : l'une
réservée à la partie solide (plate-forme ou fosse), l'autre destinée au
purin (citerne).

Nous avons déjà indiqué page 173 comment les urines devaient
être amenées hors des bâtiments et nous savons qu'on les conduit à
la fosse à purin par des canalisations souterraines. Pour éviter l'obs-
truction de ces conduites, il conviendra de les faire de grand diamètre

et à forte pente; par mesure de sécurité, on sectionnera le réseau par des regards placés de préférence aux points de jonction.

REMARQUE. — L'évacuation des urines par écoulement naturel indique de suite que l'emplacement réservé au dépôt de fumier ne devra pas être à un niveau supérieur à celui du sol du logement des animaux. Le fumier pailleux est enlevé au moyen de brouettes, de civières, de chemins de fer, suivant la quantité à extraire et la distance du transport. Le couloir de service dont nous avons déjà parlé facilite beaucoup la manutention dans l'intérieur des bâtiments.

Emplacement. — L'endroit où l'on place le dépôt de fumier ne doit être fixé qu'après une sérieuse enquête, car le moindre inconvénient pourrait avoir une répercussion fâcheuse sur l'économie générale de la ferme. On doit mettre de côté toute question d'esthétique, qui n'a que faire dans un tel sujet : pas un agriculteur avisé ne dira qu'un tas de fumier bien disposé et bien entretenu dépare une cour de ferme.

Le dépôt de fumier doit être aussi central que possible par rapport aux différents logements des animaux, et si toute latitude règne de ce côté, on devra le rapprocher du local fournissant la plus grande quantité du fumier extrait dans la plus courte période. D'un autre côté, le fumier dégage toujours une certaine odeur, et c'est un lieu de prédilection pour les mouches et les moustiques; on fera bien de le placer à une certaine distance des bâtiments habités.

L'emplacement destiné à recevoir le fumier devra être de *grandes dimensions*, pour plusieurs raisons, par exemple la faible hauteur (2 mètres) que l'on ne peut dépasser dans l'amoncellement du fumier; la nécessité de faire plusieurs compartiments pour éviter de mêler le fumier frais et le fumier fait augmente encore la surface exigée. L'accès de la lumière devant être facile sur *toutes ses faces*, non seulement pour les petits véhicules apportant le fumier des logements, mais aussi pour les charrettes venant charger au moment du transport des engrais aux champs, il sera nécessaire de choisir un endroit desservi par de larges dégagements.

Enfin, au point de vue « topographique », le dépôt de fumier, tout en étant plus bas que les logements des animaux, ne doit recevoir aucune des eaux venant des parties supérieures; et d'un autre côté, les infiltrations de purin qui pourraient se produire ne devront jamais risquer de contaminer les sources, mares, fossés et puits voisins.

Dimensions. — Les dimensions (longueur et largeur) du dépôt de fumier se calculent lorsqu'on connaît le nombre des animaux de la ferme, le poids des litières et le nombre de fois que l'on enlève les fumiers du dépôt dans l'année. On a donné des coefficients destinés à fournir le poids du fumier en fonction du nombre des animaux; mais les résultats sont peu exacts, à cause de la variété des litières et de la nourriture dans les différentes exploitations; la densité du fumier est aussi très variable. D'après M. Lefour, on peut admettre une surface de 1ᵐ𝑞,50 par 100 kilogrammes de poids vif des animaux de la ferme, le fumier n'étant enlevé qu'une fois par an.

Disposition. — Le fumier peut être disposé soit sur une plate-forme au niveau du sol, soit dans une fosse creusée dans la terre. On étudie en agriculture les avantages et les inconvénients de ces deux dispositifs au point de vue des réactions chimiques internes et de la fermentation du fumier. En ce qui concerne la construction du dépôt et la manutention du fumier, on peut établir la comparaison suivante entre les deux procédés.

Les plates-formes ont l'avantage de coûter peu comme frais de premier établissement et d'entretien; la circulation des véhicules est facile autour; le fumier peut s'enlever par tranches verticales mélangeant les différentes couches, et se charger facilement sur les voitures. Comme inconvénients, on reproche au tas de fumier d'exiger un tassement bien réparti et des bords bien faits pour empêcher sa chute.

Les fosses ont l'avantage de ne nécessiter aucun soin ultérieur du fumier, sauf des arrosages, qui sont cependant moins nécessaires que dans les tas. Les inconvénients sont : frais considérables d'établissement (déblais, maçonnerie, enduits intérieurs), dangers de chute dans les fosses non remplies, chargement des véhicules présentant de nombreuses difficultés et enlèvement du fumier par couches horizontales. Enfin, la citerne à purin sera plus profonde que celle nécessitée par la plate-forme.

Plate-forme. — La *plate-forme à fumier* consiste en une aire étanche sur laquelle on entasse les litières au fur et à mesure qu'on

Fig. 347. — Plate-forme convexe.

les extrait des logements. Cette aire étanche doit présenter une certaine pente aboutissant à des rigoles qui amènent dans une citerne le purin qui s'égoutte du fumier.

Le profil de la plate-forme peut être convexe ou concave; celui-ci, ne nécessitant qu'une seule rigole, doit être préféré. L'aire est bétonnée ou pavée avec rejointoiement de mortier hydraulique (*fig.* 347-348). La plate-forme sera établie sur un sol bien tassé, dominant légèrement le reste du terrain, pour éviter l'invasion des eaux de pluie; il est bon de limiter la surface par une bordure en pierre ou par un pavage soigné, de façon à éviter toute déformation et toute fissure de la surface. Si on tient à conserver le tas de fumier en bon état, on

Fig. 348. — Plate-forme concave.

Fig. 349. — Plate-forme avec barrière.

peut l'entourer d'une barrière volante au moyen d'une poutre horizontale supportée par des étriers fixés à des piquets verticaux (*fig.* 349).

Fosse. — La *fosse* a la même destination que la plate-forme. Sa profondeur moyenne est de 1^m,50 à 1^m,75 (*fig.* 350). L'excavation pra-

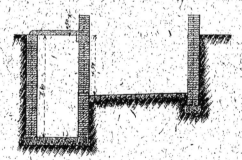

Fig. 350. — Fosse et citerne.

tiquée dans le sol est maçonnée latéralement par des murs de soutènement qui dépassent le sol de 0^m,50 environ. Le fond est pavé ou bétonné de façon à présenter une pente vers la citerne à purin; bien entendu, toutes les parois doivent être étanchées par un enduit de mortier hydraulique.

Parfois le profil de la fosse est triangulaire, le côté A B ayant une pente de 8 à 10 centimètres par mètre (*fig.* 351) de façon à permettre aux véhicules de descendre dans la fosse. Ce dispositif se rapproche d'un type mixte qui tient à la fois de la fosse et de la plate-forme.

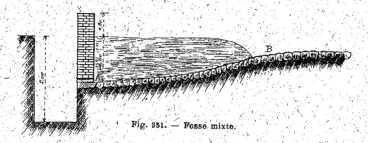

Fig. 351. — Fosse mixte.

Citerne à purin. — La *citerne à purin* doit être annexée à tout dépôt de fumier. Elle est destinée à recueillir les eaux ménagères venant des logements, ou le purin qui s'égoutte de la masse du fumier. Le liquide, s'accumulant dans la citerne, permet d'effectuer les arrosages nécessaires à la bonne fermentation du fumier.

On ne doit faire qu'une seule citerne à purin, même s'il existe plusieurs tas de fumier, à cause des frais qu'entraînent sa construction et l'installation de la pompe destinée aux arrosages ; pour faciliter cette dernière opération on placera la citerne à purin en un point aussi central que possible par rapport aux différents tas de fumier.

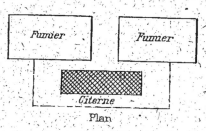

Fig. 352. — Plate-forme double.

La capacité de la citerne doit être environ de 1 mètre cube par tête de gros bétail ; l'excès du purin serait conduit au réservoir spécial pour servir aux irrigations ou répandu directement sur les terres cultivées.

La forme cylindrique serait à conseiller ; mais, à cause des difficultés d'exécution, il est préférable d'employer une citerne à section rectangulaire. La profondeur ne doit pas dépasser 2 à 3 mètres, pour diminuer le travail nécessité par l'élévation du purin. Une largeur inférieure à 2 mètres procure une notable économie dans la fermeture de la citerne, que l'on fait ordinairement avec un plancher de madriers.

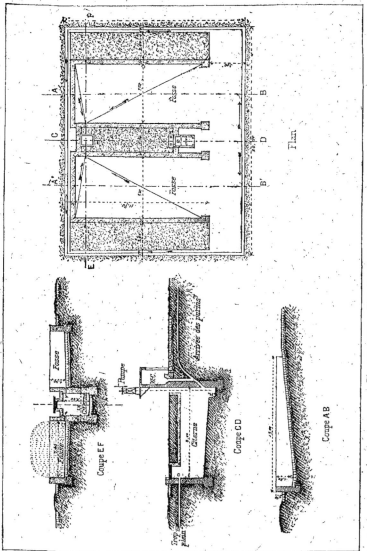

Fig. 353 à 356. — Plan d'une place à fumier et coupes.

Les citernes voûtées sont commodes; on peut les placer directement sous les plates-formes à fumier ; mais leur construction coûte
cher. Si on ne dispose pas de capitaux suffisants, on placera la citerne à côté des tas de fumier, comme l'indique la figure 352, la fermeture étant constituée par des madriers juxtaposés. Ce dernier
dispositif est à adopter dans le cas des fosses à fumier.

La construction de la citerne (*fig.* 357) est identique à celle des

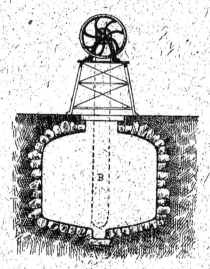

Fig. 357. — Citerne avec pompe à purin.

fosses d'aisances page 167; le bassin de réception B sera à l'apomb
de la charpente supportant la pompe à purin. La citerne devra
être vidée, nettoyée et réparée au moins une fois par an. Il sera
prudent, si elle n'est pas voûtée, de l'entourer d'une barrière, pour
prévenir les chutes.

VI. — LAITERIE

Nous désignerons par *laiterie* (*fig.* 358) le local où se feront les
diverses manipulations concernant le lait, que ce produit soit livré
directement à la consommation ou bien transformé en beurre ou en
fromage. Le but que l'on doit rechercher dans la construction de la laiterie est d'*isoler* aussi complètement que possible le lait de *toute espèce*

d'agents extérieurs (odeurs, température, poussières, ferments, etc.).

L'*emplacement* de la laiterie devra donc être choisi non pas en vue de favoriser les habitudes ou la paresse des gens de service, mais bien d'après les conditions scientifiques qui sont exigées pour la conservation du lait ou de ses sous-produits. En conséquence, on séparera

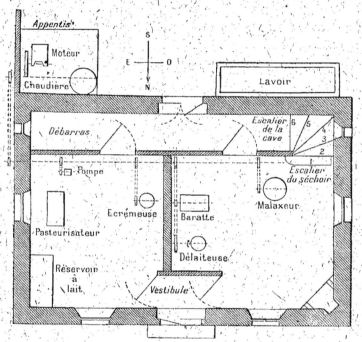

Fig. 358. — Plan d'une laiterie.

la laiterie des bâtiments habités par le personnel ou par les animaux; on évitera soigneusement le voisinage du fumier, des mares, des silos à pulpe et des magasins à engrais. La température intérieure devant être voisine de 10-12°, l'*exposition* la plus favorable sera le nord. On abritera le côté sud en adossant la laiterie contre un bâtiment déjà existant ou par des plantations d'arbres à feuillage épais si elle est isolée des autres constructions.

Pour conserver l'uniformité de température, on donnera aux murs une épaisseur suffisante, 0m,30 au minimum, et on évitera d'employer des matériaux légers (zinc, ardoise) pour la toiture. Un plafond isolant est de toute nécessité. On assure presque à coup sûr l'uniformité de la température en doublant tout le local de carreaux de liège aggloméré.

Les ouvertures sont réduites au minimum, surtout sur la façade sud. Les fenêtres seront munies de contrevents et de châssis de toile métallique destinés à empêcher l'entrée des poussières et des insectes. Les portes seront doubles, un panneau plein ouvrant à l'extérieur, et une deuxième porte vitrée formant une espèce d'antichambre en arrière, de façon à empêcher les variations de température à l'intérieur. Une combinaison convenable de ventouses et de cheminées d'appel permettra de profiter de la fraîcheur de la nuit en été pour refroidir l'atmosphère de la laiterie.

La propreté rigoureuse du local exige de fréquents lavages à grande eau. A cet effet, les murs seront garnis d'un soubassement en ciment ou en carreaux de faïence sur une hauteur de 1m,20 environ, et blanchis à la chaux jusqu'au plafond. Le sol sera enduit d'une couche de ciment *unie* sans passage de boucharde ou dallé en pierres dures rejointoyées au ciment; les carreaux de terre cuite ne sont pas à conseiller, à cause de leurs pores trop nombreux qui absorbent le lait pouvant se répandre. Bien entendu, les eaux de lavage se réunissent dans une rigole latérale *découverte* et passent au dehors au moyen d'un siphon analogue à celui que nous avons décrit à propos des logements des animaux.

La distribution intérieure du local varie suivant le traitement que doit subir le lait. Cependant on fera bien de tenir un certain compte des indications générales suivantes : les appareils destinés à la manipulation du lait occuperont l'enceinte de la laiterie proprement dite, dans une seule pièce, ou mieux dans deux pièces séparées constituant l'une la salle de réception du lait, avec les bacs, filtres, réfrigérants, appareils de remplissage des bouteilles, etc.; l'autre, la salle de beurrerie contenant les écrémeuses, barattes, malaxeurs et délaiteuses. Le lavoir à ustensiles, les égouttoirs, le générateur pour la vapeur ou l'eau chaude seront au dehors sous un appentis avec une petite cour. On observera pour ce local les mêmes conditions de propreté que pour la laiterie elle-même. Ces deux services, laiterie et laverie, ne devront pas se communiquer directement, à cause de leur différence de température et des odeurs qui peuvent altérer le lait.

L'établissement des transmissions et des machines donne lieu à des remarques analogues à celles faites précédemment à propos des ateliers de préparation d'aliments pour les animaux.

L'installation d'une fromagerie nécessite les mêmes précautions qu'une laiterie; mais ici, en plus des salles de réception et de travail du lait, il faudra prévoir un local sec au premier étage et une cave pour les différentes manipulations que doivent subir les fromages.

VII. — GRANGES

La *grange* est le bâtiment où on enferme les gerbes jusqu'au moment du battage; elle sert souvent de local pour ce travail, et ensuite de magasin à paille. Nous n'avons à entrer ici dans aucune discussion sur les avantages ou les inconvénients du battage im-

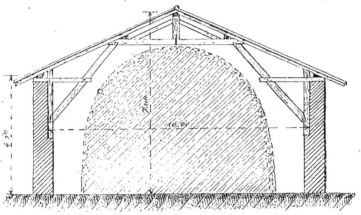

Fig. 359. — Dispositif d'une grange.

médiat ou différé des céréales, pas plus que sur les mérites comparatifs de la conservation de la paille en meules ou en grange; il nous suffit d'indiquer les particularités relatives à la construction de ce bâtiment.

L'emplacement de la grange doit être un endroit sec, relativement élevé, isolé des logements du personnel pour restreindre les chances d'incendie et suffisamment séparé des logements des animaux pour éviter l'altération des pailles par l'humidité et les mauvaises odeurs. L'accès doit en être facile pour les véhicules pesamment chargés. Les dimensions doivent être suffisantes pour emmaganiser la totalité des récoltes de céréales tout en laissant un espace libre pour l'exécution du battage et des manœuvres nécessaires à cette opération. Il est donc utile de connaître la surface en céréales dans l'assolement du domaine, ainsi que le poids et le volume des gerbes des variétés cultivées.

En moyenne on peut admettre qu'une gerbe pèse de 10 à 12 kilogrammes, contenant $2^{kg},500$ de grains, et qu'il faut 10 gerbes pour occuper un volume de 1 mètre cube. La largeur de la grange (*fig.* 359) est limitée à 8 mètres, 10 mètres au maximum pour que les charpentes ne reviennent pas trop cher; la hauteur sous entrait doit être de 4^m,50 pour permettre au besoin l'entrée de véhicules chargés; la longueur reste donc disponible suivant le cube de gerbes à loger. La hauteur moyenne d'entassement ne dépasse pas 6 mètres à l'intérieur, à cause des difficultés de manœuvres, même si l'on dispose d'appareils spéciaux pour emmagasiner les gerbes.

Les murs devraient être assez épais, non seulement à cause de leur hauteur (7 à 8 mètres pour les pignons), mais surtout à cause de la poussée qu'ils recevront des fourrages entassés dans leur enceinte. Il sera bon de les maintenir par des chaînes et des contreforts, ou mieux de ne pas appuyer les fourrages sur les murs. On évite d'un côté par cette précaution les chances de renversement et on peut construire plus économiquement; et d'autre part l'humidité ne pourra pas se communiquer aux pailles et les altérer.

Les ouvertures dans les murs seront réduites autant que possible; les fenêtres n'ont ici que peu d'utilité; il est préférable de donner du jour par la toiture au moyen de tuiles en verre. Cependant les fenêtres percées dans les pignons donneront du jour aux extrémités des bâtiments. On aura le soin de munir ces ouvertures de châssis tendus de toile métallique pour s'opposer à l'entrée des insectes. Les portes seront de dimensions suffisantes pour permettre l'entrée d'une charrette chargée de gerbes; on les placera dans le même axe sur les deux façades longitudinales, de manière à permettre la sortie des véhicules. Si la grange dépasse 12 à 15 mètres de longueur, il y a avantage pour les transports intérieurs à placer plusieurs portes espacées de 12 mètres d'axe en axe.

La batteuse se placera dans les espaces restés libres, la locomobile restant au dehors.

On ne peut songer à paver, daller ou planchéier le sol de la grange : ce serait une dépense trop considérable; mais on peut exécuter un empierrement soigné, maintenu par un mortier de terre battue mêlée de chaux.

Les pailles peuvent être logées dans les combles des bâtiments destinés aux logements des animaux si les conditions spéciales que nous avons déjà signalées sont remplies. Dans ce cas on diminue d'autant la capacité à loger dans la grange et par suite les dimensions de celle-ci.

VIII. — FENILS ET SILOS A FOURRAGES

Fenils. — Le foin se conserve bien à condition d'être placé dans un local aéré et à l'abri de l'humidité. Il est rare que l'on construise un bâtiment spécial pour loger le foin; on le place dans la grange, dans les combles des différents locaux ou dans un hangar sec fermé du côté des vents humides.

Actuellement le mode de conservation des fourrages qui tend à se répandre est *l'ensilage* ou mise en silos.

Silos. — La conservation des fourrages dans les *silos* s'est d'abord pratiquée en comprimant l'herbe fraîchement coupée dans des fosses maçonnées. La construction du silo se borne à l'excavation, au revêtement des parois par des murs de soutènement (page 74) et au dallage du fond par une couche de béton enduite de ciment. Pour diminuer les frais et faciliter la construction il y a avantage à donner une largeur de 5 à 6 mètres; la profondeur ne dépasse pas 3 mètres; on augmentera donc la longueur suivant le cube de fourrage à conserver. La charpente, qui supporte une toiture légère, ne présente rien de particulier. L'ensilage à l'air libre, préconisé par M. Cormouls-Houlès en 1882, supprimait toute construction; il suffisait d'éta-

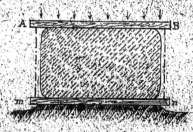

Fig. 360. — Fourrage ensilé.

blir un aire étanche *mn* (*fig.* 360) analogue à celle des plates-formes à fumier et d'y entasser le fourrage; la compression était obtenue par des matières pesantes placées en AB ou par des appareils mécaniques spéciaux (Johnson, Cochard), etc. La partie altérée par le contact de l'air est de 0ᵐ,15 à la partie supérieure, nulle en *mn*,

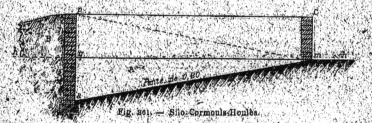

Fig. 361. — Silo Cormouls-Houlès.

mais atteint 0ᵐ,30 à 0ᵐ,35 sur les quatre côtés. Pour que cette altération puisse être considérée comme négligeable, il ne faut ensiler par ce procédé que des masses considérables de fourrage.

Actuellement M. Cormouls-Houlès recommande de donner au silo la forme représentée par la figure 361, le déblai A servant à confectionner la rampe B; la pente *um* est de 0ᵐ,20 par mètre. Un mur de soutènement *ap* sépare le talus de l'excavation, deux murs parallèles la limitent. Les véhicules chargés arrivent dans le silo par *m* jusqu'à ce que le triangle *maq* soit plein, ferme et résistant; à partir de ce moment on décharge les fourrages de façon à former la pente *mp*; quand cette partie est terminée, les véhicules arrivent par la rampe B pour remplir le volume ayant *pm* C pour section, et on termine par un excès de fourrage dépassant les murs de 0ᵐ,50. On procède alors au chargement du silo à raison de 1 000 kilogrammes par mètre carré.

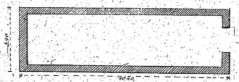

Fig. 362. — Plan du silo Cormouls-Houlès.

Voici les dimensions d'un silo pouvant contenir 90 à 100 000 kilogrammes de fourrage vert (*fig*. 362).

Longueur . . . . 10 mètres.
Largeur. . . . . 3 —
Hauteur *m c* . . . . 2 —
— *ap* . . . . 4 —
Épaisseur des murs 0ᵐ,45 (0ᵐ,40 à 0ᵐ,50)

IX. — GRENIERS A GRAINS ET SILOS

Les *greniers à grains* ne doivent servir, dans une exploitation rurale, qu'à conserver la provision nécessaire aux animaux pendant l'année; un agriculteur doit livrer sa récolte au commerce sitôt les battages terminés. Les conditions à remplir pour conserver les céréales en bon état se résument à mettre celles-ci à l'abri de l'humidité, de la chaleur, de la lumière, qui provoquent des phénomènes chimiques et physiologiques dans les grains. Il faut également les protéger des insectes et de la dent des rongeurs.

Les greniers ne doivent jamais être établis à un rez-de-chaussée, à cause de l'humidité; on les place au-dessus des remises, des magasins à outils, des logements d'animaux si les planchers sont imperméables, etc. Ils doivent être percés d'ouvertures pour la ventilation du côté du nord; les portes et les fenêtres devront fermer hermétiquement et être munis de châssis à toile métallique.

Les grains se conservent mieux en tas (de 0ᵐ,60 à 0ᵐ,80 d'épaisseur) (*fig*. 363) qu'en sacs; on peut aussi plus facilement les remuer, agiter et pelleter ou les passer au tarare, opérations qui constituent la meilleure précaution contre tous les accidents; il faut éviter de mettre les grains en contact avec les murs. Une bonne précaution pour la conservation des grains est de cimenter les murs du grenier sur une hauteur de 1 mètre environ.

Le plancher du grenier doit être uni avec le moins de fentes possible où pourraient se réfugier les larves d'insectes; le carrelage à bain de mortier serait préférable au plancher en bois. Les planchers en ciment armé ou en briques portés sur poutres métalliques sont les meilleurs; ils résistent au poids des grains, sont parfaitement lisses et ne peuvent servir à abriter les rongeurs. Il est avantageux d'établir des plafonds dans les greniers; on limite ainsi les retraites pour les insectes, pour les germes de maladies; les variations de température sont aussi diminuées.

Le meilleur mode de conservation des grains consiste à les placer dans des silos étanches en tôle ou en ciment armé. Ce procédé est employé

Fig. 363. — Grenier à grains.

dans l'industrie; on trouvera à ce sujet des renseignements en consultant les travaux de M. Müntz dans les *Annales de l'Institut national agronomique*.

Les racines et les tubercules divers se conservent dans des locaux fermés et secs dont la construction ne présente rien de particulier; il est plus économique, lorsqu'on ne dispose pas de bâtiments convenables vides au moment de leur récolte, de les placer dans des silos établis d'après les principes indiqués en agriculture.

X. — BATIMENTS POUR LA FABRICATION DU VIN

Les bâtiments destinés à la *vinification* doivent être établis en tenant compte des conditions reconnues nécessaires pour la fermentation et la conservation du vin, et aussi des habitudes locales, qui ont leur importance pour donner au vin le goût, la finesse ou l'arome qui caractérisent les produits des divers pays.

En principe, un *cellier* devrait comprendre deux bâtiments distincts : l'un, la *cuverie*, qui sert à la préparation et à la fermentation du moût; l'autre, destiné au logement du vin fabriqué, porte le nom de *chai* ou *cellier* s'il est hors de terre et de *cave* s'il est enterré dans le sol.

L'emplacement du cellier parmi les bâtiments est facile à déterminer, car dans les pays de vignobles le cellier est la construction principale, toutes les autres n'étant que des annexes. On utilisera donc les indications que nous avons déjà données à propos du choix de l'emplacement de la ferme; on cherchera en outre à utiliser les monticules pour adosser le cellier, ce qui donnera toujours un certain avantage à la construction.

L'orientation à rechercher est celle qui donnera à l'atmosphère du bâtiment une température qui se rapproche le plus de celle qui est reconnue la meilleure pour les différentes opérations de la vinification pendant la saison de l'année où celles-ci s'opèrent. Dans le Midi, où on vendange en pleine chaleur, ce sera l'exposition nord qui sera nécessaire; dans les régions septentrionales, où la maturité du raisin est très tardive, on recherchera la chaleur solaire pour favoriser le départ de la fermentation (25 à 30°).

Ce sont ces mêmes raisons qui décideront de l'épaisseur des murs, de l'opportunité des toitures isolantes, de la disposition des ouvertures, etc.; et l'on n'aura de meilleur guide en ce cas que de comparer les mérites des divers celliers déjà établis dans des conditions analogues à celles où on se propose de construire.

Les dimensions du cellier sont fixées par le nombre de cuves ou de foudres à loger, que l'on détermine d'après la production du vignoble. La forme rectangulaire est la plus économique pour un cellier, l'intérieur étant formé par une seule travée ou deux travées parallèles permettant d'établir la cuverie dans celle qui est exposée au midi, et le chai dans l'autre qui se trouve ainsi abritée; les manutentions sont de cette façon bien simplifiées.

Les cuves ou les foudres sont placés sur deux rangées parallèles séparées par un espace suffisant pour la surveillance, les réparations et au besoin la sortie de l'un quelconque des vases vinaires.

Dans un cellier de moyenne importance on place les foudres ou les cuves sur un seul rang le long du mur le plus abrité.

Les ouvertures sont réduites au strict minimum pour un service et un éclairage convenables, afin de maintenir l'uniformité de température. Il existe même des celliers où la grande porte d'entrée des cuves est murée après leur passage par un galandage en briques dans lequel on ne se ménage qu'une petite porte de service.

Dans la plupart des celliers modernes les cuves ou les foudres occupent le rez-de-chaussée du bâtiment. Immédiatement au-dessus se trouve un plancher continu ou ouvert, percé de trappes à l'aplomb des cuves. Sur ce plancher, qui joue en même temps un rôle d'écran dans les variations de température du local inférieur, sont disposés les *égrappoirs*, *fouloirs*, qui écrasent le raisin avant de le laisser tomber dans la cuve.

Les pressoirs sont placés avantageusement dans des appentis latéraux en un point aussi central que possible par rapport aux cuves
qu'ils doivent desservir ; ce dispositif facilite la mise en mouvement
des pressoirs par un moteur mécanique. L'emploi des petits pressoirs
mobiles n'est pas à conseiller. Si l'on utilise les marcs pressés pour
fabriquer des piquettes, il est prudent de faire celles-ci dans un local
séparé du cellier, pour éviter des accidents dans la qualité des vins.
Les celliers modernes nécessitant l'élévation de la vendange fraîche
au-dessus des cuves, différents procédés sont employés dans ce but. Si

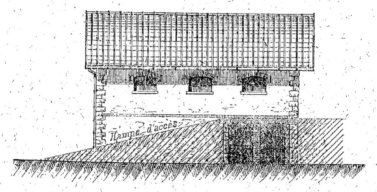

Fig. 364. — Cellier avec rampe d'accès.

le cellier est adossé à un coteau ou à un monticule, on aménage une
rampe d'accès (*fig*. 364) permettant aux véhicules d'arriver au niveau
du plancher. On construit cette rampe en terre, en maçonnerie ou
en charpente métallique ; dans le Midi, on place cette rampe du
côté où la chaleur du soleil est la plus ardente. Les rampes peuvent
êtres simples ou doubles avec un palier de stationnement à la partie
supérieure.

Les dimensions principales sont les suivantes : la pente maximum
d'une rampe simple varie de 0^m,07 à 0^m,08 par mètre ; si la rampe est
double, le côté affecté à la descente pourra atteindre 0^m,15 de pente
par mètre. La largeur est de 4 mètres ; si les véhicules doivent se
croiser sur la rampe, 5 mètres sont nécessaires. Le palier de repos
a la même largeur que la rampe si le déchargement a lieu par le côté
du véhicule ; si on décharge par l'arrière, une largeur de 8 mètres
et une longueur de 12 mètres sont nécessaires.

On emploie aussi, à défaut de rampes d'accès, des plans inclinés
où roulent des wagonnets tirés par un treuil. Dans le Bordelais, ce

sont des grues qui élèvent les « douils » contenant la vendange
fraîche. Dans les celliers où l'on dispose d'une puissance mécanique
suffisante on emploie des élévateurs par chaîne à godets et des trans-
porteurs horizontaux pour la manutention des raisins.

Le sol d'un cellier doit être imperméable, pour permettre des lavages et ne pas retenir dans ses pores le vin qui pourrait se répandre.
Mais la grande étendue des celliers obligerait à une dépense assez
forte si on cimentait tout le sol; il y a cependant des constructions
où on a adopté ce dallage, lequel offre en plus de sa solidité l'avantage
de pouvoir recueillir le vin qui s'écoulerait au moment de la rupture
d'un récipient. On se borne le plus souvent à cimenter le passage de
service entre les deux rangées de foudres, le reste du cellier étant
simplement macadamisé.

On doit ménager des pentes qui dirigent les eaux de lavage
vers les orifices de sortie. Il faut éviter d'employer pour le revêtement du sol des matériaux susceptibles de donner par leur odeur
des mauvais goûts au vin (bitume, asphalte, etc.). A l'intérieur du
cellier, le sol a besoin d'être renforcé aux endroits où doivent se
placer les cuves et les foudres. Ces récipients sont portés par des dés
en maçonnerie dont on calculera la surface de base d'après la charge
totale qu'ils doivent supporter et la résistance du sol.

Les vases vinaires en bois tendent à être remplacés, surtout dans
les pays chauds, par des cuves en maçonnerie ou en ciment armé. Les
cuves en maçonnerie de moellons sont abandonnées, à cause de la
forte épaisseur des parois qui les rend incommodes et encombrantes.
On préfère employer les agglomérés de ciment qui permettent de
construire la cuve avec une épaisseur donnée par la formule (1) :

$$e = \frac{Dh}{K}$$

D étant la plus grande dimension horizontale de la cuve, et h la
hauteur en mètres. K est un diviseur qui varie avec la composition
des agglomérés. On prend K = 30 pour les proportions suivantes :

Ciment de Portland	350 kilogrammes.
Sable	0m³,500
Gravier	0m³,500

Les *cuves en ciment armé* sont construites d'après les principes
que nous avons indiqués en nous occupant de ce mode de construction. Les cuves de maçonnerie reposent sur une assise de
béton assez résistante pour empêcher leur déformation ultérieure et
les fissures qui en seraient la conséquence. On noie dans le ciment

(1) TEISSIER, *Revue de Viticulture*, t. II.

tous les organes nécessaires au service de la cuve, tels que portes, robinets, poutres pour couverture, etc.

Le vin s'altère au contact du ciment. Pour éviter cet inconvénient, on « affranchit » les parois cimentées au moyen d'une solution d'acide sulfurique au 1/10 à raison de 10 grammes d'acide par mètre carré. On peut aussi les recouvrir d'une matière inattaquable; les enduits employés pour isoler le ciment du vin ont d'abord été le suif fondu, la cire en solution dans l'essence de térébenthine. Aujourd'hui on emploie trois couches de silicate de potasse, la 1re à 25 pour 100, la 2e à 40 pour 100, la 3e à 50 pour 100. Enfin, on em-

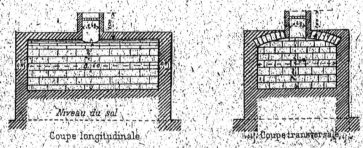

Niveau du sol

Coupe longitudinale   Coupe transversale.

g. 365, 366. — Cuve à vin avec revêtements en verre.

ploie dans le même but un revêtement de carreaux de terre cuite vernissée ou de carreaux de verre (fig. 365, 366). Ce procédé exige des soins tout particuliers dans la pose pour donner de bons résultats.

— On consultera avec grand avantage le livre de MM. FERROUILLAT et CHARVET, Les Celliers (1), où sont décrits et discutés les différents types d'installation avec tous leurs accessoires.

XI. — BATIMENTS POUR LA FABRICATION DU CIDRE

La fabrication du cidre présente une certaine analogie avec la vinification, et le chapitre précédent pourrait nous dispenser d'une étude spéciale sur la cidrerie; cependant, à cause des mauvaises habitudes suivies dans les régions cidricoles, il est nécessaire de faire ressortir plus spécialement les dispositions à prendre pour obtenir un bon cidre dans toute l'acception du mot.

(1) Masson, éditeur, Paris.

Dans une cidrerie bien organisée nous devons tenir compte des trois conditions générales suivantes :

1° Propreté méticuleuse de toutes les parties du local ;

2° Température convenable pour les fermentations et la conservation du cidre ;

3° Commodité dans la manutention des pommes, des marcs, des liquides et des fûts.

Les deux dernières conditions font immédiatement penser à la di-

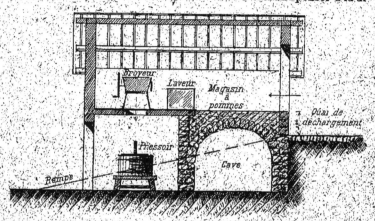

Fig. 367. — Disposition des bâtiments pour la fabrication du cidre.

vision de la cidrerie en deux étages, dont l'un souterrain, ou au moins en sous-sol (*fig.* 367). C'est en effet cette disposition qui offre le plus d'avantages et que l'on devra rechercher ; un monticule de 2 mètres à 2m,50 de hauteur suffit pour adosser la partie du bâtiment destinée à la conservation du cidre. Si le monticule naturel n'existait pas, on établirait une rampe artificielle comme nous l'avons indiqué pour les celliers, ou un appareil élévateur quelconque.

L'étage inférieur est divisé dans le sens de son plus grand axe par un mur d'épaisseur qui sépare la salle des pressoirs ou des diffuseurs de la cave de fermentation. Un plancher étanche et solide sépare la cave et les pressoirs du local servant de magasin à pommes et de salle de lavage et de broyage. Des trappes permettent la communication entre les deux étages.

Les pommes arrivent de l'extérieur et sont disposées par variétés en tas de 0m,40 seulement sur le sol du premier étage ; elles achèvent d'y mûrir à l'abri de la pluie et du froid. Au moment de la fabrication du cidre elles passeront, en proportions déterminées, aux laveurs, puis aux broyeurs ou au coupe-pommes, et enfin tomberont dans les pressoirs ou les diffuseurs. Le moût est ensuite entonné dans les foudres pour la fermentation.

L'*emplacement* de la cidrerie parmi les bâtiments de la ferme n'est soumis à aucune règle spéciale; il faudra chercher de préférence un endroit sec, d'un accès facile aux véhicules qui apportent les pommes ou qui chargent les fûts; l'écoulement des eaux provenant des lavages devra se faire sans difficultés.

Les *dimensions* du bâtiment sont fonction de la production des pommiers de l'exploitation : nous laissons de côté le cas d'une cidrerie industrielle. Ce sont les fûts qui, en raison de leur encombrement, décideront des dimensions à adopter ; on les placera dans le cellier sur un ou deux rangs. La salle des pressoirs n'a pas besoin d'occuper toute la longueur du bâtiment ; on peut y loger des fûts vides, du cidre en bouteilles, et au besoin le moteur destiné à fournir la puissance à tout l'outillage. Dans aucun cas cette salle ne devra servir de débarras ou de magasin quelconque. Si elle est trop grande, on la divisera par une cloison de façon à laisser les pressoirs ou les diffuseurs toujours libres.

L'*orientation* du bâtiment doit être telle que la température de la cave de fermentation se maintienne entre 6° et 8°; la disposition que nous indiquons (*fig.* 367) isole la cave de tous côtés soit par un matelas d'air, soit par une épaisseur de terre; de plus, la fabrication du cidre ayant lieu en hiver, il n'y a pas à craindre de grandes variations dans la température. L'orientation serait donc secondaire au moment de la fabrication et on aura tout avantage à placer au nord le côté le plus exposé de la cave de conservation pour le garantir des fortes chaleurs de l'été.

Les *murs* doivent avoir une épaisseur proportionnelle à leur hauteur et suffisante pour conserver la température uniforme ; cependant, si on adopte le type représenté par la figure 367 ou un de ses dérivés, on réservera les murs épais pour la cave et pour la salle de pressurage si celle-ci peut servir plus tard de lieu de conservation du cidre. Dans le cas contraire, les murs de cette partie devront simplement satisfaire aux conditions de solidité exigées par la présence de l'étage au-dessus. La même remarque s'applique aux murs du premier étage : il suffit qu'ils protègent les pommes de la gelée et qu'ils puissent supporter le poids de la toiture. Si les machines (laveurs, broyeurs, etc.) sont mises en mouvement par un moteur, les murs devront pouvoir soutenir les transmissions.

La surface intérieure des murs devra être lisse et propre. Un rejointoiement au ciment et un enduit de chaux sont de rigueur ; un soubassement de 1ᵐ,20 ou mieux un enduit total de ciment serait préférable pour la facilité des nettoyages. Dans la partie formant cave, les projections sur le mur, étant moins à craindre que dans le local des pressoirs, il suffit de rejointoyer les murs au mortier de ciment; un enduit sur toute la surface n'est pas nécessaire.

Les portes devront être assez larges pour laisser passer les fûts et au besoin un pressoir. Les fenêtres ne seront percées que dans les salles de broyage et de pressurage, aussi grandes que les conditions d'éclairage l'exigeront, ces opérations pouvant se faire en plein air sans inconvénient. La cave n'a besoin que des portes et des fenêtres strictement exigées pour le service. Le seuil de la porte destinée à l'entrée des pommes dans la salle de broyage sera à une hauteur de 1 mètre, de façon à se trouver au niveau des véhicules apportant les pommes.

Le sol, aussi bien de la cave que des autres parties, doit être étanche, uni et suffisamment incliné pour l'écoulement rapide des liqui-

Fig. 368. — Cellier avec toiture isolante pour cidrerie.

des; il faut absolument rejeter les planchers de terre battue. Le pavage avec rejointoiement au ciment, le dallage avec de larges pierres ou en béton avec enduit de ciment lisse sans être bouchardé sont nécessaires pour empêcher le cidre ou le moût répandus de pénétrer dans les pores du sol où il y aigrit et infecte tout le local de ferments nuisibles.

Le plancher qui sépare les deux étages, devant être solide, imperméable et soumis à de fréquents lavages, sera de préférence en ciment armé ou en voûtins de briques : le plancher de bois ne résisterait pas longtemps et présente trop de fentes. Il sera bon toutefois de placer des planches sous les tas de pommes emmagasinées, pour éviter le contact direct des fruits et du ciment.

La couverture du magasin à pommes n'a besoin que d'être étan-

che; on peut la faire en ardoises, en tuiles, etc. Un plafond n'est pas
absolument nécessaire; cependant on devra l'établir si on craint les
gelées.

Il ne sera pas toujours possible d'établir une cidrerie dans un local à deux étages (*fig* 368); dans le cas où on ne dispose que d'un
faible capital il est préférable de le réserver pour la construction
d'un local destiné à servir de cellier ayant des murs très épais et une
couverture isolante. Le magasin à pommes, la laverie, les broyeurs et
les pressoirs seront établis dans un appentis protégeant le cellier
de la forte chaleur. Bien entendu,
les règles de propreté que nous
avons indiquées devront toujours
être observées, quelles que soient
la disposition et la grandeur des
bâtiments.

On construit des citernes à cidre,
en maçonnerie ou en béton analogues
aux cuves à vin. Le cidre en grande
masse se conserve mieux et ce procédé est plus économique que l'emploi des fûts en bois. C'est M. Limon
de Saint-Brandan (Côtes-du-Nord)
qui a le premier expérimenté ce
mode de conservation. La figure 369
donne les dimensions qu'il a adoptées. La citerne, placée dans le sol
de la cave, est cylindro-sphérique,
les parois sont en pierres de granit
posées à bain de mortier de ciment
de Portland. Les joints sont refouil-
lés et refaits au ciment pur, de
façon à laisser un creux de 0ᵐ,002.
Pour empêcher le contact du ciment

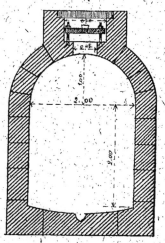

Fig. 369. — Coupe d'une citerne
en granit.

et du cidre, les joints bien secs sont enduits de suif fondu; 800 grammes suffisent pour la surface de la citerne (*fig*. 369).

La vidange se fait au moyen d'une petite pompe en cuivre
étamé.

Les citernes à cidre n'ont pas besoin d'être construites en granit;
il est beaucoup plus simple de les bâtir en maçonnerie ordinaire ou
en ciment armé et de les revêtir à l'intérieur de carreaux de verre.
Les carreaux en terre émaillée donnent de mauvais résultats, à cause
des sels métalliques contenus dans l'émail et qui sont rapidement at-
taqués par le cidre. Les carreaux de verre sont les mêmes que ceux
qui sont employés pour le doublage des cuves à vin; ils mesurent
0ᵐ,24×0ᵐ,24 et ont de 4 à 6 millimètres d'épaisseur; la partie desti-

née à être scellée est munie de cannelures qui facilitent la prise du ciment.

Les cuves, de forme prismatique ou cylindrique, peuvent être souterraines ou au niveau du sol; l'épaisseur de la maçonnerie varie de 0m,45 à 0m,70, suivant la charge du liquide. L'intérieur de la cuve est enduit de ciment à prise lente mélangé en parties égales avec du sable. Les carreaux de verre sont posés ensuite sur cet enduit avec du mortier de ciment à prise demi-lente; le sable sera aussi siliceux que possible et passé au crible n° 15; les proportions convenables sont de 1 de ciment pour 3 de sable. Le radier est recouvert par des glaces de 11 à 12 millimètres d'épaisseur mesurant 0m,50×0m,50.

Le prix de revient de ces citernes à cidre est d'environ 5 à 6 francs par hectolitre.

Si le revêtement est exécuté par des ouvriers habiles, les joints des carreaux sont imperceptibles; il sera prudent, dans tous les cas, de couvrir ces joints d'une légère couche de suif fondu.

XII. — CAVES

Les *caves* sont destinées à la conservation des vins ou des cidres. Les producteurs ayant tout avantage à se débarrasser de leurs récoltes le plus tôt possible pour éviter le souci et les déchets de l'entretien, les caves d'une exploitation agricole se réduisent à un local souterrain placé d'ordinaire sous la maison d'habitation. Pendant l'intervalle qui s'écoule entre la fabrication et la vente on conserve la récolte dans la partie la plus fraîche du cellier ou de la cidrerie.

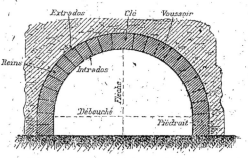

Fig. 370. — Cave avec voûte en plein cintre.

La cave ne sert donc en général qu'à la conservation de la provision du consommateur. Son emplacement et ses dimensions sont fixés par la disposition de l'habitation sous laquelle elle se trouve placée. Cependant il faudra choisir l'orientation au nord pour les ouvertures, éviter le voisinage immédiat des fosses d'aisances, des égouts, qui peuvent par leur odeur et surtout par les germes dont ils sont chargés devenir des foyers d'infection pour les boissons. La proximité d'un chemin fréquenté ou d'un endroit où se produisent des chocs violents et répétés est aussi mauvaise, car les vibrations du sol se transmettant aux masses de liquide empêchent les lies de se déposer.

Les caves doivent être *voûtées*. Celles qui sont placées directement sous le plancher du rez-de-chaussée sont trop influencées par les variations atmosphériques. Les courbures les plus répandues sont le plein cintre, les voûtes en arc de cercle ou en anse de panier. La première (*fig.* 370) présente le maximum de solidité ; la poussée sur les pieds-droits est faible. Les voûtes en arc de cer-

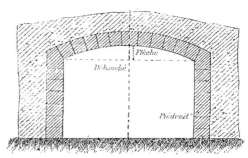

Fig. 371. — Cave avec voûte en arc de cercle.

cle (*fig.* 371) ont l'avantage sur la précédente de permettre de loger un plus grand nombre de fûts pour une même hauteur de clef et un même débouché, mais les poussées sur les pieds-droits sont considé-

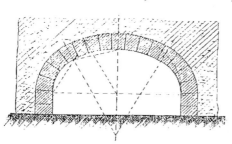

Fig. 372. — Cave avec voûte en anse de panier.

rables; cet inconvénient est en partie compensé par la réaction des terres. L'anse de panier (*fig.* 372) donne moins de poussée sur les pieds-droits que l'arc de cercle, mais plus que le plein cintre. L'espace disponible est sensiblement le même que celui que fournit la voûte en arc de cercle.

On donne ordinairement une hauteur de 3 mètres à 3m,50 sous la clef de voûte et on enfonce la cave dans le sol de manière que l'épaisseur de terre au-dessus de la clef soit de 1 mètre environ. Les voûtes se font en maçonnerie de moellons ou de briques reliées par du mortier hydraulique.

L'épaisseur des murs se détermine par les formules suivantes :

1° à la clef

$$e = 0,2 \sqrt{D} + 0,1 \text{ (Lesguillier)}.$$
$$e = 0,0347 D + 0,325 \text{ (Perronet)}$$

2º pour les pieds-droits :

$$E = \sqrt{D}\left[0,6 + K\left(\frac{D}{f} - 1\right) + 0,04\,H\right]$$

Dans ces formules,

D est le débouché ou diamètre;
f la flèche ou montée;
H la hauteur du pied-droit;

$$K = \begin{cases} 0, & \text{pour les voûtes en plein cintre;} \\ 0,05 & \text{—} \quad \text{en anse de panier;} \\ 0,01 & \text{—} \quad \text{en arc de cercle.} \end{cases}$$

En général les caves placées sous les habitations n'ayant pas leur voûte très surchargée et étant maintenues par la poussée des terres environnantes, on donne à la maçonnerie l'épaisseur calculée pour la clef. On n'épaissit les pieds-droits que lorsque la voûte doit supporter des surcharges assez considérables, par exemple lorsque la cave est placée directement sous un cellier ou un magasin, ou bien lorsqu'elle n'est pas complètement enterrée.

Perronet a publié des tables relatives aux proportions à donner aux voûtes, d'où nous extrayons les chiffres suivants :

DIAMÈTRES	1º VOÛTES EN PLEIN CINTRE ÉPAISSEUR		2º VOÛTE SURBAISSÉE ÉPAISSEUR des pieds droits
	Clef	Pieds-droits	
4 mètres.	0,45	0,75	1,35
5 —	0,50	1,00	1,55
6 —	0,53	1,10	1,65
7 —	0,55	1,20	1,75
8 —	0,60	1,30	1,85

REMARQUE. — Les épaisseurs des pieds-droits sont augmentées de manière à assurer l'équilibre.

Pour construire la voûte on établit un cintre en charpente que l'on place à hauteur convenable sur des madriers en ayant soin d'interposer des coins de décintrement. C'est sur les couchis du cintre que l'on construit la voûte; on ne décintre que lorsque le mortier a suffisamment fait prise. On remplit ensuite les reins de la voûte avec de la terre ou mieux avec un massif de béton. Pour de petites caves la construction peut être constituée par un massif de béton monolithe ou de béton armé,

Les caves doivent être aussi sèches que possible, autant pour la conservation des boissons que pour celle des tonneaux. On garantit la cave de l'humidité par une maçonnerie en matériaux de choix et un enduit intérieur en ciment. Un excellent procédé consiste à recouvrir l'extrados d'une couche imperméable (ciment, asphalte, etc.). Le sous-sol de la cave doit être drainé; les eaux d'infiltration se rendent dans un puisard d'où on les extrait de temps en temps. Le sol de la cave doit également être étanche; on le pave ou on le dalle en béton et ciment comme nous l'avons indiqué ailleurs. L'évacuation facile et prompte des eaux pluviales est la condition essentielle à remplir pour avoir une cave sèche.

On maintient la température constante (6° à 8°) en établissant une double porte à l'entrée et en réglant l'échange d'air nécessaire au moyen d'une cheminée d'appel.

La descente des fûts dans la cave se fait au moyen de plans inclinés et de treuils que l'on établit du côté le plus convenable pour cette manutention.

On ménage sur le sol des « chantiers » destinés à gerber les fûts.

XIII. — HANGARS

Les *hangars* servent à abriter les instruments de culture (charrues, herses, semoirs, batteuses, etc.) qui seraient rapidement hors d'usage

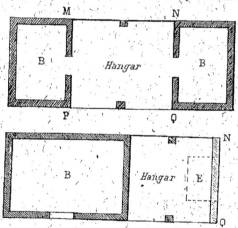

Fig. 373, 374. — Plans de hangars.

si on les abandonnait au dehors, les véhicules divers (tombereaux, charrettes) et même les récoltes dans les cas urgents.

Les hangars sont le plus souvent situés entre deux bâtiments (*fig.* 373) à la suite d'une construction (*fig.* 374) ou en appentis (*fig.* 375).

Ces dispositifs présentent un certain avantage en donnant plus de solidité au hangar, qui est toujours une construction légère, et en clôturant cette construction sans frais nouveaux, puisque l'on se sert

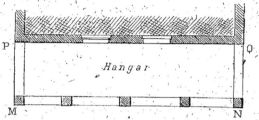

Fig. 375. — Plan de hangar.

de murs déjà existants. Cette dernière condition servira de guide dans le choix de l'orientation des hangars; on s'arrangera de façon que le bâtiment « tuteur » soit situé du côté d'où viennent le vent et la pluie. Les deux premières dispositions, hangar ouvert sous deux faces (MN, PQ), sont préférables à l'appentis parce qu'elles permettent

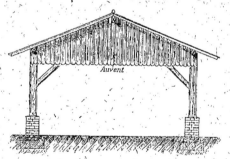

Fig. 376. — Hangar avec auvent.

de retirer un outil quelconque sans être obligé de déplacer tous ceux qui sont devant. L'appentis a de plus l'inconvénient de boucher ou du moins de fortement obstruer les fenêtres pratiquées dans le mur qui lui sert d'appui.

Lorsque les dispositions précédentes ne sont pas possibles, on construit un hangar isolé et on abrite l'intérieur soit en élevant un mur, soit en établissant des auvents du côté le plus exposé (*fig.* 376).

Ces abris supplémentaires peuvent être utilisés dans la suite, par exemple on pourra placer des engrais contre le mur pignon NQ, ou bien des fourrages dans le comble fermé par l'auvent.

Les dimensions du hangar se déterminent quand on connaît la surface occupée par les instruments que l'on veut y placer. La hauteur sous l'égout doit être suffisante pour faire entrer sous le hangar une charrette chargée de fourrage.

La construction ne présente rien de particulier; nous avons déjà vu comment s'établissent les poteaux verticaux soutenant la charpente, ainsi que la disposition de la charpente elle-même. La couverture devra être faite avec soin, car le vent s'engouffrant sous la toiture peut en soulever les éléments. Les ardoises seront donc fixées par des crochets et les tuiles liées aux lattes par des attaches en fil de fer. On aura avantage à prolonger les chevrons pour empêcher la pluie de pénétrer sous le hangar lorsqu'on n'établit pas d'auvent. Le sol du hangar doit être légèrement surélevé pour que les eaux de ruissellement n'arrivent jamais dedans; et d'un autre côté, il faudra établir des gouttières et des ruisseaux pour évacuer les eaux provenant de la toiture.

Il est inutile de paver le sol: un bon macadam ou de la terre battue forment un excellent plancher pour le hangar. Cependant si l'une des travées devait constamment servir de passage couvert, il serait nécessaire d'y établir un pavage.

Dans les exploitations importantes, on doit ménager à l'extrémité du hangar la mieux abritée un local fermé, où on enferme les pièces de rechange des diverses machines, des boulons, des écrous de réserve; on peut y annexer un petit atelier comprenant une forge portative, une enclume, un étau et une machine à percer, qui rendra de grands services dans les réparations et l'entretien des instruments.

QUATRIÈME PARTIE

TRAVAUX COMPLÉMENTAIRES

I. — INSTALLATION DE L'EAU

L'eau est absolument nécessaire dans la plupart des bâtiments de la ferme. Il est inutile de faire des sacrifices pécuniaires pour construire des logements hygiéniques, des laiteries, des cidreries, etc., basées sur des principes scientifiques, si on ne prend pas soin de les fournir d'eau en quantité.

La dépense exigée pour l'installation et la distribution de l'eau ne doit jamais paraître trop exagérée : elle sera vite remboursée par les avantages multiples et même les bienfaits qu'elle apportera sur tous les points de la ferme. L'eau nécessaire à l'entretien de la ferme est fournie par des sources ou des ruisseaux ou bien par des puits. En cas d'insuffisance, on utilise les eaux de pluie.

Nous supposons que, quelle que soit l'origine des eaux employées, il a été reconnu par analyse chimique qu'elles ne contenaient aucun principe les rendant impropres à l'alimentation. Il faut éviter, dans la suite, de gâter ces eaux par une mauvaise disposition des fosses à purin, des cabinets d'aisances ou des étables ; la pureté de l'eau doit être, au contraire, l'objet de soins constants.

Sources. — Les *sources* se trouvent rarement dans l'enceinte même des bâtiments de la ferme ; celle-ci est en général sur le plateau dominant la vallée ; les sources, au contraire, sont à flanc de coteau ou au fond des vallées, c'est-à-dire à un niveau inférieur. Il faudra donc trouver un procédé pour amener l'eau jusqu'à la ferme. Le débit de la source n'est jamais assez considérable pour satisfaire aux besoins continus de l'exploitation. Il faut aménager la source, c'est-à-dire abriter la cuvette où l'eau s'accumule, y pratiquer des sondages pour augmenter le débit et créer un réservoir. Ce réservoir ne doit pas servir d'abreuvoir pour les animaux ni de lavoir pour les effets. On devra l'entretenir avec soin, le curer, enlever les herbes et les feuilles qui risquent de s'y décomposer.

Le transport de l'eau jusqu'à la ferme se fait au moyen de machines ou avec des tonneaux. La machine élévatoire utilisable est le bélier, si les conditions nécessaires à son fonctionnement sont remplies, c'est-à-dire 0m,75 de chute et un débit minimum de la source de 3 litres à la minute. Son installation nécessiterait une conduite de refoulement et un réservoir d'arrivée, les dimensions de ce dernier étant proportionnées à la dépense d'eau de la ferme. Le transport par tonneaux exige un certain matériel : récipients, voitures, baquets, des équipages et des hommes.

L'approvisionnement de l'eau étant continu, il est bon de comparer les deux méthodes précédentes, béliers et tonneaux, avec le prix de revient d'un puits placé dans la ferme et allant chercher l'eau de la nappe où s'alimente la source.

Nous sommes ainsi amenés à étudier le deuxième mode d'approvisionnement : les puits.

Puits. — Il existe des ouvrages spéciaux indiquant la manière de rechercher le meilleur emplacement et les précautions à prendre dans le *forage des puits.*

L'emplacement du puits pourra être quelconque, à condition d'avoir un réservoir élevé d'où partiront des conduites amenant l'eau dans les différents services de la ferme.

Si le transport de l'eau doit se faire à bras et qu'aucune autre condition n'intervienne, on peut employer la règle appliquée à la détermination de l'emplacement de la ferme dans son domaine :

1º Évaluer le poids d'eau nécessaire par service;

2º Appliquer ce poids aux points où l'eau doit être rendue;

3º Chercher le centre de ces forces parallèles.

Ce point est l'emplacement cherché.

Le forage du puits n'est pas une opération à conseiller à un agriculteur. Elle exige des ouvriers spéciaux et un matériel approprié. La responsabilité en cas d'accident est considérable, il est bien préférable de traiter à forfait avec un entrepreneur.

Appareils élévatoires. — L'élévation de l'eau exige deux facteurs : un *appareil élévatoire* et un moteur. Le choix de l'appareil élévatoire et du moteur est basé sur la quantité d'eau à débiter et sur la hauteur d'ascension.

Voici quelques indications à ce sujet :

Il faut d'abord se rendre compte du régime du puits, c'est-à-dire de la quantité d'eau qu'il fournit dans un temps donné et du volume qui est susceptible de s'amasser pendant les périodes où on ne tire pas d'eau. Ceci nous permet de fixer la hauteur d'élévation en ménageant au fonds du puits une épaisseur d'eau de 0m,50 à 0m,60 destinée à empêcher des troubles.

Nous pourrons également déterminer le débit de la pompe de manière à épuiser le volume d'eau disponible dans un temps donné.

Ce temps varie avec les conditions diverses, par exemple les moments où les animaux peuvent être attelés au manège, les périodes où le vent qui agit sur le moulin souffle avec plus de régularité, ou encore le temps où on peut disposer du personnel pour former des équipes, etc.

La machine élévatoire sera une pompe à chapelet ou une noria pour les hauteurs d'élévation inférieures à 8 mètres; au delà le rendement des pompes à piston est supérieur. Les meilleurs types de chapelets sont à chaîne simple, qui se détend moins que la chaîne de Vaucanson. Les tampons hémisphériques en caoutchouc doivent être préférés.

Il faut aussi rechercher des roues à empreintes plutôt que des roues à gorge, qui ont l'inconvénient de détériorer les tampons. La partie intérieure du tampon devra être en bronze et non en fer, ce métal ayant l'inconvénient de rouiller et d'attaquer le caoutchouc. Il est à noter que l'on ne construit pas de chapelets ayant plus de 150 millimètres de diamètre.

La pompe à chapelet exige une certaine vitesse pour son bon fonctionnement. On a remarqué que ces pompes mises en mouvement par un manège actionné par un âne donnent très peu d'eau à cause de l'excès de fuites occasionnées par la faible vitesse de la partie ascendante de la chaîne.

Les norias donnent de bons résultats; mais on ne peut les employer pour de grandes profondeurs, à cause des dimensions considérables qu'il faut donner aux éléments. La chaîne doit, en effet, résister à des efforts de traction considérable; l'arbre horizontal doit être très résistant pour ne pas fléchir; le baquetage est un sérieux inconvénient.

L'élévation de l'eau dans un réservoir situé à une certaine hauteur, déjà rendue difficile par une pompe à chapelet, est presque impossible avec une noria.

La pompe à piston s'impose pour des élévations simples au delà de 8 mètres, ou bien quand il s'agit de refouler l'eau dans un réservoir. A part la bonne construction, il faudra pour les pompes un peu fortes placer un réservoir d'air sur le tuyau d'aspiration immédiatement avant le corps de pompe. On évite ainsi les chocs que produit la colonne ascendante dans les mouvements alternatifs du piston. Les clapets sont préférables aux soupapes; celles-ci, s'ouvrant en tabatière, sont paresseuses et risquent à s'engorger.

Les pompes devront être placées, autant que possible, à l'extérieur du puits, de manière qu'on puisse les visiter facilement. Si la hauteur d'aspiration exige qu'elles soient placées dans l'intérieur du puits, il faut ménager à leur niveau une plate-forme accessible au moyen d'une échelle en fer scellée dans les parois.

Le moteur à employer dépend de la force à dépenser. Le travail en chevaux-vapeur nécessaire pour élever un poids d'eau q à une hauteur h, est donné par la formule :

$$T = \frac{q \times h}{r \times 75}$$

r étant le rendement de la machine élévatoire, q étant exprimé en kilogrammes, h en mètres.

L'agriculteur peut ensuite choisir, suivant le chiffre fourni par la formule précédente, entre une élévation à bras d'homme et un manège. Dans ce dernier cas, il pourra fixer le nombre des éléments d'attelage, en tenant compte du rendement du manège, qui est de 80 pour 100. Nous n'insistons pas sur l'installation du manège et de la transmission, qui n'offre aucune difficulté.

L'emploi d'un moteur thermique à vapeur ou à pétrole suppose une grande quantité d'eau à élever. La machine à vapeur occasionne des frais considérables et ne peut s'employer que si quelque industrie susceptible d'utiliser la force motrice est annexée à la ferme. Le moteur à pétrole se recommande plus particulièrement à cause de sa facilité de mise en marche et du peu de surveillance qu'il exige. Les moulins à vent peuvent, dans certaines conditions, être employés avec avantage pour l'élévation de l'eau.

Le moulin doit être installé à proximité du puits ou de la source. Cet endroit doit être assez libre pour que le vent s'y fasse sentir; la source devra donc être dans une vallée assez découverte, le puits non abrité par les bâtiments voisins. La roue du moulin doit être de dimensions suffisantes pour tourner avec un vent faible. Le réservoir devra être assez grand pour parer aux périodes de calme. Sa capacité sera de trois à cinq fois celle du cube moyen d'eau employée par jour. Cette capacité ne peut être déterminée qu'après une étude du régime des vents dans la localité.

M. Hérisson a indiqué deux perfectionnements qui contribuent à rendre plus pratique l'emploi des moulins à vent pour l'élévation des eaux. Ce sont les « ressorts compensateurs » et le « levier de réduction de course ». Les ressorts compensateurs ont pour effet d'équilibrer le poids de la bielle, du piston et de la colonne d'eau. De cette manière, le moulin ne s'arrête pas à la période de travail maximum et le démarrage peut se faire plus facilement. Ainsi, un moulin qui ne démarrait qu'avec un vent de $2^m,50$ se met en mouvement avec un vent de $1^m,70$ s'il est muni de ressorts. Ces ressorts jouent aussi le rôle de régulateurs pendant les grands vents. Le levier de réduction de course permet d'utiliser toute la puissance du moulin, quand le vent vient à croître, en faisant varier la course du piston.

Eaux de pluie. — Si les sources et les puits ne peuvent fournir à l'exploitation toute l'eau qui lui est nécessaire, on a recours aux eaux de pluie, que l'on emmagasine dans les réservoirs.

Nous avons vu, page 120, la manière d'empêcher les eaux de s'écouler sur le sol : on établit des gouttières ou des chéneaux qui amènent par des tuyaux de descente l'eau dans les égouts. Ces égouts sont placés sous le sol et aboutissent à une citerne. On peut les faire au moyen de tuyaux de poterie, ou bien avec des dalles, des briques ou des moellons liés au mortier hydraulique. On doit leur donner une pente et une section suffisantes pour leur permettre d'évacuer les eaux des plus forts orages. La pente est de 1 à 5 millimètres par mètre, de manière à n'avoir pas une citerne trop profonde. On peut même augmenter la pente à mesure qu'on approche de l'extrémité, pour éviter les dépôts de matières entraînées.

La section se détermine au moyen des formules d'hydraulique, quand on connaît la surface de toiture à desservir et la hauteur d'eau tombée. On admet pour le calcul que le temps d'écoulement dans les égouts est trois fois la durée de la pluie et que le rendement de la couverture est de 90 pour 100.

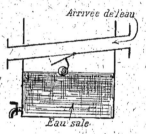

Arrivée de l'eau

Eau sale

Fig. 377.
Citerneau pour eau de pluie.

Les égouts sont établis avec soin, surtout s'ils sont soumis à des chocs dus, par exemple, au passage des véhicules ; on ménage, de distance en distance, des regards pour faciliter les curages et vérifier le bon fonctionnement.

Les eaux de pluie ont l'inconvénient d'amener dans les citernes, les poussières et les organismes déposés sur les couvertures. L'eau se corrompt et devient impropre à l'alimentation. On pare à ce désagrément en rejetant les premières eaux. Il existe des appareils fonctionnant automatiquement qui se chargent de ce soin : ce sont les *citerneaux* (*fig.* 377).

L'eau venant des toitures passe dans un tuyau qui traverse un petit réservoir. Le tuyau est percé d'un trou par où l'eau s'écoule dans le petit réservoir jusqu'à ce qu'il soit plein ; à ce moment, une soupape à flotteur vient fermer l'orifice, et l'eau continue son chemin sans se déverser dans le citerneau.

On calcule la capacité du petit réservoir en admettant que 50 litres d'eau suffisent pour laver 100 mètres carrés de toiture. On vide le citerneau au moyen d'un robinet situé à la partie inférieure. On peut également régler le débit du robinet, de manière que le bassin se vide de lui-même dans un temps donné correspondant à l'intervalle de deux pluies. Si le citerneau n'est pas complètement vide, il n'y a pas d'inconvénient, car la toiture n'a pas eu le temps de se salir beaucoup depuis la dernière pluie.

Réservoirs. — Les *réservoirs* ont pour but d'emmagasiner l'eau des cours d'eau, des sources, des puits ou des toitures. Ils sont nécessaires pour rendre utilisables les faibles débits; ils jouent le rôle de volant, qui se remplit quand la consommation diminue, et se vide quand elle est plus considérable. Leur capacité doit être au moins égale au volume d'eau dépensé par jour : elle est même supérieure à ce volume par mesure de précaution, en cas de dépense momentanée excessive.

Les eaux de pluie peuvent précisément combler le déficit causé par de semblables dépenses, si le débit des sources ou des puits est trop faible pour ramener l'eau à son niveau normal dans les réservoirs. Il est donc utile de calculer la quantité d'eau nécessaire par jour à une ferme. C'est là un problème assez indéterminé, qui admet une solution spéciale pour chaque genre d'exploitation. Nous allons toutefois essayer de donner quelques indications qui pourront servir à guider dans les recherches.

L'eau doit d'abord servir à l'alimentation soit des hommes et des animaux, soit des moteurs thermiques s'il en existe. En second lieu, les lavages des différents ustensiles de laiterie, de vinification, etc., les soins de propreté des hommes, des animaux, des locaux, exigent une quantité considérable d'eau. Il faut aussi songer aux besoins des industries annexes de la ferme : cidrerie, féculerie, distillerie, etc. Enfin, il ne faut pas oublier des réserves en cas d'incendie ; parfois même on peut tenir à des eaux d'agrément, par exemple des viviers, cascades, jets d'eau.

Nous laissons de côté tout ce qui est relatif aux arrosages et aux irrigations, qui sont en dehors du cadre que nous nous sommes fixé.

En ce qui concerne les besoins pour l'alimentation et l'hygiène des hommes et des animaux, le tableau suivant, emprunté à *La Maison rustique du XIX*e *siècle*, donne les chiffres qui expriment la moyenne courante :

Une personne adulte pour tous ses besoins . . . . . .   10 litres.

Un cheval de taille moyenne nourri avec des aliments secs, y compris l'eau nécessaire au pansage et au lavage des écuries et des harnais.   50   —

Une bête à cornes, nourrie au vert une partie de l'année, y compris l'eau nécessaire au pansage et au nettoyage des étables.   30   —

Les moutons qui pâturent une partie de l'année et reçoivent des racines en hiver, tout compris   2   —

Les porcs, qui consomment en partie comme boisson les eaux domestiques, peuvent être abreuvés et nettoyés par tête avec . . . . 5 litres.

Un moteur à vapeur absorbe par cheval-heure les quantités suivantes :

Machine à haute pression . . . . 35 litres.

— à détente et condensation . . . . 600 —

— à basse pression . . . . 1 000 —

La quantité d'eau nécessitée par un moteur à pétrole est peu importante : un réservoir de 2 mètres cubes est suffisant pour un moteur de 5 à 6 chevaux. Les pertes par évaporation sont faibles : un demi-litre à trois quarts de litre par cheval et par heure.

Reste à déterminer la quantité d'eau que nécessitent les diverses industries annexées à la ferme. Il est difficile de fournir un chiffre, même approximatif. C'est au cultivateur à le déterminer lui-même pour les conditions dans lesquelles il se trouve. La quantité d'eau nécessaire par jour permet de calculer le volume à donner au réservoir. Il est évident que si on dépensait rigoureusement chaque jour la même quantité d'eau et que si, d'autre part, la source avait un débit suffisant, un réservoir ayant exactement la capacité de l'eau à écouler serait assez grand.

Mais la dépense d'eau est variable ; le débit des sources varie avec les conditions atmosphériques. Il faut donc parer aux périodes de sécheresse, où précisément l'eau fait le plus grand besoin. Il est bon, dans ces conditions, de donner une capacité au moins trois fois plus grande que celle qui correspond aux besoins journaliers. Par surcroît de précaution, il est prudent au moment des sécheresses de limiter la dépense d'eau au strict nécessaire, d'éviter tout gaspillage, et d'un autre côté, on peut mettre en réserve, dans des tonneaux, l'eau venant des fortes pluies d'orage une fois les bassins remplis. Si l'on se trouvait obligé d'aller chercher de l'eau loin de la ferme, à une rivière par exemple, il faudrait bien se garder de mêler cette eau, dont la pureté serait douteuse, avec celle qui est déjà contenue dans les réservoirs ; on risquerait d'introduire dans ceux-ci des germes de maladies.

Examinons maintenant l'emplacement et la construction du réservoir. L'emplacement du réservoir se fixe d'après les circonstances locales. Sa position dans les bâtiments peut se déterminer par une règle analogue à celle employée pour fixer l'endroit du forage du puits. Mais d'autres conditions peuvent entrer en ligne de compte. On aura toujours avantage à placer le réservoir dans le lieu le plus élevé, de manière à pouvoir amener l'eau partout.

D'autre part, il est bon d'avoir l'eau à une température convenable ; on recherchera un emplacement abrité du soleil et du vent, s'il n'est pas possible de placer le réservoir dans l'intérieur même d'un bâtiment.

Dans les deux cas, une couverture suffisante s'impose ; elle empêche l'introduction des poussières, des débris organiques, qui pourraient altérer la pureté de l'eau.

Le sol au-dessous du réservoir devra être assez résistant pour le poids du réservoir plein d'eau. Celui-ci ne repose jamais directement sur le sol; on place un sommier en madriers ou en fer en I, posés sur des dés de maçonnerie. Ce sommier peut servir à surélever le niveau du fond du réservoir; c'est alors un pylône construit en bois, en fer profilé ou en maçonnerie.

Le bois peut être réservé pour les bassins situés à l'intérieur des bâtiments, le fer et la pierre pour les constructions extérieures.

On fait avec la maçonnerie des petites tours carrées ou circulaires qui servent en même temps de local fermé, utilisable de différentes manières.

Les réservoirs sont en bois doublés de zinc, en tôle ou en ciment. La maçonnerie est plutôt employée pour la construction des citernes. Les *réservoirs en bois doublés de zinc* sont de forme parallélipipédique et de petites dimensions, 2 à 3 mètres cubes au plus, et toujours placés dans un bâtiment fermé. Le bois, même passé au goudron, ne résisterait pas longtemps aux intempéries. Les réparations sont peu commodes à exécuter, à cause des assemblages des pièces.

Il faut éviter tout contact du zinc avec le fer, surtout si le réservoir reçoit des eaux de pluie, car le zinc et le fer, au contact de l'eau de pluie, forment une pile électrique dont le courant, quoique faible, mange peu à peu le zinc.

Les *réservoirs en tôle* sont parallélipipédiques ou cylindriques, ces derniers ayant l'avantage de tenir moins de place pour un volume à peu près égal. Les parois sont en tôle rivée avec joints à recouvrement et rendus étanches par un mattage des bords des tôles. Ces réservoirs se font de toutes dimensions; ceux qui doivent supporter des pressions assez fortes sont renforcés par une ossature en fers cornières ou en fer en U. L'entretien consiste en des nettoyages énergiques à la brosse; au besoin, on repique au marteau les parties incrustées de dépôts. On passe une couche de minium tous les ans à l'intérieur et à l'extérieur.

Nous avons déjà indiqué comment on construit les *réservoirs en ciment armé;* ils sont très légers, car l'épaisseur des parois n'est que de 0m,05 à 0m,08, et on peut les construire sur place. L'entretien est nul, car le fer recouvert de ciment est tout à fait inoxydable. Si les dimensions du réservoir sont considérables, il est prudent de le diviser par des cloisons intérieures ou de construire plusieurs réservoirs séparés. On se met ainsi à l'abri des chômages dus aux réparations.

Citernes. — Les *citernes* ne sont pas autre chose que des réservoirs placés au niveau du sol. On les construit en maçonnerie ou mieux en sidéro-ciment. Ce dernier a l'avantage d'être aussi solide et de coûter moins cher. Le mode de construction ne présente rien de particulier. Il est à recommander, pour éviter des réparations peu commodes à exécuter, de n'employer que des matériaux de choix.

Pour éviter les fissures dans l'enduit, il est bon de tenir compte, dans les calculs, de la poussée des terres, quand la citerne est vide ou presque vide. La forme cylindrique présente un grand avantage à ce point de vue. La citerne doit être complètement close, pour empêcher l'introduction de corps étrangers, surtout des petits animaux. Les ouvertures d'arrivée doivent être souterraines et munies de grilles. La voûte est munie d'un trou d'homme, pour pouvoir effectuer les nettoyages. Ce trou d'homme sera fermé par une dalle scellée et recouverte d'une épaisseur de terre. Des ouvertures spéciales permettent l'écoulement du trop-plein des eaux et l'arrivée du tuyau de pompe.

La capacité de la citerne est fonction de la surface des toits qui l'alimente; nous avons déjà vu la manière de calculer la quantité d'eau que peut fournir une surface de toiture donnée. Il est rare dans nos pays que l'eau des citernes doive seule suffire aux besoins de la consommation; elle n'intervient que comme complément. On donnera donc à la citerne un volume en relation avec la proportion pour laquelle l'eau de pluie entre dans la quantité totale d'eau à dépenser par jour.

Distribution de l'eau. — En principe, l'eau doit être aussi largement que possible distribuée dans les services de la ferme : écurie, vacherie, laiterie, cuisine, etc. L'alimentation des animaux et la propreté des locaux se ressentiront de l'abondance de l'eau.

La *distribution de l'eau* se fait au moyen de tuyaux de fonte et de plomb et de robinets de cuivre. La tuyauterie comprend des tuyaux de différents diamètres, suivant le débit à assurer au branchement. Chaque artère principale est munie de vannes, qui permettent de l'isoler au moment des réparations. On veillera à ménager aux conduites une pente aussi uniforme que possible, pour éviter les « coups de bélier ».

On placera les tuyaux dans les bâtiments, à l'abri des gelées et des atteintes des corps étrangers. Si la conduite présente des points hauts, on placera en ces endroits des robinets qui permettront l'évacuation de l'air qui s'y accumule. Les robinets devront être à boisseau à vis, de manière à avoir une fermeture lente qui évite les à-coups dans la conduite. Il est bon de terminer les robinets par une partie filetée où on peut visser une manche en toile ou en caoutchouc en cas d'incendie.

Les eaux s'écoulant des robinets seront amenées par des caniveaux appropriés dans un réservoir pour servir ensuite à l'irrigation.

II. — CHEMINS D'EXPLOITATION

Les *chemins d'exploitation* sont destinés à permettre le transport des engrais, des semences, des récoltes dans les champs constituant un domaine; ils servent aussi à relier la ferme au réseau des routes ordinaires.

On peut classer ces chemins en catégories, suivant leur importance : nous pouvons placer en première ligne le chemin qui fait communiquer directement la ferme avec la grande route, puis viendront les chemins reliant les différentes métairies, en troisième lieu les chemins conduisant à travers le domaine à une culture spéciale, à un bois par exemple, et enfin les chemins qui séparent deux champs contigus.

Il est évident que l'importance de ces différentes voies n'est pas la même; le roulage sera permanent sur le chemin de la ferme, tandis qu'il n'aura lieu qu'à certaines époques dans les chemins des champs; ceux-ci n'auront à supporter qu'une catégorie de véhicules assez déterminée, tandis que le chemin de la ferme sera susceptible de recevoir toutes sortes d'équipages, depuis la voiture ou la bicyclette du propriétaire jusqu'aux chariots les plus pesants.

Néanmoins, quelle que soit l'espèce de chemins considérée, son bon état est de toute nécessité pour une exploitation convenable du sol; bien souvent les accidents qui arrivent aux véhicules ou aux animaux n'ont pas d'autre cause qu'un chemin impraticable.

On a même signalé le fait suivant : des locomobiles avaient été amenées dans un champ pour battre des céréales; pendant l'exécution de ce travail, des pluies survinrent et rendirent les chemins d'accès tellement mauvais que l'on fut obligé de démonter les machines pièce à pièce pour les ramener à la ferme; c'est là, il est vrai, une exception, mais il n'en reste pas moins acquis que le mauvais état d'un chemin peut être une source de déboires.

Voyons donc les moyens d'établir et d'entretenir la « voirie » d'un domaine. En principe, la surface accordée au chemin doit être aussi petite que possible, car c'est du terrain perdu pour la culture. La largeur devrait être suffisante pour permettre à deux véhicules de se croiser; mais on peut aussi faire un chemin ayant juste le passage d'une voiture, en ayant soin de ménager des garages pour les croisements et les tournées (*fig.* 378). Les véhicules les plus larges sont les râteaux à fourrages, qui peuvent atteindre jusqu'à 3ᵐ,50 de développement; c'est cette dernière largeur qu'il sera bon d'adopter. Dans le sens de la longueur, le chemin devra être aussi horizontal que possible; on se servira de terre provenant des déblais pour faire les remblais, mais il est évident que l'on ne peut jamais équilibrer parfaitement les déblais et les remblais et que, d'un autre côté, pour éviter des terrassements trop coûteux, il faudra faire des rampes, des montées et des descentes. La pente à adopter varie entre 2 et 5 centimètres par mètre, cette dernière étant l'exception. Si la rampe se prolonge un peu trop, il est bon de ménager des parties horizontales appelées *paliers*, qui serviront à laisser souffler les attelages.

La forme de la route ayant été établie, on passe à l'établissement de la chaussée. On commence par placer dans le fond de l'encaissement des grosses pierres de manière que leur partie la plus large repose directement sur le sol; sur celles-ci on répand par couches successives des pierres de moindres dimensions. Afin de bien les enchevêtrer, on comprime les différentes couches en faisant passer le

Fig. 378. — Chemin avec garage.

rouleau plombeur en fonte. L'épaisseur définitive après tassement doit être de 10 à 15 centimètres; on termine en plaçant une couche de gravier mélangée d'une certaine quantité de sable.

Les meilleures pierres pour la confection des chemins sont celles qui résistent à la gelée, qui sont anguleuses et en même temps dures. Cependant, pour un chemin rural on emploie les matériaux dont on dispose, en remplaçant dans la mesure du possible la qualité par la quantité. Si le chemin traverse un sol bourbeux ou mouvant, on fait reposer la chaussée sur deux assises de fascines se croisant diagonalement à angle droit et que l'on fait dépasser de chaque côté du remblai. Ces fascines, tout en diminuant les chances d'enfoncement du chemin, le maintiennent sec, par l'effet du drainage qu'elles exercent. Pour franchir un fossé, on établit un pont en pierres plates. Il est bon que l'épaisseur de terre au-dessus de la voûte du pont soit au moins de 0m,50 pour éviter que les trépidations dues au passage des véhicules ne disjoignent les pierres ou les fassent éclater. Si le fossé n'est pas assez profond pour permettre l'établissement d'un pont et s'il ne fournit d'eau qu'accidentellement, on fait passer cette eau sur la route elle-même en ayant soin de la paver; on fait remonter le pavage jusqu'au-dessus du niveau que peuvent atteindre les eaux. La pente de ce « cassis » au travers de la route doit être assez forte pour éviter les dépôts de limon.

L'entretien de la chaussée se borne à combler les ornières et à maintenir la surface suffisamment bombée pour empêcher la formation des flaques d'eau. On emploie à cet entretien les pierres extraites des champs qu'on laisse trop souvent en tas sans savoir où les utiliser. On doit faire cette opération de préférence par un temps humide, qui favorise la reprise des éléments. Pour empêcher les talus de s'ébouler, le meilleur moyen est d'y semer du gazon, dont les racines traçantes fournissent vite un chevelu très épais qui retient les particules de terre. Si le remblai est très élevé, il est bon de le border d'arbres assez rapprochés, qui peuvent, dans une certaine limite, prévenir la chute des véhicules.

III. — CLOTURES

Une *clôture* limite nettement le droit de propriété de chacun tant sur le fond que sur les récoltes et évite par sa présence toute espèce de contestation à ce sujet.

Quelles sont les conditions que doit remplir une bonne clôture ? Elle doit être efficace, c'est-à-dire empêcher l'entrée sur les propriétés, solide et durable, ne pas entraîner des frais d'entretien, donner un certain rapport au contraire, ne pas absorber trop de terrain ou gêner les cultures voisines.

Ces conditions ne sont pas toutes compatibles, car il faut tenir compte, dans l'établissement d'une clôture, des conditions particulières de l'endroit où l'on se trouve, qui pourraient obliger à employer un procédé plutôt qu'un autre reconnu meilleur. Signalons, à ce propos, la législation spéciale relative au bornage et que l'on fera bien de consulter avant de clore une propriété. Il faut tenir grand compte, dans ce cas, des usages locaux, qui ont en la matière une certaine prépondérance.

Nous pouvons classer les clôtures de la manière suivante : cours d'eau et fossés, murs en maçonnerie ou en pierres sèches, haies vives, clôtures en bois (palissades, barrières à claire-voie), clôtures métalliques (grilles en fer forgé, treillages en fil de fer, ronces artificielles).

Fossés. — On ne doit employer les *fossés* comme clôture que lorsqu'ils peuvent en même temps jouer un certain rôle dans l'assèchement des terres. A part ce cas, on doit les éviter à cause de leur peu d'efficacité, de la perte de terrain qu'ils entraînent sans aucun profit direct ou indirect. Le tracé du fossé se fait au cordeau. La section est celle d'un trapèze isocèle dont les côtés sont plus ou moins inclinés suivant la nature des terres.

On rend la forme définitive en gazonnant les parois. Ce gazonnement peut se faire soit en se servant de mottes de gazon, procédé excellent parce qu'il est efficace dès son application, soit en semant des graminées vivaces ; dans ce dernier cas, l'effet est plus long à se produire, car les graines ne poussent pas de suite sur des terres non aérées et risquent d'être entraînées par l'eau. Les mottes de gazon sont placées par un temps humide et maintenues par des fiches en bois enfoncées dans les parois du fossé. On donne ordinairement aux fossés la pente du terrain sur lequel on les ouvre.

Cependant, si l'ouvrage a une longueur un peu considérable et si le sol est plat, il est bon d'indiquer au moyen d'un nivellement très simple quelques repères destinés à fixer une pente uniforme, et surtout à éviter des contre-pentes qui se traduiraient par la stagnation des eaux dans le fossé. Une forte pente augmente la vitesse de l'eau et cause de nombreuses dégradations. On obvie à cet inconvénient en établissant, en forme de cascades, des petits barrages plus ou moins rapprochés en raison de la rapidité de la pente. Par ce moyen, les eaux n'acquièrent pas assez de vitesse pour raviner. Ces barrages sont composés de clayonnages enlacés dans des piquets, on les élève un peu plus sur les côtés que dans le milieu.

La stagnation de l'eau dans les fossés ou son écoulement trop lent sont aussi à éviter. En effet, un fossé qui manque de pente risque de rendre humides les terres qu'il traverse. D'un autre côté, les parois détrempées s'éboulent, les limons se déposent et le fossé se comble. Pour assurer un écoulement convenable de l'eau, il ne faut jamais avoir de pente inférieure à 5 millimètres par mètre.

Si l'on veut obtenir quelques résultats de l'action des fossés, il faut les entretenir ; l'entretien des fossés comporte : la coupe des herbes, des broussailles, le curage du fond, les réparations des berges. On exécute en même temps les travaux destinés à augmenter ou diminuer la pente partout où le besoin s'en fait sentir. L'époque convenable est avant ou après la moisson : les ouvriers sont quelque peu disponibles et on empêche qu'une trop grande humidité porte obstacle aux labours de semailles.

Le curage des fossés doit se faire tous les ans sur toute l'étendue du domaine ; s'il est régulièrement fait, c'est un travail fort minime, dont les produits compensent, du reste, les avances qui lui sont affectées. Les herbes sont coupées à la faux ; celles du fond doivent être enlevées, car elles gênent l'écoulement des eaux et favorisent la formation des barrages.

Les produits du curage, déposés sur les berges par les ouvriers, doivent être enlevés immédiatement. Il faut éviter d'en faire des tas, car ceux-ci risquent beaucoup d'être abandonnés pendant deux ou trois ans, c'est alors un excellent engrais de perdu et lorsqu'on veut les enlever il faut faire à nouveau usage de la pioche. On profite des travaux de curage pour redresser les berges, réparer les érosions qui se produisent aux coudes, ouvrir de nouveaux tronçons, supprimer ceux devenus inutiles ; on protège très efficacement les rives sujettes aux affouillements par des fascines et des clayonnages, ou mieux par des monceaux de pierres sèches.

Murs. — Les *murs* sont sans contredit les meilleures clôtures, mais ce sont aussi celles qui coûtent le plus cher. Sans les proscrire absolument, nous ne recommandons leur emploi que pour clore les jardins et les vergers attenant aux habitations. On peut alors les utiliser soit pour y appuyer des appentis, soit pour servir au développement des treilles et des espaliers.

Pour assurer une longue durée aux murs, il est bon de préserver leur crête par une couverture qui empêche l'eau de pénétrer dans l'intérieur. On doit aussi rejointoyer les pierres et refaire le crépi extérieur sitôt que le besoin s'en fait sentir (page 73).

Haies vives. — Les *haies vives* nous paraissent les clôtures agricoles les plus recommandables; à la condition d'avoir été bien établies, elles remplissent les conditions d'efficacité, de durée, de solidité et de bon marché dont nous avons parlé au début; on pourrait seulement leur reprocher une certaine gêne pour les cultures avoisinantes. Elles absorbent, en effet, une partie des matières nutritives et de l'humidité du sol; leur épaisseur empêche la lumière solaire d'arriver jusqu'aux plantes et leurs ramifications servent trop souvent d'abri aux insectes nuisibles, mais avec quelque attention on peut tellement réduire ces mauvais effets que l'on pourrait presque les considérer comme négligeables. En taillant la haie, et en « essartant » ses racines, on peut la maintenir dans les limites qu'on lui a réservées tant en hauteur qu'en largeur. La tonte des haies a pour effet de les empêcher de croître, et l'essartage empêche leurs racines de s'étendre dans un sol cultivé.

La création d'une haie n'est en somme qu'une plantation de végétaux; il est donc nécessaire d'une part de se procurer du plant dans une pépinière ou par un semis et, d'autre part, de préparer le sol par diverses façons. On doit choisir pour la formation des haies vives des espèces qui présentent une tige garnie dès qu'elle sort du sol. Ces espèces doivent aussi s'accommoder des tontes fréquentes que subira la haie tout en résistant aux variations atmosphériques, excès de sécheresse ou d'humidité. On emploie d'ordinaire l'aubépine, le prunellier et le poirier sauvages, le nerprun, l'orme, qui poussent fort bien dans les terrains argileux, siliceux ou calcaires. L'acacia, le sureau, le saule ont l'inconvénient de se dégarnir à leur base; les espèces résineuses, telles que les thuyas, les épicéas, les genévriers ne s'enchevêtrent pas assez pour être une clôture infranchissable. L'épine-vinette doit être absolument proscrite, à cause du rôle qu'elle joue dans la propagation de la rouille du blé.

La plantation se fait d'ordinaire en automne, dans le courant de

novembre. Cependant, si la terre était humide et argileuse, on atten-
drait jusqu'au mois de mars. Les tranchées sont ouvertes un ou deux
mois à l'avance pour permettre au sol de s'améliorer. On choisit les
plants âgés de un an et demi à deux ans, on procède à l'habillage et
on les dispose en échiquier suivant les deux bords de la tranchée. On
protège les pousses au moyen de branches épineuses plantées dans le
sol ou de fil de fer tendu sur des piquets. On dirige les rameaux au
fur et à mesure de leur végétation de manière à former un treillage
aussi épais et aussi régulier que possible. L'entretien de la haie consiste en des tontes périodiques et au remplaçage des manquants.

Clôtures en bois. — Les *clôtures en bois* sont efficaces, tiennent
peu de place, laissent librement circuler l'air et la lumière, mais ont
le grave inconvénient d'être d'une durée fort limitée.

Clôtures métalliques. — Lorsque la haie vive ne peut être adoptée,
il est préférable d'employer les *clôtures métalliques* galvanisées, plutôt

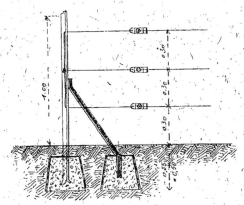

Fig. 379. — Clôtures métalliques.

que les clôtures en bois. Elles ont tous les avantages de ces dernières et sont d'une durée presque illimitée, car elles ne peuvent
être brûlées, jetées à terre par le vent, ni détériorées par la rouille et
l'humidité. La ronce artificielle la plus simple se compose de deux
fils de fer tordus; sur l'un d'eux se trouve enroulé un piquant. On
recommande d'employer des piquants pointus, afin que lorsqu'un
animal s'approche il ressente une piqûre légère qui le fait reculer
immédiatement. Si la ronce est arrondie, l'animal peut se frotter et
se déchirer l'épiderme.

On tend la ronce au palan sur des poteaux en bois ou en fer ; au besoin on complète la clôture par du treillage en fil de fer galvanisé.

Dans les pays où le bois est commun, son emploi assure une clôture plus économique. Le premier établissement d'une clôture avec poteaux de fer coûtera un peu plus cher qu'avec des poteaux de bois ; mais comme on est obligé de changer ceux-ci assez souvent, il est préférable d'employer des poteaux métalliques. Ces derniers se font

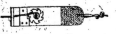

Fig. 380. — Tendeur.

avec des fers à T ou des cornières que l'on perce pour fixer les attaches destinées à soutenir la ronce. Pour maintenir ces poteaux dans le sol, on les empatte dans un petit massif de maçonnerie ou de béton.

Un procédé commode consiste à enfoncer l'extrémité du poteau dans un vase à fleurs renversé que l'on remplit de mortier (*fig.* 379).

Des tendeurs ou raidisseurs de divers systèmes (*fig.* 380) servent à donner aux fils de fer la tension convenable pour conserver toute son efficacité à la clôture. Tous les raidisseurs sont placés dans le même endroit, de façon à pouvoir être serrés plus commodément que s'ils étaient répartis en des points quelconques de la clôture.

Les portes permettant l'accès des véhicules dans les endroits clôturés ont tout avantage à rouler sur des galets plutôt que de tourner autour des piliers en maçonnerie, coûteux à établir.

APPENDICE

PLANS D'ENSEMBLE

Nous avons déjà signalé (p. 156) la difficulté d'établir un plan type de ferme pouvant s'adapter indistinctement à tous les genres d'exploitation. Les plans figurés pages 245 à 250 ont pour but de coordonner les indications fournies par l'ouvrage et donnent au lecteur une notion suffisante de la variété des dispositions rationnelles des bâtiments ruraux.

Prenons, par exemple, les figures 381 et 382. Ces dessins représentent les plans du rez-de-chaussée et du premier étage des bâtiments d'une exploitation de 20 hectares environ. Les cultures comprennent la vigne, les céréales, les racines; le bétail comporte trois chevaux et une douzaine de bêtes à cornes.

L'habitation du fermier comporte un rez-de-chaussée et un premier étage.

Le rez-de-chaussée est surélevé de façon à être plus sec : on y accède par un petit perron dans un vestibule qui dessert l'escalier du premier étage, le bureau D et la cuisine B (*fig.* 381). La pièce C peut servir de salle à manger ou de chambre à coucher; elle communique avec le bureau, la cuisine et le jardin. La cuisine possède une annexe A qui sert d'office ou de buanderie.

Le premier étage comprend deux chambres à coucher B, A (*fig.* 382), dont l'une est munie d'un cabinet de toilette C, l'autre s'ouvre sur une terrasse D. Ces pièces sont pourvues de cheminées; les portes et les fenêtres laissent des espaces libres pour les meubles; enfin aucune pièce n'est sous la dépendance d'une autre.

Le bâtiment de la vacherie L (*fig.* 381) comprend aussi l'atelier de préparation d'aliments M et la laiterie N placée en appentis, isolée du reste précisément par M. On peut y loger onze vaches, trois veaux, et le taureau possède un box à part. Les animaux sont placés sur un rang, avec couloirs d'alimentation et de service; la ventilation est assurée par des portes, des fenêtres et des cheminées d'aération.

Le voisinage de l'atelier M et de la laiterie N permet de grouper les appareils mécaniques; le réservoir K (*fig.* 382) donne l'eau avec toute facilité.

Le fumier est amené directement à la fosse, qui reçoit aussi les résidus de la porcherie I et de la basse-cour H (*fig.* 381).

Le cellier et la cuverie sont en F et G. La vendange est élevée au premier étage au moyen d'une grue. Les fouloirs et les égrappoirs la laissent tomber ensuite, par des trappes spéciales, dans les cuves de fermentation; le vin est conservé en F. Le même bâtiment comporte les logements des domestiques, dont les chambres sont entièrement séparées, de façon à pouvoir recevoir des locataires distincts.

La grange, le hangar et l'écurie forment un troisième groupe. Les racines se logent au rez-de-chaussée O, les grains et les pailles au premier étage H. Celui-ci se réunit au bâtiment de l'étable de façon à former un grenier unique E, H, communiquant avec l'étage inférieur par des trappes I, G percées aux endroits convenables. La proximité de la cour au battage, où se trouve le manège R, permet d'emmagasiner immédiatement la récolte. Le hangar est fermé à une de ses extrémités par un mur et à l'autre par l'écurie. Grâce à la proximité de la grange, il peut lui servir d'annexe dans les cas de surproduction.

Les plans de la page 247 figurent deux dispositions pour fermes de 30 hectares, dans lesquelles l'élevage des porcs et des moutons a une certaine importance.

Page 248, nous trouvons le projet pour ferme de 50 hectares, où l'on a prévu un système de culture et d'élevage à peu près complet.

Les plans qui suivent, pages 249 et 250, sont relatifs à des bâtiments existants : la ferme de M. Chabert, à Hières (Isère), la ferme de la Jarroue, à Mauprevoir (Vienne) et la ferme de Fay, à Saintines (Oise).

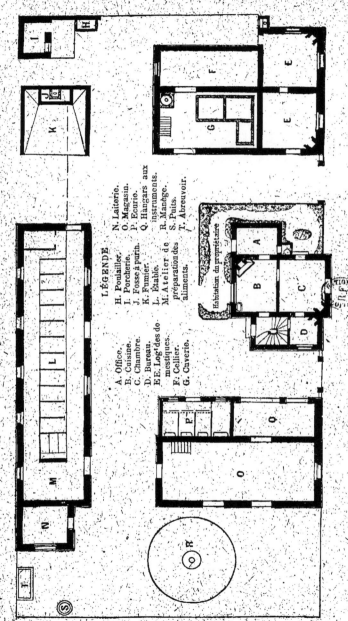

LÉGENDE

A. Office.
B. Cuisine.
C. Chambre.
D. Bureau.
E E. Log.ts des do-
mestiques.
F. Cellier.
G. Cuverie.

H. Poulailler.
I. Porcherie.
J. Fosse à purin.
K. Fumier.
L. Étable.
M. Atelier de
préparation des
aliments.

N. Laiterie.
O. Magasin.
P. Écurie.
Q. Hangars aux
instruments.
R. Manège.
S. Puits.
T. Abreuvoir.

Habitation du propriétaire

Fig. 381. — Projet pour une ferme de 20 hectares.

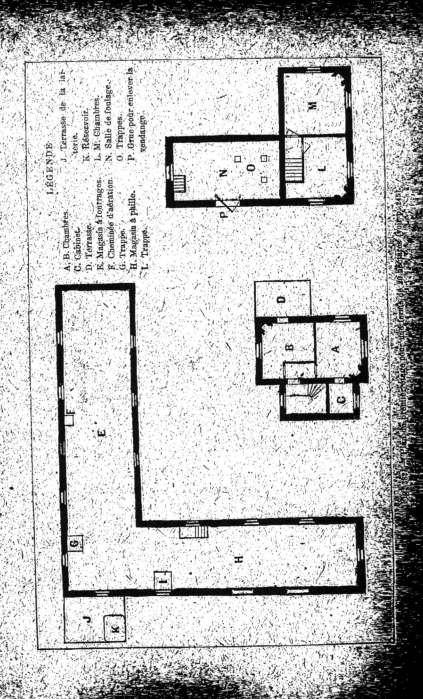

LÉGENDE

A. B. Chambres.
C. Cabinet.
D. Terrasse.
E. Magasin à fourrages.
F. Cheminée d'aération.
G. Trappe.
H. Magasin à paille.
I. Trappe.
J. Terrasse de la lai-
  terie.
K. Réservoir.
L. M. Chambres.
N. Salle de foulage.
O. Trappes.
P. Grue pour enlever la
  vendange.

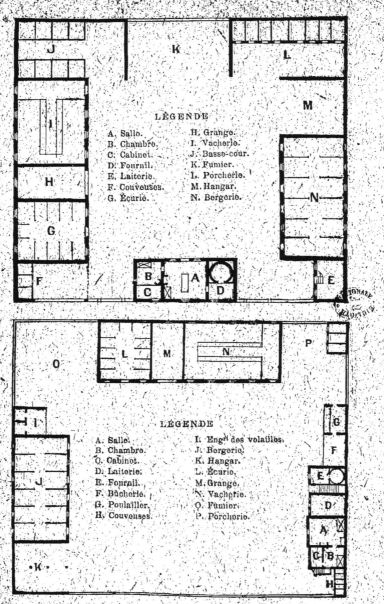

LÉGENDE

A. Salle.   H. Grange.
B. Chambre.   I. Vacherie.
C. Cabinet.   J. Basse-cour.
D. Fournil.   K. Fumier.
E. Laiterie.   L. Porcherie.
F. Couveuses.   M. Hangar.
G. Écurie.   N. Bergerie.

LÉGENDE

A. Salle.   I. Eng. des volailles.
B. Chambre.   J. Bergerie.
C. Cabinet.   K. Hangar.
D. Laiterie.   L. Écurie.
E. Fournil.   M. Grange.
F. Bûcherie.   N. Vacherie.
G. Poulailler.   O. Fumier.
H. Couveuses.   P. Porcherie.

Fig. 383, 384. — Deux dispositions pour fermes de 30 hectares.
(Projets de M. Rousseau, architecte.)

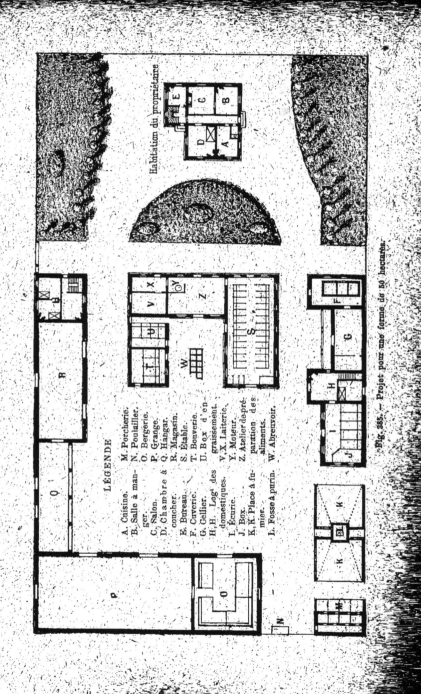

Habitation du propriétaire.

LÉGENDE

A. Cuisine.
B. Salle à manger.
C. Salon.
D. Chambre à coucher.
E. Bureau.
F. Cuverie.
G. Cellier.
H, H'. Log' des domestiques.
I. Écurie.
J. Box.
K, K' Place à fumier.
L. Fosse à purin.
M. Porcherie.
N. Poulailler.
O. Bergerie.
P. Grange.
Q. Hangar.
R. Magasin.
S. Étable.
T. Bouverie.
U. Box d'engraissement.
V. X. Laiterie.
Y. Moteur.
Z. Atelier de préparation des aliments.
W. Abreuvoir.

Fig. 385. — Projet pour une ferme de 50 hectares.

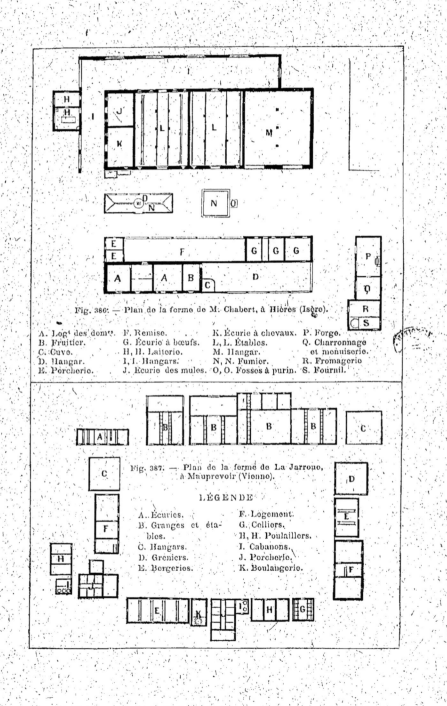

Fig. 386. — Plan de la forme de M. Chabert, à Hières (Isère).

A. Log¹ des dom⁰ˢ.
B. Fruitier.
C. Cuve.
D. Hangar.
E. Porcherie.

F. Remise.
G. Écurie à bœufs.
H, H. Laiterie.
I, I. Hangars.
J. Écurie des mules.

K. Écurie à chevaux.
L, L. Étables.
M. Hangar.
N, N. Fumier.
O, O. Fosses à purin.

P. Forge.
Q. Charronnage
et menuiserie.
R. Fromagerie
S. Fournil.

Fig. 387. — Plan de la forme de La Jarroue,
à Mauprevoir (Vienne).

LÉGENDE

A. Écuries.
B. Granges et éta-
bles.
C. Hangars.
D. Greniers.
E. Bergeries.

F. Logement.
G. Celliers.
H, H. Poulaillers.
I. Cabanons.
J. Porcherie.
K. Boulangerie.

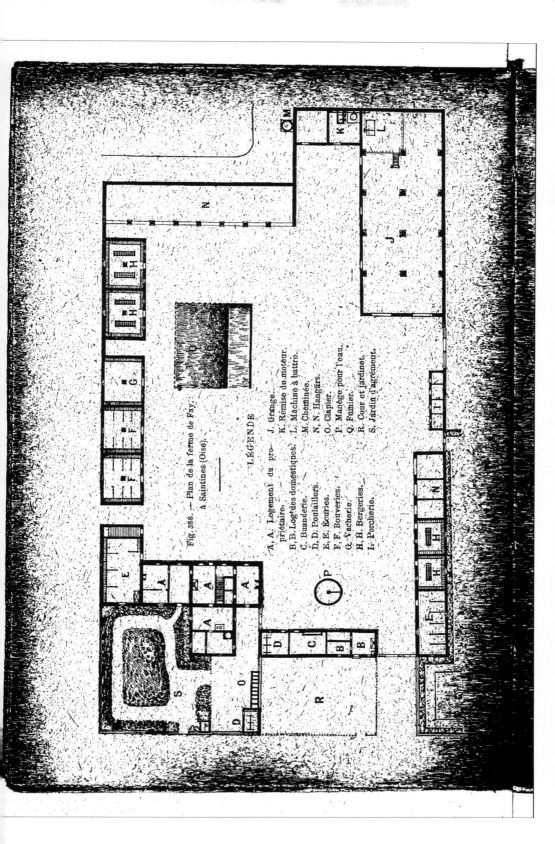

Fig. 388. — Plan de la ferme de Fay,
à Saintines (Oise).

LÉGENDE

A, A. Logement du pro-
    priétaire.
B, B. Logt des domestiques.
C. Buanderie.
D, D. Poulaillers.
E, E. Écuries.
F, F. Bouveries.
G. Vacherie.
H, H. Bergeries.
I. Porcherie.

J. Grange.
K. Remise du moteur.
L. Machine à battre.
M. Cheminée.
N, N. Hangars.
O. Clapier.
P. Manège pour l'eau.
Q. Fumier.
R. Cour et jardinet.
S. Jardin d'agrément.

INDEX

TABLE DES MATIÈRES

TROISIÈME PARTIE

BATIMENTS DE LA FERME

QUATRIÈME PARTIE

TRAVAUX COMPLÉMENTAIRES

APPENDICE

Paris. — Imp. LAROUSSE, 17, rue Montparnasse.

Bibliothèque
Rurale

PRIX : 5 FR. 50

Imprimé en France
FROC03n0322041018
19647FR00007B/146/P